HAMBURG STADT IM FLUSS

HAMBURG STADT IM FLUSS

Egbert Kossak
mit Mirjana Marković

Herausgegeben von der
Freien und Hansestadt Hamburg
Baubehörde

Ellert & Richter Verlag

Inhalt

Vorwort 7

Stadt im Fluß

Lebensraum Stadt 15
Wirtschaftsraum Stadt – Hamburg als Wirtschaftsmetropole 19
Die Stadt als geschichtlicher Ort 23
Ökologie der Stadt 26
Bewohner der Stadt 31
Grundlagen für die Stadtentwicklungspolitik 37
Flächennutzungsplan – Instrument der Stadtentwicklungspolitik 41
Schwerpunkte zukünftiger Stadtentwicklungspolitik 45
Entwicklung der Inneren Stadt 50
Integrierte Infrastrukturpolitik 53
Integration von Arbeitsstätten für Industrie und Gewerbe in den Lebensraum der Stadt 60
Stadtbild und Freiraum 70
Notwendigkeit der Stadtbildpolitik 73
Städtische Grün- und Freiräume 75
Hamburg als Wohnort 82
Hamburg Wohnort im Gründerzeitquartier 85
Hamburg Wohnort mit Bautradition 90
Hamburg Wohnort im Grünen 90
Hamburg Wohnort am Wasser 101
Hamburg Wohnort mit Milieu 101
Hamburg Wohnort im Neubauviertel 110

Die Innenstadt

Grundzüge der historischen Entwicklung 116
Die City ist tot – es lebe die City 124
Das Passagenviertel in der westlichen Innenstadt 132
Die östliche Innenstadt 137
Die Ost-West-Straße 158
Die Fleetachse 170
Verkehrskonzeption Innenstadt 177

Stadt und Hafen

Die Trennung von Stadt und
Hafen 188
Strukturveränderungen im Hafen 191
Entwicklungskonzepte 194
Grundzüge der zukünftigen
Planung 197
Zweites Hamburger Bauforum 201
Die „Perlenkette" 205
Die künftige Hafencity –
ein Zukunftsspaziergang 211
Olympische Spiele in der Stadt am
Wasser 231

Aufgaben der Stadterneuerung

Aktuelle und künftige Aufgaben 240
Altona und die Vorstädte 247
Stadtumbau – Stadterneuerung –
Stadtteilkampf 252
St.Georg und Hammerbrook 258
St.Pauli und das Schanzenviertel 265
Altona und Ottensen 276

Bautradition und Neue Architektur

Braucht Stadtarchitektur Stil? 293
Gibt es eine Hamburger
Architektur? 296
Ziele und Beispiele einer neuen
Architektur in Hamburg 317
Utopie als Impulsgeber 333
Architekturaufgaben in den
90er Jahren 334
Die Herausforderung neuer
Wohnungsbauprogramme 335
Bauen am Wasser 338
Öffentliche Gebäude 346
Originale der Baukunst 348
Personen-/Gebäude-/Straßen-
register 350

Vorwort

Der Doppelsinn des Titels weist auf die großartige naturräumliche Lage der Hafenstadt Hamburg im breiten Urstromtal der Elbe hin und zugleich auf die bewegte städtebauliche Entwicklung der Stadt, die ihre Anziehungskraft als Wirtschaftsplatz und Lebensraum aus der Fähigkeit zu stetiger Veränderung bezogen hat.

Die Architektur der Stadt, die ihre Identität bestimmt, und die Elemente ihrer städtebaulichen Entwicklung und Erneuerung sind das Thema dieses Buches. Vor dem Hintergrund der Baukultur Hamburgs in den vergangenen zwei Jahrzehnten wird eine Bilanz des Baugeschehens in den 80er Jahren dieses Jahrhunderts gezogen und ein Ausblick auf Architektur und Städtebauaufgaben für die 90er Jahre versucht.

Es geht dem Verfasser darum, deutlich zu machen, welch hohe Bedeutung einer kraftvollen Baukultur im Rahmen der städtischen Entwicklungspolitik zukommt. Es soll dargestellt werden, wie Hamburg im letzten Jahrzehnt seine Chancen durch eine konsequente Städtebaupolitik für die Innere Stadt genutzt hat. Aber nicht nur dort, sondern auch in anderen Stadtteilen ist für Bewohner und Unternehmen eine höchst faszinierende bauliche Umwelt entstanden, die der Stadt wieder eine Ausstrahlung gegeben hat und Menschen aus nah und fern nach Hamburg führt.

Mit dieser positiven Bilanz ist aber auch ein eindringlicher Appell des Verfassers an Politiker und Bauherren verbunden, die Verpflichtung zu einer hohen Qualität in der Baukultur sehr ernst zu nehmen und keine Kompromisse mit der Mittelmäßigkeit zu schließen um eines vordergründigen wirtschaftlichen Vorteils oder einer angeblichen Dringlichkeit von Investitionsentscheidungen willen.

Die Auseinandersetzung mit Hamburgs Baukultur ist in eine Analyse der Grundlagen und Aufgaben für die aktuelle Stadtentwicklungspolitik eingebettet, die Ökologie, Ökonomie und sozialpolitische Ziele zu integrieren hat.

Im gesetzten inhaltlichen Rahmen des Buches konnten nur die Grundzüge einer städtebaulichen Entwicklungspolitik und die Schwerpunkträume für die städtebaulichen Aktivitäten der 80er und 90er Jahre – City, Hafenrand, Innere Stadt – dargestellt werden.

Dem vorliegenden Buch liegt eine Ausstellung der Baubehörde der Freien und Hansestadt Hamburg zugrunde, die anläßlich der Festlichkeiten zum 800. Geburtstag des Hamburger Hafens gezeigt wird.

Herrn Bausenator Eugen Wagner und Herrn Staatsrat Karl Kalff gilt der besondere Dank des Verfassers für die Förderung der Arbeit, die zu der Ausstellung und diesem Buch geführt hat. Das Druck- und Verlagshaus Gruner + Jahr hat die Herstellung dieser Publikation großzügig unterstützt. Dafür sei an dieser Stelle besonderer Dank gesagt. Ausstellung und Publikation wären nicht entstanden ohne die unermüdliche Mitarbeit und kritische Begleitung von Mirjana Marković.

Egbert Kossak
Oberbaudirektor der Freien
und Hansestadt Hamburg

STADT IM FLUSS

Vorhergehende Doppelseite: Die Hamburger Innenstadt mit der Speicherstadt. Im Vordergrund der Sandtorhafen, die historische Grenze der Stadt zur Elbniederung.

Hamburg ist wie viele europäische Handelsmetropolen eine Stadt mit einer langen wechselhaften wirtschaftlichen, gesellschaftlichen und städtebaulichen Geschichte.

Hamburgs wirtschaftliche Basis war der Handel zur See und auf dem Land. Seine gesellschaftliche Existenz wurde gegründet und getragen von einem selbstbewußten freien Bürgertum. Seine städtebauliche Geschichte ist die Geschichte einer gemeinsamen Entwicklung von Stadtraum und Hafen, bestimmt von der Lage im Urstromtal der Elbe, am Zusammenfluß von Elbe, Alster und Bille – eine Stadt im Fluß. Hamburgs städtebauliche Geschichte ist aber auch gekennzeichnet durch einen steten Wandel, geprägt vom Wechsel, von Größe und Wohlstand, von Niedergang und Aufschwung, Katastrophen und stetem Neubeginn – eine Stadt im Fluß.

1189 soll Adolf III. von Schauenburg von Friedrich Barbarossa den Freibrief erwirkt haben, „mit Schiffen und Waren und Leuten vom Meer bis in die Stadt und zurück, frei von jeder Ungeldforderung" verkehren zu dürfen.

Der Hafen lag noch an der Alster, nicht an der Elbe, und auch die Stadt lag hinter der Neuen Burg am Unterlauf der Alster, etwa dort, wo heute der Große Burstah nördlich der Nikolaikirche verläuft.

Ein auch heute häufig irritierendes Phänomen, der Hang der Hamburger zur Kleinstaaterei, prägte die damalige Stadtpolitik. Das neue kleine und unbedeutende Hamburg bestand aus zwei Städten: dem erzbischöflichen Alt-Hamburg östlich der Alster und dem von Adolf III. gegründeten Neu-Hamburg. Jedes Teilgebiet leistete sich eine eigene Verwaltung, ein eigenes Rathaus und einen besonderen Markt: den heutigen Alten Fischmarkt zwischen Brandstwiete und Domstraße und den Nyen Markt, den heutigen Hopfenmarkt. Die beiden historischen Marktplätze sind in ihrer Funktion und in ihrer stadträumlichen Ausprägung dem Wiederaufbau nach dem Zweiten Weltkrieg zum Opfer gefallen. Noch immer aber ist im Stadtgrundriß unübersehbar das weite Halbrund der Stadt abzulesen, wie es sich zur Zeit des Dreißigjährigen Krieges als nordeuropäische Handels- und Hafenmetropole herausgebildet hatte. Bis weit in das 19. Jahrhundert hinein hat dieses Halbrund, von breiten Wallanlagen umgeben, rechtlich und räumlich den Lebensraum der Hamburger Bürger definiert. Erst in der zweiten Hälfte des 19. Jahrhunderts wurden diese räumlichen Fesseln für die Stadtentwicklung gesprengt.

Ihre heutige Flächenausdehnung hat die Stadt erst in den 30er Jahren unseres Jahrhunderts durch den Zusammenschluß der hamburgischen Gebietsteile und Ländereien mit den preußischen Nachbarstädten Altona, Harburg und Wandsbek erreicht. Ihre Geschichte, die Entwicklung ihrer räumlichen Strukturen, das Netzwerk der aneinandergefügten Stadtteile geben der Stadt heute eine eigene, unverwechselbare Identität, und doch findet diese Geschichte über Jahrhunderte auch unzählige Parallelen in den Partnerstädten im Handel, Amsterdam oder Kopenhagen, Antwerpen oder Liverpool, Frankfurt oder Bremen.

Diese Parallelen in der städtebaulichen Entwicklung finden sich jedoch nicht

Stadt im Fluß

Der heilige Ansgar, Hamburgs erster Erzbischof, steht gemeinsam mit seinem politischen Gegenspieler, dem Grafen Adolf III. von Schauenburg, auf der Trostbrücke. Diese verband schon im 13. Jahrhundert die bischöfliche Altstadt mit der gräflichen Neustadt.

Hamburg – Stadt im Fluß: Der „Prospect und Grundris" der „Keiserlichen Freyen Reichs- und Anseestadt Hamburg", gezeichnet gegen Ende des 16. Jahrhunderts von Johann Baptist Homann, zeigt sehr schön das vielarmige Flußbett des Elbstroms, in das die Stadt mit Hafen in den folgenden Jahrhunderten hineingewachsen ist.

nur in den Jahrhunderten des Wachstums und Wandels über die vergangenen 800 Jahre der Stadt- und Hafengeschichte, sondern auch in den aktuellen Rahmenbedingungen für die Stadtentwicklungspolitik. Am vorläufigen Ende einer Phase fast ungezügelten Stadtwachstums und rigoroser Strukturveränderungen nach dem Zweiten Weltkrieg steht Hamburg – wie sehr viele der europäischen Großstädte – vor der Aufgabe, die Ziele für die Gestaltung, Ordnung und Entwicklung der Stadt an der Schwelle zum dritten Jahrtausend neu zu bestimmen. So ist es unerläßlich, Bilanz zu ziehen, die Passiva und Aktiva des planvoll oder auch planlos gestalteten städtischen Lebensraumes offenzulegen und Perspektiven für die nähere und weitere Zukunft zu umreißen. Dies ist nicht einfach. Zu sehr ist das Urteil über die Chancen, die sich einer europäischen Hafenmetropole wie Hamburg im nationalen und internationalen Kontext eröffnen, geprägt von persönlichen Erfahrungen im Wirtschaftsleben, im privaten Umfeld, in der politischen Bestimmung der eigenen Rolle. Im Extremfall ist Hamburg im Urteil der einen ein Zentrum von Kultur und Reichtum, eine wunderschöne, grüne, lebendige Stadt mit einer sehr spezifischen eigenen Charakteristik, und für die anderen befindet sich Hamburg in einer latenten wirtschaftlichen und sozialen Krise, womöglich am Rande eines ökologischen Kollaps.

Aus der Sicht des Stadtplaners kann nur die städtebauliche Gegenwart und Zukunft skizziert werden. Städtebau bestimmt die physische Gestalt der Stadt. Der Städtebau ist in seiner Ausrichtung, in Zielen und Maßnahmen eingebunden in wirtschaftliche und gesellschaftliche Vorgaben, wie er seinerseits Wirkungen auf die Qualität des Lebensraumes und die Bedingungen für die Entfaltung oder Beschränkung wirtschaftlichen Handelns ausübt. Städtebau hat sich in Harmonie mit der Ökologie des Ortes zu vollziehen, die natürlichen Lebensgrundlagen der Stadtlandschaft zu achten und zu sichern.

Städtebau vollzieht sich im räumlichen und funktionellen Kontext einer Stadt, deren Physiognomie geprägt ist durch das Baugeschehen vieler Jahrhunderte. Eine Klärung der Ausgangsbedingungen für eine zukünftige Städtebaupolitik sollte daher mit vier unterschiedlichen und doch eng miteinander verknüpften Betrachtungsweisen ansetzen: der Stadt als Lebens- und Wirtschaftsraum, der Stadt als geschichtlichem Ort, der Beziehung von Stadt und natürlicher Umwelt.

Lebensraum Stadt

Die Stadt ist in vielfacher Weise Heimat, Ort der persönlichen Identifikation, Stätte der sozialen Sicherheit und der gesellschaftlichen Bindungen. Sie ist die Bühne der Selbstdarstellung für eine Vielzahl unterschiedlicher Menschen, Gruppen und Klassen.

Die Spanne zwischen „arm und reich" ist in der städtischen Gesellschaft weit. Die Ambitionen und Interessen der verschiedenen Altersgruppen sowie der sozialen Schichtungen sind heterogen. Die Stadt muß Raum für alle geben.

Hamburgs Stadtstruktur ist ein Spiegelbild dieser Bedingungen – mit einer

Oben: Menschen aller Schichten und Altersgruppen bevölkern die große Stadt, bilden ihren emotionalen Reichtum, ihre erlebbare Kultur. Improvisation, Brüche und Nischen in der Raumstruktur der Stadt schaffen den „Spielraum für Leben".

Links: Stadtteilfest in Ottensen auf den geräumten Flächen der ehemaligen Schiffsschraubenfabrik Menk + Hambrock.

Oben: Das Tauziehen der Kinder symbolisiert den Kampf um das Milieu im Stadtteil.

Vielfalt unterschiedlicher Stadtquartiere. Hamburg ist – wie viele andere Metropolen auch – geprägt von den strukturellen Veränderungen, die sozialer Wandel, wirtschaftlicher Aufstieg und Niedergang für einzelne Ortsteile und für die gesamte Stadt im Prozeß des rapiden Wachstums Hamburgs in den vergangenen 150 Jahren bewirkt haben.

Dennoch hat die Hansestadt – wie fast alle europäischen und amerikanischen Großstädte – in den vergangenen drei Jahrzehnten Umstrukturierungsprozesse durchleben müssen, die die Grundmerkmale städtebaulicher Ordnung und Maßstabssetzung mißachtet haben. Besonders prägnant hat die so entstehenden Konflikte die amerikanische Journalistin Jane Jacobs schon vor gut 25 Jahren analysiert. Für Stadtpolitiker wie für Städtebauer gleichermaßen provozierend hat sie die gedankenlose flächenhafte Sanierungspolitik angeprangert. Sie forderte Achtung vor den emotionalen Werten der Stadt und des Stadtbildes, Achtung vor den bestehenden, aus der historischen Entwicklung überkommenen baulichen Strukturen, vor der geschichtlichen Identität der Stadt, Achtung vor gewachsenen sozialen Strukturen, vor Milieu, Achtung vor der Stadt als lebendigem Organismus.

Alexander Mitscherlich wies etwa zur gleichen Zeit darauf hin, daß die aus abstrakten städtebaulichen Theorien von der „gesunden, aufgelockerten und gegliederten" Stadt entstandene physische Unwirtlichkeit unserer Ballungszentren ökonomische und soziale Konflikte zur Folge haben müsse: „Unsere Städte und unsere Wohnungen sind Produkte der Phantasie wie der Phantasielosigkeit, der Großzügigkeit wie des Eigensinns", resümierte er in der Einleitung zu seinem Pamphlet über die „Unwirtlichkeit der Städte".

Und später: „Die Stadt, in der man durch Jahrhunderte lebte, war ein Biotop. Um diesen Terminus zu erklären: Sie ist ein Platz, an dem sich Leben verschiedener Gestalt ins Gleichgewicht bringt und in ihm erhält."

Mitscherlichs Ausführungen sind ein leidenschaftliches Plädoyer für die Stadt und ihre Bewohner, denen er „Stadtfestigkeit" trotz aller Belastungen durch Kriegszerstörungen und Unwirtlichkeit der wiederaufgebauten Umwelt bestätigte.

Wir wissen heute, wie treffend diese Analysen und wie berechtigt diese Forderungen sind. Die Städtebaupolitik Hamburgs hat seit Mitte der 70er Jahre versucht, den Leitlinien Mitscherlichs und Jacobs zu folgen. Sie lassen sich auf eine einfache, aber höchst folgenreiche Formel bringen.

Für den Städtebau ist die Vielfalt der Details unabdingbar: Nischen, Ecken, Brüche, Lücken, das Unperfekte, das Improvisierte, das Milieu und was dieses Milieu ausmacht. Auch im Städtebau gibt es „Nippesfiguren auf der Kommode, kleine verstaubte Bilder mit lieben Erinnerungen". Sie sollten erkannt und erhalten bleiben. „Spielraum für Leben" hat Ulrich Conrads diesen Aspekt für den Städtebau einmal genannt.

Es ist das Recht des Schwachen, des Andersdenkenden, des Anderslebenwollenden, das Städtebauer zu achten und zu schützen haben, wenn sie eine menschliche Stadt sichern und erreichen wollen. Das heißt auch, daß man

Oben: Bürgerliches Publikum im Hanseviertel.

Rechts: Dichterlesung unter den Glasarkaden auf dem Rathausmarkt.

Spekulanten, die Milieu zerstören wollen, um die „Baukonjunktur anzukurbeln", mit Entschiedenheit entgegentreten muß.

Die Zukunft der Stadt hängt in hohem Maße von der Kreativität, der Innovationsfähigkeit, der intelligenten und intellektuellen Produktivität ihrer Bürger ab.

Die Freisetzung von Kreativität und die Provokation von Innovationen sind abhängig vom Klima einer Stadt und ihrer Region. Damit ist nicht – oder nur sehr am Rande – das Wetter gemeint, sondern etwas, das umfassend als „Stadtkultur" zu beschreiben ist.

Menschen aller Schichten und Altersgruppen, Unternehmer wie Arbeitnehmer, Schöpferische wie Produktive, aber auch Starke wie Schwache werden von der Identität einer Stadt, ihrem emotionalen Reichtum, ihrer erlebbaren und sichtbaren Kultur, dem Ambiente, der Qualität ihres Lebensraums angezogen. Dies war in allen historischen Phasen der Entwicklung Hamburgs so.

Wirtschaftsraum Stadt – Hamburg als Wirtschaftsmetropole

Hamburgs wirtschaftlicher Erfolg gründete sich über viele Jahrhunderte auf einem natürlichen Produktionsfaktor: dem Wasser – der Elbe, der Nordsee und der Weltmeere.

Alles, was für die wirtschaftliche Geschichte der Stadt entscheidend war, hat irgendwo in dieser einen Quelle unserer Stadt seinen Ursprung: dem Wasser als Verkehrsweg.

Vor allem im Industriezeitalter bot die Elbe natürliche Standortvorteile, deren Bedeutung seit mehreren Jahrzehnten immer weiter zurückgedrängt wird. Statt dieser natürlichen Produktionsfaktoren wächst im wissenschaftlich-technischen Zeitalter die Bedeutung der von Menschen, von Wissenschaft und Technik geschaffenen Standortvorteile. Es muß also zu allererst darum gehen, Menschen an die Stadt zu binden, die wissenschaftliche und technische Leistungen – und die diese fördernden Dienstleistungen – erbringen. Die Städtebaupolitik der Wiederaufbauphase hat solche Aspekte zwangsläufig vernachlässigt. Seit Beginn der 80er Jahre ist Städtebaupolitik in Hamburg auf jene Aspekte gerichtet, die das Stadtklima, das Ambiente der Stadt, sichern und entwickeln. Sie ist darauf gerichtet, die Anziehungskraft der Stadt zu stärken, die sich bietenden Standortvorteile selbstbewußt zu vertreten, um wieder offensiv agieren zu können.

Hamburg kann keine Metropole wie Paris, London oder Rom sein. Hamburg ist eine große Stadt, für deren Zukunft es aber unerläßlich ist, daß sich die Stadtgesellschaft und besonders ihre Verantwortungsträger in Wirtschaft, Politik und Verwaltung eine geistig-politische Haltung zu eigen machen und weiterzuentwickeln bemühen, die den Wesenszügen von Metropolen Rechnung trägt.

Metropolen sind Orte gelebter Gegensätze, Orte des Konflikts. Sie sind Orte der Kreativität, der Innovation, Orte der Kultur, Orte einer ganz spezifischen Identität, die nur im Bewußtsein um den Zusammenhang zwischen der Entwicklung der baulichen Gestalt und des sozialen Körpers erlebt und

Folgende Doppelseite:
Wer mit dem Schiff in Hamburgs Hafen einläuft, erlebt das faszinierende Bild der aus dem Fluß wachsenden Stadt mit den Türmen der Stadtkirchen zwischen Docks und Kränen.

gelebt werden kann. Metropolen sind Orte mit einem hohen Potential sozialer und gestalterischer Vielfalt, die nicht nur geduldet, sondern entschieden gefördert werden muß. Metropolen sind Brennpunkte des Ehrgeizes einer Gesellschaft. Sie sind Orte großer Zukunftsprojektionen.

Es gilt, die Perspektive für Hamburg als eine nordeuropäische Metropole zu skizzieren, wie sie die derzeitigen politischen und wirtschaftlichen Rahmenbedingungen zulassen.

Europa steht vor einer großen Herausforderung, die auch für Hamburg gilt. Zum Jahresbeginn 1992 soll für die zwölf Mitgliedstaaten der Europäischen Gemeinschaft ein einheitlicher Wirtschaftsraum geschaffen werden, der keine Grenzen zwischen Mitgliedstaaten kennt.

Hamburg liegt nicht im Zentrum, sondern in der nordöstlichen Randzone dieses Raums. Dies ist Nachteil und Chance zugleich. Die Chance liegt in einer Torfunktion für die skandinavischen Länder und die Anrainerstaaten der Ostsee sowie andere Mitglieder der osteuropäischen Wirtschaftsgemeinschaft. Die politischen Veränderungen, die sich derzeit in einigen Staaten Osteuropas abzeichnen, deuten auch auf eine stärkere wirtschaftliche Integration und einen Ausbau der Handelsbeziehungen mit den Staaten der EG hin. Viele der osteuropäischen Staaten, allen voran die DDR, die ČSSR und die Sowjetunion, sind schon vor dem Zweiten Weltkrieg auf den Hafen- und Handelsplatz Hamburg ausgerichtet gewesen.

Hamburg könnte eine neue Mittlerrolle zwischen Ost- und Westeuropa übernehmen, insbesondere dann, wenn die Elbe ihre historische Bedeutung als Binnenschiffahrtsweg wiedergewinnen kann.

Der Flughafen, leistungsfähig ausgebaut, könnte zum Knotenpunkt für Menschen und Waren aus Ost und West werden. Dies muß Konsequenzen für die Wirtschafts- und Infrastrukturpolitik der Stadt haben. Nur zögernd wird in Hamburg die Notwendigkeit erkannt, die Wirtschaftspolitik und Wirtschaftsförderung von ihrer traditionell überstarken Ausrichtung auf Außenhandel, Hafen, Schiffbau sowie einzelne Bereiche der Grundstoff- und Produktionsgüterindustrie zu lösen.

Noch in der Mitte des 19. Jahrhunderts war Hamburg für viele Besucher mehr als jeder andere Ort auf dieser Welt eine rein merkantile Stadt. Hans Christian Andersen nannte Hamburg 1841 „das europäische Handelscomptoir".

„Die Verbindung von Wissenschaft, Technik und Wirtschaft, aber auch von Kunst und Dienstleistungen gehört nicht zur hamburgischen Tradition", stellte Klaus von Dohnanyi in seiner zweiten Rede vor dem Übersee Club 1985 fest und forderte für die Zukunft im Interesse der Stadt ein neues Unternehmertum. Dieses sollte bestimmt werden von den Fähigkeiten, die der wissenschaftlich orientierte Kaufmann oder eher noch der kaufmännisch orientierte Wissenschaftler und Techniker mitbringen.

Angesichts einer – im Vergleich zu anderen deutschen Großstädten – sehr hohen Arbeitslosigkeit, der damit verbundenen sozialen Probleme und Soziallasten und der hieraus resultierenden Finanznot der Stadt ist ein stadtentwicklungspolitisches Handlungsprogramm notwendiger denn je. Grundlage muß eine solide, konstruktive und kreative, vor allem vorurteilsfreie Auseinandersetzung mit den tatsächlichen wirtschaftlichen und sozialen Rahmenbedingungen und den zu erwartenden oder abzuschätzenden Chancen der Hansestadt sein. Die großen Erfolge Hamburgs im Handel, in der Schiffahrt und dem Schiffbau im 19. Jahrhundert und in der ersten Hälfte des 20. Jahrhunderts dürfen dabei nicht länger den Blick auf die zwingende Notwendigkeit einer auf neue Prioritäten ausgerichteten Stadtentwicklungspolitik verstellen.

Für diese Stadtentwicklungspolitik ergibt sich eine doppelte Handlungsmaxime:

Zum einen muß die Arbeitsmarkt- und Sozialpolitik auf die Reintegration eines möglichst großen Teils der heute arbeitslosen Bevölkerungsteile der Stadt und die Gewährleistung eines angemessenen Lebensumfeldes – Wohnraum, Wohnmilieu und Grün – gerichtet sein, andererseits muß auch eine angebotsorientierte Wirtschafts-, Arbeitsstättenstandort- und Infrastrukturpolitik die Stadt attraktiver machen für qualifizierte neue Arbeitskräfte und Unternehmen.

Wenn diese Politik auf Wirtschaftsbereiche ausgerichtet wird, in denen die wissenschaftlich-technische Komponente eine hohe Bedeutung hat, und wenn diese Politik Unternehmen fördert, für die Innovationsfähigkeit, Kreativität und individuelle Motivation in Management und Mitarbeiterstab einen hohen Stellenwert haben, kann die in den letzten Jahren viel beschworene Standortpolitik für Hamburg auch mit Substanz erfüllt werden.

In diesem Sinne ist es unumgänglich, daß Hamburg sich in seiner Arbeitsstättenflächen- und in seiner Infrastrukturpolitik insbesondere auf folgende Wirtschaftsbereiche ausrichtet:

○ Investitionsgüterindustrie, hier besonders Elektrotechnik, Maschinenbau, zivile Luftfahrtindustrie
○ Chemie- und Pharmaindustrie aus dem Bereich der Grundstoff- und Produktionsgüterindustrie
○ Handwerk
○ Dienstleistungsgewerbe mit besonderer Beachtung der Sektoren Versicherungswesen, Kreditwesen und unternehmensbezogene Dienstleistung
○ Medienwirtschaft und Unternehmen aus dem Informationstechnik- und Telekommunikationsbereich.

Es sind die Wirtschaftsbereiche, in denen Hamburg bereits eine bedeutende Stellung oder gute Voraussetzungen für weitere Entwicklungen hat.

Die Stadt als geschichtlicher Ort

Der Städtebau jeder neuen Entwicklungsphase muß sich im historischen Kontext der Stadt bewähren. Die noch immer weit verbreitete Kritik an unserer gebauten Umwelt hat ihren Ursprung in hohem Maße in dem Unbehagen an der Architektur und den Raumstrukturen, die in den 60er und 70er Jahren entstanden sind. Die den Bauten aus dieser Ära unterstellte Gesichtslosigkeit hat sicher nicht nur mit der Armut an architektonischen Einfällen und ästhetischen Werten, sondern vor allem mit der Herauslösung der städtebaulichen Anlagen aus dem Zusammenhang der historisch

Nur wenige Häuserzeilen und Gebäude aus der Zeit vor dem großen Brand von 1842 haben die Zerstörungen und Umstrukturierungen in den letzten 150 Jahren überlebt. Sie sind unwiederbringliche Zeugen der Geschichtlichkeit der Stadt. Das Nikolaifleet mit den Wohn- und Speicherhäusern an der Deichstraße bildet das einzige geschlossene Ensemble aus dem alten Hamburg.

gewachsenen Stadtteile zu tun. Entstanden sind Fremdkörper in der räumlichen Kontinuität der Stadt, die offensichtlich bewußt ihre Nachbarschaft und die Gesetzmäßigkeiten ignorieren, die sich für das Bauen im Gesamtzusammenhang der Stadt über eine oft Jahrhunderte alte, häufig nur Jahrzehnte umfassende Baugeschichte herausgebildet haben. So beruht die unterstellte Gesichtslosigkeit einzelner Stadtgebiete häufig auf ihrer bewußt oder unbewußt angelegten Geschichtslosigkeit.

Die Elemente der Stadt, die ihre Geschichtlichkeit widerspiegeln, sind vielfältiger Art.

Zunächst ist da das Netz der historischen Wege- und Straßenverbindungen. Sie weisen zurück auf räumliche Beziehungen von Dörfern und Ortsteilen, die längst im großen Stadtkörper aufgegangen sind. Viele der ehemaligen Markt- und Stadtplätze sind zumindest im Grundriß, häufig auch noch in ihrer Raumstruktur, erhalten. Sie können die Erinnerung an das städtebauliche Milieu der Vergangenheit wachhalten, haben sie doch meist über Jahrhunderte den Mittelpunkt öffentlichen Lebens in den Orten rund um Hamburg gebildet. An einzelnen noch erhaltenen Gebäuden aus unterschiedlichen Bauperioden läßt sich die Geschichtlichkeit dieser wichtigen Orte in der Stadt lebendig halten. Dies gilt auch für die Beziehung von Gebäuden und Freiräumen, die Eigenarten der Gartenanlagen und kleinen Parks und natürlich für alte Baumreihen und Alleen, die Straßen, Platz- oder Wegräume an vielen Stellen der Stadt noch immer betonen.

Nicht minder bedeutungsvoll sind einzelne Gebäude, deren Baustil in vergangene Phasen der Stadt- und Siedlungsentwicklung weist. Sie wirken durch ihre Beziehung zu anderen Bauten, durch ihre Stellung und bauliche Ausprägung im Ensemble einer Straße, eines Platzes oder im Gesamtzusammenhang eines Stadtquartiers. Neubauten sollten ihrem historischen Umfeld Respekt erweisen, und zwar nicht durch Nachahmung von Bauformen und Architekturdetails, sondern durch die Angemessenheit ihrer Volumen sowie ihre Einfügung in das Ensemble der schon bestehenden Bauten und durch ihren Materialcharakter. Jedes Gebäude muß Zeuge seiner Entstehungszeit sein und bleiben. Dies alles zu berücksichtigen, muß selbstverständliches Anliegen heutigen Städtebaus und heutiger und zukünftiger Architektur sein.

Dies alles hat viel mit dem Schutz des städtebaulichen und architektonischen Ausdrucks in der Stadt, aber noch wenig mit Denkmalschutz zu tun. Aufgabe des Denkmalschutzes muß die Erhaltung des baukulturellen Erbes sein, er muß also eindeutig auf die Sicherung der für die Baukunst vergangener Epochen signifikanten, künstlerisch und gesellschaftlich wertvollen Gebäude und Gebäudegruppen ausgerichtet sein. Denkmalschutz in Hamburg muß aber das gesamte Spektrum der für die Geschichte der Stadt als Hafen- und Handelsmetropole, als Industrie- und Bürgerstadt wichtigen Bauten erfassen. Dies ist auch in der jüngsten Vergangenheit nur unvollständig geschehen. Arbeiter- und Industriekultur, Bauten der Hafentechnik und des Ingenieurwesens sind zu lange zugunsten von Bauwerken bürgerlicher Baukultur vernachlässigt worden.

Entscheidend bleibt allerdings, daß die Erhaltung von Gebäuden dauerhaft nur erreicht werden kann, wenn eine dem Bautyp adäquate Nutzung gewährleistet bleibt und im Kontext ihrer jeweiligen städtebaulichen Umgebung auch langfristig vertretbar ist. Denkmalschutzpolitik sollte auch eine Sensibilität gegenüber den Chancen entwickeln, die eine qualitätvolle zeitgenössische Architektur im historischen Verbund der Stadt birgt. Sie kann das Stadtbild bereichern und die geschichtliche Kontinuität sichern.

Die Stadt sollte immer Abbild ihrer architektonischen und städtebaulichen Vergangenheit sein. Dies fordert aber die Bereitschaft jeder Epoche, auch der heutigen wie der zukünftigen, Raum für den Ausdruck eigener Baukultur zu geben. So wird und muß, wenn wir die Städte nicht endlos erweitern wollen, immer auch wieder Altes dem Neuen weichen. Maßstab kann nur die Qualität der Architektur sein. Gegen das Mittelmaß und die Phantasielosigkeit im Bauen gilt es sich zu wehren. Es gilt, die Vielfalt und den Reichtum der städtischen Baukultur zu erhalten und immer wieder neu zu beleben.

Ökologie der Stadt

Wohl keine andere mitteleuropäische Stadt hat es sich in diesem Jahrhundert so konsequent zur Aufgabe ihrer Stadtplanung gemacht, Natur und Freiräume in Einklang mit der Siedlungsentwicklung zu bringen, wie Hamburg. Die Anlage der Volksparks, der Ausbau der kleinen und großen Stadtteilparks, die landschaftlichen und naturbelassenen Flächen der Elbniederung und das Alstertal sowie die Kleingärten, Parks und Gartenstädte sind Ausdruck einer bewußt definierten Stadtökologie. Von Baumpflanzungen begleitete Straßen und Plätze legen ebenso Zeugnis ab für eine aktive Landschafts- und Freiraumplanung über die letzten 80 Jahre wie das landesplanerische Entwicklungsmodell für die Stadtregion Hamburgs, das bewußt auf die Freilassung von offenen Landschaftsräumen zwischen den im Aufbau befindlichen Siedlungsachsen ausgerichtet war.

Flächenfreihaltung ist immer ein wichtiges Element städtebaulicher Entwicklungspolitik gewesen. In diesem Sinne hat die Hamburger Landesplanung aktiven Umweltschutz vorgelebt, lange bevor der Umweltschutz – allerdings in einem weit umfassenderen Sinne – zur politischen Schwerpunktaufgabe wurde.

Dennoch hat die städtebauliche Entwicklung der Stadt seit etwa 1920 in einem gewaltigen Umfang Flächen der bis dahin offenen Landschaft genutzt, hat landwirtschaftliche Flächen in Bauland umgewandelt und unzählige natürliche Raumeinheiten durch Straßenbau und Besiedlung verändert und Boden, Wasser und Luft durch Emissionen aller Art belastet. Das Bild von der „grünen Stadt Hamburg" kann so leicht über die Fülle von Aufgaben hinwegtäuschen, die für einen umweltverträglichen Städtebau oder gar einen ökologischen Stadtumbau bestehen. Der Flächenanspruch des Bürgers wird sich über das heutige Maß hinaus noch ausweiten. Wachsende Einkommen, die Erhöhung der Zahl der Haushalte bei stagnierender Bevölkerungszahl, die wachsende Bedeutung der Mobilität, steigende neue Wohnansprüche, weitere Arbeitsteilung und neue Standortansprüche der Arbeitsstätten werden zu einer weiteren Beanspruchung von heute unbebauten Flächen führen.

Es wird eine große Herausforderung für die Stadtplanung sein, diese Aufgabe flächensparend und bodenschonend zu erfüllen. Gleichzeitig sind bestehende Belastungen von Luft, Wasser und Boden abzubauen und neue zu verhindern. Dies ist fast schon die Quadratur des Kreises. Ein Beispiel: Das Ziel eines geringen Landschaftsverbrauchs würde hohe Bebauungsdichten und die Ausnutzung noch freier Flächen innerhalb der vorhandenen Stadtstruktur nach sich ziehen. Die hohe Bebauungsdichte würde aber zu weitgehender Versiegelung des städtischen Bodens und damit zu seiner Schädigung statt Schonung führen. Es ist auch zu fragen, ob die Erhaltung von Flächen der industrialisierten Landwirtschaft, die den Boden weitgehend ausgeräumt, vergiftet und verödet haben, wirklich ökologisch richtiger ist als der Aufbau einer Gartenstadt oder eines Wohngebietes mit großen Hausgärten, kleinen Parks und baumbestandenen Straßen und Plätzen auf diesen Flächen.

Der Konflikt ist offensichtlich: Versucht man, den Menschen durch Freihalten von potentiellen neuen Siedlungsflächen so weit wie möglich aus der Natur und der noch offenen Landschaft herauszuhalten, hat dies in der Regel Verschlechterungen seiner Lebensbedingungen innerhalb der Stadt zur Folge. Noch freie Flächen müssen bebaut werden, Freiräume aufgegeben werden. Im besten Fall gewinnt der Stadtbewohner so ein dichteres soziales Milieu und eine Verbesserung seiner kulturellen Chancen. Lockert man die Siedlungsstruktur der Stadt bewußt auf und erschließt neue Bauflächen am Stadtrand, besteht die Gefahr, daß die befürchtete Landzerstörung eintritt und hohe, unrentierliche Kosten für die Stadt und den Bürger auftreten.

Dennoch bestünde bei qualitätvoller und sorgfältiger Siedlungsplanung mit der Landschaft die Chance, die Bürger neuer Stadtteile mehr mit der Natur vertraut zu machen und daß diese sich mit ihrer Umwelt im Sinne von Mitwelt identifizieren.

Es kann also nicht darum gehen, weiteren „Landschaftsverbrauch" zu verhindern, sondern einen Städtebau zu verfolgen, der Stadt und natürliche Umwelt in Einklang bringt. Hamburg muß sich darum bemühen, den weiten Raum der Natur als Landschaftsraum mit neuen Siedlungsstrukturen zu versehen, die als ökologische Chance und als landschaftliche Bereicherung zu erfahren sind. Dies gilt in gleichem Maß für neue Wohnbauentwicklungen in den Elbmarschen und den Elbvororten wie im Raum Bergstedt/ Lehmsahl-Mellingstedt. Hier wird für eine Wiederbelebung einer Wohnform plädiert, die ihre theoretischen Ursprünge im 19. Jahrhundert hat: der Gartenstadt mit all ihren unterschiedlichen Formen des Wohnens in parkartigen Landschaften, mit punktuellen Verdichtungen der Siedlung und ausgeprägten Elementen naturnaher Landschaft.

Ein solcher „umweltverträglicher" Städtebau ist bewußt stadtfreundlich orientiert. Bei richtiger Strukturierung

Folgende Doppelseite: Hamburgs liebliches Stadtbild – Winterhude am Übergang des Alsterbeckens in den kanalisierten Lauf der Alster an der Krugkoppelbrücke.

Im Hirschpark in Blankenese, dem vielleicht schönsten Park am Elbufer. Die Baumgruppen verbinden sich zu einer fast zehn Kilometer langen Landschaftszone am Hochufer des Stroms, die vielfach mit den dahinterliegenden Stadtteilen vernetzt ist.

schont er allein schon durch die Konjunktion der menschlichen Flächenansprüche die Landschaft in besonderer Weise.

In den meisten Städten, so auch in Hamburg, fehlen zur Zeit noch die Grundlagen für eine an ökologischen Zielen orientierte Stadtentwicklungsplanung. Sie ist keineswegs mit einer zweidimensionalen landschaftsplanerischen Leitkonzeption zu erreichen. Luftreinhalteplan, Lärmschutzprogramm, Klimauntersuchungen, Altlastenkataster und detaillierte Biotoperfassungen müssen wesentliche Grundlagen für den ökologischen Stadtumbau und Stadtausbau liefern. Sie können aber nur integriert und nicht allein sektoral für eine Flächennutzungskonzeption verwertet werden. Dies gilt in besonderem Maße für die Planungsgrundlagen aus Natur und Landschaft, deren ökologische Funktion ebenso wichtig ist wie ihre soziale Bedeutung und ihr ästhetischer Wert.

Die „ökologische Stadt" ist kleinräumig zu organisieren. Sie folgt nicht schematisch übergestülpten Leitbildern, wie es viele Jahrzehnte mit Achsenmodellen und anderen schematischen Planfiguren versucht wurde. Die ökologisch orientierte Stadtplanung muß ihre Ziele aus der Individualität der vorhandenen Natur- und Siedlungsräume ableiten, Biotope und Freiraumcharakteristiken sorgfältig erfassen. Die Vielfalt der Arten der Bodennutzung, der Stadträume und ihrer Freiräume macht die Stadt orientierbar, erlebnisfähig und lebensfähig. Die städtebauliche Struktur Hamburgs läßt eine kleinräumige Vernetzung städtischer und natürlicher Elemente in hervorragender Weise zu.

Bewohner der Stadt

Im Wettstreit der Großstädte untereinander spielen die Einwohnerzahlen immer wieder eine große Rolle. Kann sich eine Stadt schon zu den Einwohnermillionären zählen? Stagniert dieses Wachstum? Sinkt etwa die Zahl der Einwohner? Bange Fragen der Politiker und Statistiker. Und doch sagt die absolute Zahl der Einwohner meist noch recht wenig über ihre demographischen Daten aus, über die Anzahl von Alten und Jungen, Armen und Reichen. Für den Städtebau bilden Informationen über die Bedürfnisse der einzelnen Bürger, ihren sozialen Status und ihre einkommensbedingte Nachfrage nach Wohnraum, Gütern und Dienstleistungen die Basis für alle Programme und Planungsarbeiten.

Die Einwohnerzahl der Freien und Hansestadt Hamburg hatte 1965 mit etwa 1 854 000 ihren Höchststand nach 1945 erreicht. Seitdem nimmt die Bevölkerung stetig ab. 1975 lebten noch etwa 1 717 000 Menschen in der Stadt. 1987, dem Jahr der letzten Volkszählung, waren es nur 1 647 400, allerdings immer noch gut 25 000 mehr, als noch 1984/85 prognostiziert worden war.

Der noch Anfang der 80er Jahre relativ hohe jährliche Bevölkerungsverlust – überwiegend durch Abwanderungen in das Hamburger Umland – hat sich beträchtlich reduziert. Die bis vor kurzem noch düsteren Prognosen zur Bevölkerungsentwicklung bis zur Jahrtausendwende scheinen nun nach oben korrigiert werden zu müssen.

Die Statistiker nehmen an, daß um die Jahrtausendwende statt der bisher erwarteten nur etwa 1,39 Millionen Einwohner Hamburg noch 1,54 Millio-

Milieu am Ottenser Marktplatz.

nen Bürger haben wird. Diese Zahlen sagen wenig über die tatsächlichen Strukturprobleme aus, die sich aus Veränderungen in der Hamburger Bevölkerung ergeben haben. Zunächst hat sich seit Mitte der 70er Jahre in Hamburg wie in allen großen Städten der Bundesrepublik und Europas eine ungewöhnlich starke – für die Städtebau- und Wohnungspolitik bedeutsame – Veränderung in der Zahl und der Größe der Haushalte ergeben. Die Einheiten, in denen die Menschen in der Stadt zusammen wohnen und leben, sind kleiner geworden. Trotz sinkender Einwohnerzahl vergrößert sich daher die Zahl der Haushalte stetig.

Bei einem Verlust von 70 000 Einwohnern hat die Zahl der Haushalte zwischen 1975 und 1986 um etwa 18 000 zugenommen.

Städtebau und Wohnungspolitik waren zu Beginn der 70er Jahre noch ganz unbestritten auf ein Ziel gerichtet: familiengerecht zu planen und zu bauen. Die Familie war der Grundbaustein der Gesellschaft. Sie war eine Lebensgemeinschaft von zwei, meist sogar von drei Generationen.

So bildeten auch 1950 im Durchschnitt noch mehr als fünf Personen einen Haushalt. 1972 wies die Statistik nur noch einen Wert von durchschnittlich 2,5 Personen je Haushalt aus. Heute beträgt diese durchschnittliche Haushaltsgröße kaum 1,9 Personen.

Fast 45 Prozent aller Haushalte Hamburgs sind Einpersonenhaushalte. Zählt man die Untermieterverhältnisse noch dazu, sind es fast 50 Prozent. Weitere 30 Prozent aller Haushalte bestehen aus nur zwei Personen, und nur noch knapp 22 Prozent, also ein gutes Fünftel aller Hamburger Haushalte, repräsentieren noch den guten alten Typ der Familie, in der Eltern mit einem Kind oder mehreren Kindern zusammenleben.

Diese Zahlen sind für die Großstädte in der Bundesrepublik nicht so ungewöhnlich. In Berlin ist der Anteil der kleinen Haushalte weit höher als in Hamburg. In mittelgroßen Universitätsstädten sind noch extremere Werte erreicht worden. Hamburg hat fast 80 000 Studenten. Gut die Hälfte von ihnen lebt als Einpersonenhaushalt in eigenen Wohnungen.

Die soziologisch wichtigste Ursache für die große Zahl kleiner und kleinster Haushalte liegt in der Veränderung der generellen Familienbiographie. Diese Entwicklung erfordert ein Umdenken in der Städtebau- und Wohnungspolitik.

Der Zeitraum, in dem ein Ehepaar allein lebt ohne Kinder – vor der Geburt der Kinder und nach ihrem Auszug aus dem Elternhaus – hat sich beträchtlich verlängert. Mitte der 30er Jahre lag er noch bei durchschnittlich fünf bis zehn Jahren. Heute beträgt die „Alleinphase" zwischen 20 und 30 Jahren. Für die Frauen einige Jahre länger als für die Männer, die später heiraten und eine etwas geringere Lebenserwartung haben.

Ein ganz anderes Phänomen ist die Bildung von Wohngemeinschaften, die statistisch aus Einpersonenhaushalten bestehen, jedoch Lebens- und Wirtschaftsgemeinschaften auf Zeit für eine größere Anzahl von Personen darstellen. Ihre Zahl hat sich seit Mitte der 70er Jahre vervielfacht. Für eine bedarfs- und nachfrageorientierte Wohnungspolitik müssen diese Haushaltstypen Bedeutung erhalten.

Mehr und mehr Frauen ziehen – nicht allein aus wirtschaftlichen Gründen – lebenslange Berufstätigkeit der Arbeit in der Familie vor. Viele leben allein oder erziehen ihr Kind, ihre Kinder, allein. Eine Stadt mit ihren Stadtteilen aber, die nicht mehr von Kindern aller Altersstufen, von Großeltern, Kindermüttern und Kindervätern, sondern von erzwungen tüchtigen, ewig jungen, dynamischen, allenfalls diätengezeichneten Berufstätigen geprägt wird, kann nicht mehr die fröhliche Vitalität haben, die das Stadtleben zur Zeit unserer Großeltern auszeichnete! In ihr muß sich eine neue Qualität städtischen Lebens entwickeln, die es aufzubauen und erfahrbar zu machen gilt. Sicher ist, die neuen Haushalte bevorzugen die Innere Stadt mit ihren gemischten Bau- und Nutzungsstrukturen. Hier überwiegen Wohngebäude aus der Gründerzeit mit meist großzügig geschnittenen Wohnungen, gleich großen Räumen, variabel nutzbar, nicht auf spezielle Benutzung als Wohn-, Schlaf- und Kinderzimmer zugeschnitten, funktional und in der Größe minimiert wie in den Wohnungen des sozialen Wohnungsbaus.

Die amtliche Statistik läßt die Strukturveränderungen, die sich in der Bewohnerschaft der Inneren Stadt vollzogen haben, kaum erkennen. Ihre Kategorien sind blind für die Differenziertheit der Lebensumstände, in denen sich die „kleinen" Haushalte befinden. Ob Single oder unverheiratetes Paar, ob Wohngemeinschaft, Witwe, ob kinderloses Ehepaar oder Alleinerziehende mit Kind, ob Eltern, deren Kinder bereits ausgezogen sind, oder Ehepaare, die getrennt leben, ob Student, der auch noch eine Jugendbude im elterlichen Haus in Rahlstedt hat, oder Auszubildender aus Pinneberg – sie alle bilden die kleinen Haushalte, deren bevorzugter Wohnstandort und Lebensraum zwischen St. Georg und Eppendorf, zwischen Eimsbüttel-Süd und Ottensen liegt. Dies trifft für die beruflich Etablierten, an die Normen der Leistungsgesellschaft Angepaßten, ob weiblich oder männlich, in gleicher Weise zu wie für diejenigen, die sich der Alternativszene zurechnen.

Erika Spiegel, eine der besonders engagierten sozialwissenschaftlichen Stadtforscherinnen, hat bei ihren Untersuchungen zum Wohnverhalten neuer Haushaltstypen in der Inneren Stadt Hamburgs ermittelt, wie stark der Verdrängungs- und Umschichtungsprozeß in den Stadtteilen zwischen Uhlenhorst und Altona tatsächlich ist. Allein gut 40 Prozent der Einpersonenhaushalte wohnen hier in Wohnungen mit drei und mehr Zimmern. Gut zwei Drittel der Alleinwohnenden streben dies an. So ergibt sich eine ungewöhnlich breite Nachfrage auch nach mittelgroßen und größeren Wohnungen.

Deutlich wird, daß der Wunsch, allein zu leben, mit der Sehnsucht nach räumlicher Freiheit und Unabhängigkeit verbunden ist, einer Sehnsucht, die über das Bestreben, den Familienwohnungen zu entfliehen, weit hinausgeht. Wohnraum, Arbeitsraum, Schlafraum, ein Raum für den Gast oder den zeitweise mitlebenden Partner, die Wohnung im Milieu. Dies ist nicht nur der Wohnanspruch der viel beschworenen Yuppies (Young urban professional people) unterschiedlichster Provenienz, sondern auch der Aussteiger. Sie alle verkörpern einen neuen Lebensstil, der zwar schick, aber eben

Musikkapelle auf dem Jungfernstieg, der seit Jahrhunderten die Promenade der Hamburger ist.

sowenig bürgerlich sein soll wie der der Alternativen. Ihre gelebte Kritik am Establishment beschränkt sich aufs Private, vor allem aber auf die Befreiung von den Zwängen eines bürgerlichen Familienlebens. Diese „Befreiung" wird in der Regel teuer erkauft. Sehr viele der Einpersonenhaushalte müssen 25 bis 40 Prozent ihres Nettoeinkommens für den „Luxus", Herr/Frau in den eigenen gemieteten vier Wänden zu sein, aufbringen. Dem Großteil der Drei- und Mehrpersonenhaushalte, die sich ein Häuschen im Grünen erspart haben, geht es allerdings nicht viel besser. Für einen stetig steigenden Anteil Hamburger Bürger wird so die subjektiv angemessene Wohnraumversorgung zu einer starken finanziellen Belastung.

Welche Bedeutung die Wohnkosten und damit auch ein breites Angebot an preiswertem Wohnraum für die größeren Haushalte haben, belegen am eindrucksvollsten nüchterne Zahlen (Stand 1987): In Hamburg verfügen 110 000, das sind mehr als 50 Prozent der Drei- und Mehrpersonenhaushalte, über ein monatliches Haushaltseinkommen von weniger als 3000 DM. Nur etwa 50 000, also nicht einmal 7 Prozent der Haushalte in Hamburg, erwirtschaften mit über 4000 DM monatlich ein in dieser Region angemessenes Haushaltseinkommen.

Kein Wunder also, daß sich angesichts der hohen strukturell bedingten Arbeitslosigkeit und der damit verbundenen Gefahr des Abgleitens eines Bevölkerungsteils in dauernde Armut bei gleichzeitiger Neuorientierung des Wohnverhaltens der kleinen und „neuen" Haushaltstypen die Wohnraumproblematik sowohl in der Inneren Stadt wie in den äußeren Stadtgebieten verschärft.

Die Stadtsoziologen Häussermann und Siebel haben hierzu eine detaillierte Analyse geliefert. Treffend schildern sie die Probleme, mit denen sich die Hamburger Wohnungspolitik seit einigen Jahren konfrontiert sieht und die sich ohne Gegensteuerung im kommenden Jahrzehnt noch verschärfen werden. Sie setzen sich mit dem verstärkten Zuzug sowohl der sogenannten Yuppies wie der Alternativszene in die Innere Stadt auseinander und sagen dann zu den wirtschaftlichen Ursachen und den Folgen dieses Trends:

„Das Schicksal der Arbeitslosigkeit trifft, weil es zum Massenphänomen geworden ist, zunehmend auch solche Gruppen, die traditionell zur Mittelschicht gehören. Bürgerliche Sozialisation und qualifizierte Berufsausbildung garantieren heute nicht mehr den gradlinigen Einstieg in eine Erwerbstätigkeit. Arbeitslosigkeit aber kann von Menschen mit höherer Bildung anders bewältigt werden als von jenen, denen weiterführende Bildungsmöglichkeiten vorenthalten worden sind ...

Das Alternativmilieu in den Großstädten ist daher weitgehend ein Phänomen der Mittelschichten und der Expansion des Bildungswesens. Deshalb hat es mit der professionellen Kultur der Yuppies mehr gemeinsam als mit der Situation der großen Masse jener Arbeitslosen, die aufgrund des ökonomischen und technischen Strukturwandels aus der Produktionsarbeit ausgeschlossen sind. Dies schlägt sich in den Städten auch räumlich nieder: die Räume von Yuppies und Alternativen überschneiden sich im innerstädtischen Altbaubestand" – aus denen sie die weniger zahlungsfähige „Normalbevölkerung" verdrängen, müßte hier eingefügt werden – „konsekutiv und konkurrierend; die Trennungslinie zur ‚normalen' Arbeitslosigkeit ist relativ scharf. Diese hat vor allem in den Großsiedlungen des sozialen Wohnungsbaus ihren Ort. Dort haben auch die Sozialämter Belegungsrechte, wenn sie Haushalte unterbringen müssen, die ihre Miete nicht mehr bezahlen können. Die Situation wird sich bei einer Verschärfung der sozialen Segregation und bei weiteren Kürzungen im System mit Sicherheit noch zuspitzen."

Auch in den Wohnwünschen der „Normalhaushalte" hat es spürbare Veränderungen gegeben, die sich in den 90er Jahren fortsetzen werden. War noch vor gut zehn Jahren bei der Mehrheit der Haushalte das Häuschen mit Garten im Grünen das Endziel der Wohnwünsche, ist es heute immer mehr die gut ausgestattete Altbauwohnung in den besseren Stadtteilen mit Milieu. Uhlenhorst, Winterhude, Eppendorf und natürlich Harvestehude schicken sich an, Wellingsbüttel und Rissen den Rang abzulaufen.

Für die „normale" Familie spielen die spezifische Identität eines Stadtteils, ein städtisches Milieu und die Nachbarschaft wieder eine größere Rolle bei der Wohnstandortwahl als das reine Glück im Grünen. Diese Sehnsucht der Menschen nach dem Leben in einer milieureichen, städtischen Umwelt mit einem ortsspezifischen Ambiente muß der Ausgangspunkt aller zukünftigen Stadtplanung und allen zukünftigen Bauens sein.

Grundlagen für die Stadtentwicklungspolitik

Stadtentwicklungspolitik zeichnet sich in der Regel dadurch aus, daß es ein Bündel hehrer Ziele, ein Paket wortreicher Programme und einen nüchternen Plan gibt, der die Nutzung der Flächen innerhalb der politischen Grenzen der Stadt festlegen soll mit einem Zeithorizont von 10 bis 15 Jahren. Alle drei Elemente – Ziele, Programme und Plan – sind selten kongruent, häufig schnell überholt und in fast allen Fällen nur sehr bedingt aus den realen Gegebenheiten für gesteuerte Veränderungen der Raumstruktur abgeleitet. Dies liegt wiederum daran, daß ein normal funktionierendes demokratisches Entscheidungssystem bei sektoral gegliederter Politik- und Verwaltungszuständigkeit nicht über ausreichende Integrationskapazitäten für die Einbeziehung aller relevanten Entwicklungsfaktoren verfügt.

Der Anspruch an Stadtentwicklungspolitik muß also reduziert werden. Es lohnt sich, zunächst zu klären, welche Faktoren einer Entwicklungspolitik politisch wirklich beeinflußbar sind, wenn es – dies sei unterstellt – globales Ziel ist, die Stadt und ihre Region als Arbeitsstandort, Unternehmenssitz und Wohnort für Menschen aller Schichten attraktiv zu gestalten. Welches sind die vielbeschworenen Standortfaktoren?

1. Lagegunst
Da ist zunächst die geographische und naturräumliche Lage, die nicht beeinflußbar ist und die je nach persönlicher Mentalität, äußeren macht- und wirtschaftspolitischen Konstellationen als

vorteilhaft oder als benachteiligend empfunden wird. Wenn Hamburg sich als nordeuropäische Metropole und als Zentrum für Nordosteuropa innerhalb der europäischen Wirtschaftsgemeinschaft, also auch als Beziehungspunkt zu den Staaten Osteuropas und Skandinaviens, verstehen würde, kann die „Randlage" innerhalb der EG ein Vorteil sein.

2. Verkehrsgeographische Lage

Die Nachteile einer geographischen Randlage können zweifellos durch eine hochleistungsfähige Verkehrsinfrastruktur innerhalb der Region und eine funktionsfähige Anbindung der Region an das nationale und internationale Verkehrsnetz ausgeglichen werden. Schienen-, Straßen- und Luftverkehr kommen dabei gleichrangige Bedeutung zu. Eine uneingeschränkte Konkurrenzfähigkeit im internationalen Seetransportverkehr kommt Hamburg durch seinen schnellen Hafen zugute. Dennoch darf die traditionelle Überschätzung des Hafens nicht wie bisher zur Vernachlässigung des Standortfaktors Flughafen führen. Dieser wird erst jetzt, zu spät und vielleicht auch am falschen Standort, ausgebaut. Seine Einbindung in das internationale Straßen- und Schienenverkehrsnetz würde die verkehrsgeographische Lage Hamburgs dennoch entscheidend verbessern.

Zwischen Dänemark und Schweden ist eine neue, ununterbrochene Landverbindung für Schiene und Straße in Vorbereitung. Hier liegt eine gute Chance für Hamburg, wenn der Ausbau des Autobahnnetzes und der elektrifizierten Schienenschnellverbindung in Richtung auf diese zentrale Erschließungstrasse für Skandinavien gelingt.

Wichtig bleibt die Verknüpfung der einzelnen Verkehrsarten untereinander. Die „Umsteigebedingungen" für Waren und Menschen von der Bahn zum Flugzeug, von der Straße zur Bahn und vom Seeverkehr zum Luftverkehr sind zeit- und kostensparend zu organisieren. Hier liegen große Infrastrukturaufgaben, die den Bau von Güterverteilzentren und neuen Schienen- und Straßentrassen in der Stadt einschließen.

3. Kosten des Standorts

Einen dritten Faktor stellen die absoluten und relativen Kosten des Standorts wie Steuern, Gebühren, Hebesätze, Abgaben aller Art, Grundstückspreise, Mieten und Pachtraten dar. Im nationalen und internationalen Vergleich bietet Hamburg solide Voraussetzungen für einen kostengünstigen Standort. Im regionalen Vergleich schlagen die Metropollasten, die Hamburg für das Umland zu tragen hat, auch die schwierigen Entsorgungsbedingungen des Stadtstaates, zu Buche. Der Konflikt zwischen privatwirtschaftlichen Kostendämpfungsinteressen und staatlichen Einnahmenotwendigkeiten zur Aufrechterhaltung der Infrastruktur ist nur schwer auflösbar. Hamburg weist – im Vergleich zu den tatsächlich mit der Stadt europaweit konkurrierenden Metropolen – ein relativ niedriges Niveau in allen grundstücksbezogenen Kosten auf.

4. Flächenreserven

Der vierte und wichtigste Faktor ist die Verfügbarkeit von quantitativ und qualitativ ausreichend attraktiven Flächen für Industrie, Gewerbe und Wohnungsbau. Hier hat Hamburg, wie kaum eine andere Stadt in Mitteleuropa, einen großen Handlungsspielraum. Hamburg verfügt über ein großes Reservoir an günstig gelegenen Flächen. Sowohl für Betriebseinheiten der Investitionsgüterindustrie im speziellen wie für Betriebe des verarbeitenden Gewerbes im allgemeinen. Besondere Bedeutung kommt der Verfügbarkeit von Flächen für Betriebe des tertiären Sektors, des Dienstleistungsgewerbes, der Medienwirtschaft und auch des Informations- und Kommunikationsbereichs zu. Gefordert ist politischer Mut für die Aufbereitung und infrastrukturelle Ausstattung dieser Flächen!

5. Wohn- und Freizeitwert

An fünfter Stelle ist ein Standortfaktor zu erläutern, dem bei Standortentscheidungen von Menschen meist der erste Rang zukommt, der aber auch für Unternehmen immer mehr an Bedeutung gewonnen hat: der Wohn- und Freizeitwert einer Stadt, das städtische Ambiente, die Identität des Stadtbildes, kurzum alle Elemente, natürliche wie gebaute, die die Qualität des Lebensraums Stadt ausmachen. Die städtebauliche Identität der Stadt ist die eigentliche, die substantielle, den Menschen unmittelbar ansprechende und bindende Qualität einer Stadt, der viele individuell emotionale wie kollektiv soziale Elemente innewohnen. Diese städtebauliche Identität ist beeinflußbar, wie die Städtebaupolitik des letzten Jahrzehnts bewiesen hat. Sie zu bewahren und zu entwickeln ist und wird ein besonders wichtiges Element einer zukünftigen Stadtentwicklungspolitik sein.

6. „Stadtklima"

Immer häufiger diskutiert und positiv wie negativ für Hamburg ausgelegt wird der sechste hier darzustellende Standortfaktor – ebenso wie der vorherige ein „weicher" Faktor mit hartem Kern: das kulturelle und politische Klima der Stadt oder die politische Kultur und die Fähigkeit der Politik, die Kultur der Stadtgesellschaft zu fördern. Hierbei wird Kultur als Ausdruck für die Gesamtheit der sozialen und kulturellen Beziehungen und Werte innerhalb der Stadtregion verstanden. Die Klagen über Hamburgs langsames, unüberschaubares, teures und wenig entscheidungsfreudiges politisches System sind alt und immer wieder aktuell. Eine Reform der Verfassung im Sinne klarer Verantwortungen und effizienter Entscheidungsstrukturen ist überfällig und darf nicht am Interesse der etablierten Politik jedweder Couleur scheitern.

7. Lehre und Forschung

Die politische Kultur bestimmt auch die Wirkungschancen des letzten in unserem Zusammenhang zu benennenden Standortfaktors: die Ausstattung der Stadtregion mit wissenschaftlichen Lehr- und Forschungseinrichtungen und Fachausbildungsstätten. Wenn es zutrifft, daß großstädtische Zentren wie Hamburg Orte der Innovation und Entwicklung von Produktion und Verfahren bleiben, während die Verarbeitung von Produkten auch in Zukunft immer mehr in Regionen und Länder (Dritte Welt) mit niedrigen Lohnkosten verlagert wird, erhalten Ausbildungs-, Forschungs- und Entwicklungseinrichtungen als Grundlage für einen qualifizierten Arbeits-

Die Türme von St. Nikolai, der ehemaligen Fischer- und Hafenkirche, und des Rathauses bilden prägnante Merkzeichen in der Stadtsilhouette.

markt und als Partner bei der technischen und organisatorischen Vorbereitung der Produktentwicklung, der Unternehmerstrategien und aller entwicklungs- und produktionsorientierten Dienstleistungen eine hohe Bedeutung.

Wie bei der Hamburger Universität (1919) ist auch die Gründung der Technischen Universität Hamburg-Harburg Ende der 70er Jahre eine Generationsspanne zu spät erfolgt; ein entwicklungspolitischer Fehler, der, ähnlich wie die Vernachlässigung der Luftverkehrsverbindungen, kaum kurzfristig wiedergutzumachen ist. Der Aufbau von leistungsfähigen Zentren der Grundlagenforschung kann nicht in einem Jahrzehnt bewältigt werden. Dennoch bietet Hamburg im technischen und wissenschaftlichen Ausbildungssektor schon heute ein respektables Angebot mit seinen Fachhochschulen und Universitäten, das aber dringend eines weiteren Ausbaus bedarf.

Flächennutzungsplan – Instrument der Stadtentwicklungspolitik

Hamburg braucht einen neuen Flächennutzungsplan, der die entwicklungspolitischen Ziele in eine raumbezogene Konzeption umsetzt. In diesem Plan müssen die Konflikte zwischen den Zielen eines ökologischen Stadtumbaus und einer auf die Sicherung und Entwicklung der Stadt als Wirtschaftsstandort und Wohn- und Arbeitsplatz gerichteten Politik ausgetragen werden. Das heißt, er muß neue qualitative Dimensionen räumlicher Strukturplanung enthalten, die den Ansprüchen des Umweltschutzes – wie Landschaftsordnung, Stadtgestaltung und sozialer wie baulicher Milieuschutz – an den Lebensraum der Stadt gerecht werden. Das heißt auch, daß der Plan nicht aus einem abstrakten Leitbild, sondern aus der vorgefundenen Wirklichkeit der einzelnen Stadtbereiche und Ortsteile entwickelt werden muß, ohne die gesamtstädtischen Interessen im Infrastrukturausbau, in der Sicherung von Wohn- und Arbeitsstättenflächen zu vernachlässigen.

Im Jahr 1973 hat die Hamburger Bürgerschaft den – heute noch gültigen – Flächennutzungsplan beschlossen. Er ersetzte den bis dahin als Grundlage für die zweite Phase des Wiederaufbaus und die Stadtentwicklung in den späten 60er Jahren wirksamen Aufbauplan aus dem Jahr 1960, den „Plan 60". Dieser Plan, der noch weitgehend dem Leitgedanken einer „gegliederten und aufgelockerten" Stadt folgte und dem von Fritz Schumacher in den 20er Jahren entwickelten landesplanerischen Modell des Achsenkonzepts mit eindeutigen grünen Achsenzwischenräumen Rechnung trug, geriet schon bald in das Kreuzfeuer der Kritik.

Methodisch als eine Art Pionierleistung interessant ist die Art und Weise, in der sich die Stadt um die Mitte der 60er Jahre damit auseinandersetzte, ob dieser Aufbauplan von 1960 noch den Entwicklungsbedürfnissen der Freien und Hansestadt und ihrer Region wie den Grundsätzen des Städtebaus gerecht werde. Diese Grundsätze waren mal wieder ins Wanken geraten. Das Zauberwort „Urbanität" ging um. Der damalige Oberbaudirek-

Oben: Das Hamburger Entwicklungsmodell mit den weit in die Region hineinreichenden städtebaulichen Entwicklungsachsen von 1969.

Rechts: Fritz Schumachers Achsenmodell aus den 20er Jahren bildete die gedankliche Grundlage für das Hamburger Entwicklungsmodell.

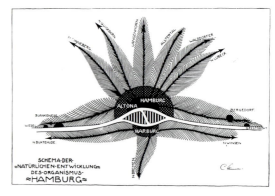

Stadt im Fluß

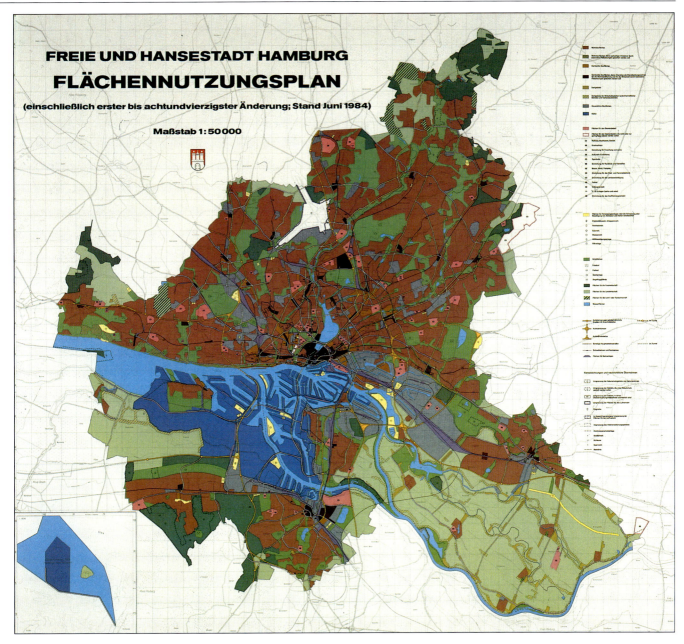

Der Flächennutzungsplan der Stadt aus dem Jahr 1973 in der aktualisierten Fassung von 1984. Der Plan zeigt die bereits ausgewiesenen, aber noch ungenutzten Entwicklungsräume der Stadt im Osten, entlang der S-Bahn nach Bergedorf, im Südwesten im Raum Neugraben-Fischbek sowie im Norden in Bergstedt und Nordwesten im Raum Schnelsen/Burgwedel. Der Plan zeigt aber auch die enge Vernetzung von Wohn- und Arbeitsstättenflächen mit den unterschiedlichen Grünräumen, Parkanlagen und landwirtschaftlich oder forstwirtschaftlich genutzten Freiräumen, die Hamburgs reale Stadtstruktur bestimmt.

tor Werner Hebebrand sprach – in weiser Vorausahnung dessen, was sich daraus entwickeln würde – von „Urbanitätern".

Die Bürgerschaft setzte eine „Unabhängige Kommission" aus 18 auswärtigen Fachleuten, den „Zweimal-neun-Klugen", wie die Presse sie nannte, ein. Das Ergebnis dieser Beratungen schlug sich dann im Flächennutzungsplan 1973 nieder, leider aber auch in vielen unsäglichen städtebaulichen Verdichtungsmaßnahmen, in den Großsiedlungen und einer – wie wir heute wissen – völlig überzogenen Generalverkehrsplanung.

Die strukturell wichtigsten Entscheidungen der Nachkriegszeit waren im „Plan 60" aber schon gefallen: die Schaffung der Geschäftsstadt Nord und der Ausbau des Schnellbahnnetzes für den Hamburger Verkehrsverbund, auch die Autobahntangenten, von denen nur die westliche Umgehung mit dem großen Elbtunnel und der Köhlbrandbrücke – beides außergewöhnliche Leistungen Hamburger Ingenieurkunst – realisiert wurde.

Eine besondere Herausforderung für die Städtebaupolitik der 80er Jahre stellt das schon im Entwicklungsmodell für die Region von 1969 dargestellte System für die sogenannten zentralen Standorte dar. Dieses zweifelsohne überzogene Zentrensystem bildete die Ursache für den Funktionsverlust und für die Verödung der Innenstadt, die Ende der 70er Jahre in der Öffentlichkeit immer wieder angeprangert wurden.

Unter der Zielsetzung der Entlastung wurden außer der Geschäftsstadt Nord auch in Altona-Ottensen und in Harburg Dienstleistungszentren vorgesehen. Vor allem das geplante Zentrum in Ottensen hätte zu einer Zerstörung dieses Stadtteils und zu einer schweren Belastung für die Wohnbevölkerung und das Kleingewerbe in Altona, Ottensen und Bahrenfeld geführt.

Wie stark die Leistungsnachfrage für den Einzelhandel und die privaten Dienstleistungen überschätzt wurden, zeigt die Absicht des Entwicklungsmodells von 1969, jedem der historisch gewachsenen Bezirkszentren noch ein Bezirksentlastungszentrum in den Wohnschwerpunkten der Außenbezirke zuzuordnen und darüber hinaus Stadtteilzentren außerhalb der Entwicklungsachsen zur Deckung des mittelfristigen Bedarfs vorzusehen.

Die Städtebaupolitik zu Beginn der 80er Jahre setzte der Dezentralisierungseuphorie Grenzen.

Der Flächennutzungsplan von 1973 sah für den Wohnungsbau vor allem im Osten der Stadt, im Bereich Billwerder, Allermöhe, im Südwesten an der Entwicklungsachse Harburg-Stadt, in Neugraben-Fischbek sowie im Norden in den Ortsteilen Bergstedt und Lemsahl-Mellingstedt große Flächen vor.

Diese sind bis heute nur in Ansätzen genutzt: ein deutliches Indiz dafür, daß der „Plan 60", der – wenn auch mit geringeren Flächenansätzen je Einwohner – auf eine Wohnbevölkerung von gut zwei Millionen ausgelegt war, den erforderlichen Entwicklungsraum für den Wohnungsbau schon relativ großzügig bemessen hatte. Es darf aber nicht vergessen werden, daß gerade zwischen 1970 und 1985, gefördert durch den Ausbau der Verkehrsinfrastruktur, insbesondere der Schnellbahnlinien in den Entwicklungsachsen, die

Randwanderung von Haushalten und Betrieben in das Umland besonders stark war. Die Umlandgemeinden hatten leider auch in den Achsenzwischenräumen umfangreiche und preiswerte Siedlungsflächen ausgewiesen und so der Bildung des vielbeschworenen „Speckgürtels" um Hamburg gezielt Vorschub geleistet.

Schwerpunkte zukünftiger Stadtentwicklungspolitik

Stadt im Fluß, ein Leitmotiv für die Entwicklungspolitik Hamburgs mit einer doppelten Bedeutung:
○ Hamburg, eine große Stadt in steter Veränderung im kleinen wie im großen
○ Hamburg, eine Stadt im Lebensraum der großen Stromlandschaft der Elbe.

Diese beiden Phänomene miteinander in Harmonie zu bringen, sich beider Bedeutungen stets bewußt zu sein, gilt es heute mehr als je zuvor, wenn man daran geht, die Grundzüge einer Stadtentwicklungspolitik für die Jahrzehnte beiderseits der dritten Jahrtausendwende zu bestimmen.

Über die vergangenen fast sechzig Jahre, seitdem Fritz Schumacher im Rahmen der Denkschrift des Hamburger Senats zur „Groß Hamburg Frage" das „Schema der natürlichen Entwicklung des Organismus Hamburg", den Achsenplan, veröffentlicht hatte, bildete dieser das räumliche und funktionale Leitbild für die Entwicklung von Stadt und Region Hamburg.

So überzeugend prägnant und technisch logisch dieser Achsenplan und seine Nachfolgemodelle in den ersten Nachkriegsjahrzehnten auch waren, sie hatten ihren Ursprung nicht in einer Auseinandersetzung mit den natürlichen Bedingungen, die der große Niederungsraum des Stromtals und die rahmenden Flächen der Geest boten, sondern in einer sehr vordergründigen funktionalen Hypothese Schumachers. Er sagt dazu in seinem Aufsatz „Hamburg als wohnungspolitische Frage" in der Groß Hamburg Denkschrift: „Das wünschenswerte Bild wäre, daß das Arbeitsgebiet der Marsch als mittlerer Kern rings umgeben wäre mit rahmenden Streifen des Wohngebietes der Geest. Alle Wohn- und Verkehrsprobleme würden damit leicht und natürlich zu lösen sein. Von allen Seiten könnte sich der kürzeste und ungehemmteste Verkehrsweg zum Arbeitsgebiet bahnen. Diese Probleme werden gegenwärtig dadurch unlösbar, daß im Hamburger Besitz Geest und Marschland ganz voneinander getrennt liegen."

Unter dem Eindruck des Hafen- und Stadtwachstums nach der Jahrhundertwende und aus der damaligen politischen Ordnung des Großhamburger Raums war dieses Leitbild verständlich. Schon in der Zeit vor dem Ersten Weltkrieg wurde nicht nur von Hamburg, sondern auch von seinen Nachbarstädten Altona und Wandsbek immer wieder die verkrampfte städtebauliche Gebietssituation mit einem sinnlos zwischen zwei Ländern geteilten Strom-, Arbeits- und Wohnbereich beklagt. Altona hatte schon 1910 in einer sehr dringenden Schilderung seiner städtebaulichen Not die Regierung in Berlin gebeten, nach Hamburg eingemeindet zu werden, und dies 1919 in einer Denkschrift an die Nationalversammlung in Weimar noch einmal

Folgende Doppelseite: Die City und die westlichen Vorstädte. Nur wenige Hochhäuser stören die Homogenität des Stadtbildes, die Hamburgs Faszination als Wohnort und Wirtschaftsraum ausmacht.

bekräftigt. Dennoch mußte die Stadt Hamburg – mußten Altona, Wandsbek und Harburg – noch 20 Jahre unter den gegebenen kommunalen und Ländergrenzen weiterwirtschaften, ehe eine gemeinsame Landes- und Stadtplanung möglich wurde. Bis dahin waren alle wesentlichen Strukturentscheidungen im Positiven wie im Negativen schon gefallen.

Die Voraussetzungen für eine konsequente, auch die Bedingungen des Naturraums beachtende Verfolgung des Achsenmodells waren kaum noch gegeben. Das Achsenmodell, gerade in seinen Ausformungen in der Zeit nach dem Zweiten Weltkrieg, war eher ein Raumbesetzungs- denn ein Raumordnungsmodell. Es basierte auf technokratisch geplanten Infrastrukturtsträngen, die eine Bündelung der Raumnutzung entlang dieser Stränge bewirken sollten und in der Realität doch häufig einer Flächenerschließung gleichkamen.

Aus den natürlichen Gegebenheiten der Landschaft läßt sich eine solche Gliederung nicht ableiten. Das Urstromtal der Elbe dominiert den Landschaftsraum Hamburgs eindeutig. Alster und Wandse bilden nur schmale Zäsuren in der Topographie. Weit stärker wirken die großen flächenhaften Parkanlagen des Ohlsdorfer Friedhofs, des Stadtparks und des Altonaer Volksparks und die Feldmarschen im Westen der Stadt. Die zwischen den Siedlungsachsen verbleibenden Restflächen erhielten folgerichtig die Bezeichnung Achsenzwischenräume. Damit war keineswegs schon eine passive Position gegenüber der sich ausdehnenden Bebauung festgemacht. Diese entwickelte aber ihr eigenes Netz von Freiräumen unterschiedlicher ökologischer Qualität und sozialer Zweckbestimmung.

So hat sich um Hamburg herum ein „Speckgürtel" von Siedlungen entwickelt, der seine Ursachen sicher nicht nur in den Mängeln des Raumordnungsmodells, sondern auch und besonders in einer auf Konkurrenz statt Kooperation angelegten Politik der drei benachbarten Bundesländer hat. Eine sträfliche Vernachlässigung einer notwendigerweise kompetenzstarken gemeinsamen Landesplanung für Hamburg und sein weiteres Umland in Niedersachsen und Schleswig-Holstein war die Folge. So ist heute eine Raumentwicklung und -ordnung nach ökonomischen und ökologischen Gesichtspunkten, gleichrangig auf die Funktionstätigkeit des gemeinsamen Landesraumes ausgerichtet, nur noch schwer möglich.

Dennoch ist vor jeder räumlich auf hamburgisches Staatsgebiet begrenzten Neubestimmung oder auch nur Fortentwicklung der Ordnungspolitik eine gemeinsame Landesplanung im Rahmen eines Planungsverbandes für Hamburg, die Unterelberegion und Hamburgs weiteres Umland im Norden und Süden zu fordern.

So neu ist diese Forderung nicht. Bereits 1931 hatte der Rostocker Geschichtsprofessor Folkers einen Vorschlag zur Neuordnung der norddeutschen Küstenländer unterbreitet, der eine Region Niederelbe als eigenes Reichsland vorsah. Nach diesem Vorschlag sollten neben hamburgischem Staatsgebiet zum Land Niederelbe rechtselbisch die Stadtkreise Altona und Wandsbek, der Kreis Pinneberg und das südliche Drittel des Kreises

Stormarn zählen, linkselbisch die Kreise Harburg, Wilhelmsburg, Harburg Land, York, Stade, Kehdingen, Neuhaus und Hadeln.

Ergänzt durch den Landkreis Lauenburg und einen größeren Teil der Landkreise Stormarn und Segeberg hätte dies eine angemessene Region für eine landesplanerische Einheit ergeben, die nicht nur den Aufgaben der Siedlungsentwicklung und naturräumlichen Ordnung, sondern auch denen der Entsorgungsplanung und des Hochwasserschutzes die dringend erforderliche Koordination und umfassende Konzeption im Interesse der Gesamtregion damals und heute erlaubt hätte.

Die Freie und Hansestadt Hamburg sollte in eine gemeinsame Landesplanung für die Region ein neues Entwicklungsverständnis einbringen, das sich von den auf quantitatives Wachstum gerichteten bildhaften Modellen von Achsen- und Zentrensystemen löst. Es muß sich aus qualitativ bestimmten Ordnungszielen ableiten.

Stadtentwicklungspolitik für Hamburg und seine Region muß auf drei inhaltlich miteinander verknüpfte, aber in der politischen Verantwortung differenziert zugeordnete Ziel- und Maßnahmeebenen konzipiert werden.

Die für die soziale und wirtschaftliche Entwicklung von Stadt und Region übergreifend bedeutsamen und nur im Kontext der Landespolitik zu verantwortenden Standort- und Infrastruktursysteme, die Aufgaben der Wohnungs- und Sozialpolitik und der regional wirksamen Umweltpolitik, das Ordnungssystem der Zentren und öffentlichen Versorgungs- und Dienstleistungseinheiten sind der globalen gesamtstädtischen Planungsebene vorbehalten.

Räumlich eindeutig auf einzelne Sektoren, Bezirke oder Landschaftsräume begrenzte Ordnungs- und Entwicklungsmaßnahmen können in ihrer politischen Grundlegung, in der Zieldefinition und inhaltlichen Ausformung auf Bezirksebene definiert werden. Sie können in die globale Stadtentwicklungspolitik integriert werden, soweit sie nicht mit anderen Maßnahmen in Konflikt geraten.

Darüber hinaus wird es kleinräumig bedeutsame und wirksame Entwicklungsaufgaben geben, die auf der lokalen Ebene des Ortsteils oder des Quartiers erarbeitet und unter unmittelbarer Mitwirkung der Bürger auch umgesetzt werden. Ihre Ziel- und Maßnahmenbestimmung kann auch ohne unmittelbaren Bezug zur Gesamtstadtentwicklung erfolgen.

Für die Gesamtstadtentwicklungspolitik muß ein Zielsystem aufgebaut werden, das durch Leitziele für die umfassend auf Stadt und Region ausgerichtete Entwicklungsplanung ausgelegt ist.

Diese Ziele beziehen sich auf vier Funktionen, die gleichrangig und doch konkurrierend Hamburgs Zukunft bestimmen werden. Sie beinhalten gleichermaßen Chancen und Konflikte der ökonomischen wie ökologischen Erneuerung und Entwicklung. Es sind dies:

○ die Funktionen Hamburgs als Dienstleistungs-, Medien- und Handelsmetropole
○ die Funktionen Hamburgs als Industriestandort, als Raum produzierender und verarbeitender Wirtschaft, ebenso wie
○ die Funktionen der Stadt als Lebensraum und Wohnort und damit

○ die Funktionen der Stadt als Ort städtebaulicher Kultur und naturräumlicher wie landschaftlicher Eigenart.

Aus diesen Funktionen leiten sich vier Aufgabenblöcke ab, auf die die Arbeit zukünftiger Stadtentwicklung ausgerichtet ist.

Entwicklung der Inneren Stadt

Weit über die Grenzen der City hinaus bildet die Innere Stadt zwischen Hammerbrook im Osten und Altona-Ottensen im Westen das wirtschaftliche und gesellschaftliche Zentrum der Stadt. Sie ist Wohnort und Lebensraum einer bunt gemischten Bevölkerung und zugleich Standort der wichtigsten Verwaltungs-, Handels- und Dienstleistungsfunktionen. Sie beherbergt überregional bedeutsame Kultureinrichtungen und Attraktionen des Tourismus.

Die städtebauliche Charakteristik, die Eigenarten des Stadtbildes der Inneren Stadt strahlen aus auf Stadt und Region. Es bedarf daher einer konsistenten Entwicklungspolitik für die Innere Stadt, die das Miteinander der unterschiedlichen Funktionen steuert und Konflikte um einzelne Standorte und Nutzungen aufdeckt und löst.

Die Gestaltqualität, der Erlebnisreichtum, aber auch die Funktionalität der City, der historischen Stadt innerhalb des Wallrings, prägen das Renommee Hamburgs in der Region wie in der Welt. Dem sehr sorgfältigen, auf städtebauliche Kontinuität und Spannung wie auch architektonische Eigenart gerichteten Ausbau der City und ihrer öffentlichen Bewegungs- und Erschließungsräume kommt Priorität in der zukünftigen Stadtentwicklungspolitik zu. Im Gesamtbild wie im Detail sind Kompromisse mit der Mittelmäßigkeit, die nur einen kurzfristigen privaten oder öffentlichen Erfolg bringen, zu vermeiden.

Die City braucht schon kurzfristig Erweiterungsraum in enger räumlicher Verflechtung und in attraktiver Lage. Die Flächenreserven in der Innenstadt sind erschöpft. Für die 90er Jahre sind neue Unternehmen nur für Hamburg zu gewinnen, sind Unternehmen, die sich erweitern wollen, nur an Hamburg zu binden, wenn international konkurrenzfähige Standorte mit eigener Prägung zur Verfügung stehen. Das Gebiet zwischen Zollkanal und Norderelbe, der Raum um die Speicherstadt und die südlich an diese angrenzenden Flächen, wie einige Bereiche am nördlichen Elbufer, bieten die besten Voraussetzungen für eine funktionsgerechte und städtebaulich reizvolle Cityerweiterung. Hier müssen die noch verbliebenen Hafenfunktionen dem Interesse der wirtschaftlichen Entwicklung der Gesamtstadt im nächsten Jahrzehnt schrittweise untergeordnet werden. Nach gut 100 Jahren muß die Stadt das Gebiet um Sandtor- und Grasbrookhafen wieder zurückgewinnen, um – wie damals, als sie diese Flächen aus der Altstadt herausgelöst hatte – die Zukunft der Stadt nicht zu verbauen.

Die Stadt muß hier, kaum zehn Gehminuten vom Rathaus entfernt, ebenso wie am gesamten nördlichen Elbufer, ihre einmalige Chance nutzen, wieder eine neue städtebauliche Beziehung zur Elbe und zum Hafen herzustellen. Die Flächen am Nord-

Stadt im Fluß

Die City zwischen Elbe und Alster. Speicherstadt und Kontorhausviertel schieben sich eng zusammen, getrennt werden sie nur durch die Ost-West-Straße.

Nachdenklich schaut Heinrich Heine auf das Treiben am Rathausmarkt seines Hamburgs, der Stadt, in der er über sechs Jahre gelebt hat und seinen Verleger Julius Campe fand. In seiner Person verkörpert sich wohl am stärksten die Distanz zwischen Geist und Kommerz, unter der das kulturelle Klima der Stadt immer wieder gelitten hat.

ufer der Elbe sind für die Stadtentwicklung besonders wertvoll, und sie sind es jetzt vor Öffnung des gemeinsamen Marktes der Zwölf in besonderer Weise.

Als Cityergänzungsgebiet erfordert auch der Bereich Klostertor/Hammerbrook in den 90er Jahren eine neue städtebauliche Ordnung, zumal wenn Hamburg es wirklich ernst meint mit der Bewerbung um die Austragung der Olympischen Spiele im Jahr 2004. Ansätze bietet die Anfang der 80er Jahre im Teilgebiet der sogenannten City Süd eingeleitete Entwicklung beiderseits des Mittelkanals in Hammerbrook. Das eigentliche Eingangstor in die Hamburger City, der Gesamtbereich beiderseits der Billhorner Brückenstraße und des Heidenkampswegs, zeigt derzeit noch einen erschreckend desolaten Zustand, bietet aber gleichzeitig mit seinen ungenutzten oder nur schwach genutzten Flächen gute Entwicklungsmöglichkeiten für weitere Ansiedlungen von Unternehmen des tertiären Sektors. Es ist sinnvoll, eine angemessene Ordnungskonzeption auch auf die angrenzenden Gewerbe- und Industriegebiete von Hamm-Süd und Rothenburgsort auszudehnen.

Die Entwicklung und Ordnung der Inneren Stadt ist eine Aufgabe, in der sich die regionalen, nationalen und supranationalen Leistungsverpflichtungen und Chancen der Stadt vereinen mit der Aufgabe, die Innenstadt als Wohnort für sehr unterschiedliche Bevölkerungsgruppen zu sichern und zu erneuern. Die wohl schwierigste und auch sensibelste Aufgabe wird die Auseinandersetzung mit den Stadtteilen der westlichen Inneren Stadt werden. Hier muß sehr behutsam und unter sorgfältiger Schonung der sozialen und baulichen Strukturen das Gebiet als Wohnstandort für eine sehr heterogene Bewohnerschaft und als Standort kleinerer und mittelgroßer Gewerbebetriebe gesichert werden. Besondere Beachtung muß in diesem Kontext das Gebiet um die Reeperbahn, der Stadtteil St. Pauli-Süd zwischen Hafenstraße und Simon-von-Utrecht-Straße, zwischen Millerntor und Nobistor erfahren. St. Pauli, „sailor's town", mit der einst sündigsten Meile der Welt als Anziehungspunkt für Touristen aus aller Herren Länder, bedarf einer grundlegenden Revitalisierung. In drei nachfolgenden Kapiteln zur Entwicklung der City, zur Neugestaltung des Hafenrands am nördlichen Elbufer und zur Erneuerungspolitik für die Stadtteile der Inneren Stadt werden einzelne Aspekte dieses für die Stadtentwicklung besonders dringlichen Aufgabenblocks dargestellt. Die Aufgaben der städtebaulichen Gestaltung müssen dabei im Vordergrund stehen. Sie bilden die eigentliche Herausforderung für die Entwicklungspolitik der Stadt. Sie tragen entscheidend dazu bei, die Identität Hamburgs, seine menschliche, soziale und wirtschaftliche Substanz zu bewahren und zu entwickeln.

Integrierte Infrastrukturpolitik

Gefordert ist eine Infrastrukturpolitik, die ihre Leistungsschwerpunkte und ihre Investitionsprioritäten aus einer sehr sorgfältigen Abwägung der jeweiligen Bedeutung für die zukünftige Struktur der Hamburger Wirtschaft und aus den Anforderungen, die sich

Die Vision vom Stadtverkehr um 1910! Der schienengebundene öffentliche Nahverkehr bestimmt das Bild der Stadt.

aus der Wahrnehmung der sektoralen Entwicklungschancen für einzelne Wirtschaftszweige ergeben, ableitet, ohne die Bedingungen, die die Qualität der Stadt als Lebensraum für alle Bürger fordert, zu vernachlässigen.

Dies bedeutet auch, daß eine zukünftige Infrastrukturpolitik flächendeckend, unter Einbeziehung des Hafens, ihre Investitionsprioritäten setzt. Ohne Rücksichtnahme auf tradierte, liebgewonnene Verteilungsmechanismen und -quoten muß abgewogen werden, wo und wie regional und sektoral Prioritäten im Interesse der Gesamtstadt zu setzen sind für einen oder mehrere der relevanten Infrastrukturaufgabenbereiche:

○ Hauptverkehrsstraßen und Fernstraßen
○ Schienenfernverkehr und -nahverkehr
○ Anlagen und Erschließung des „nassen" Hafens
○ Anlagen und Erschließung des „trockenen" Hafens
○ Versorgungs- und Entsorgungseinrichtungen

Hier wird – nicht nur unter dem Zwang einer engen Haushaltslage – ganz bewußt der Hafen als ein Infrastrukturaufgabenbereich unter mehrere, zunächst gleichwertige und für die Lebens- und Arbeitsbedingungen in der Stadt gleichermaßen bedeutsame Infrastrukturaufgabenbereiche eingereiht. Damit verbindet sich die Forderung, die Prioritätssetzung für die Infrastruktur „Hafen" aufzugeben, um der Gefahr zu begegnen, daß die wirklich dringlichen Infrastrukturaufgaben im Interesse der wachstumsfähigen Wirtschaftsbereiche der Stadt vernachlässigt werden und damit die Entwicklungschancen dieser Wirtschaftsbereiche beeinträchtigt oder zerstört werden.

Die Abwägung der Dringlichkeit von Infrastrukturinvestitionen – bei gleichzeitiger Beachtung des Arbeitsplatzausbaus und einer Sicherung der Qualität des Lebensraums – ist sicher ein schwieriger, konfliktträchtiger, aber notwendiger Prozeß, dem vor allem in der Stadtentwicklungspolitik der letzten beiden Jahrzehnte nicht ausreichend Aufmerksamkeit geschenkt wurde. Er führte zu einer Vernachlässigung von Teilen der Straßenverkehrsinfrastruktur und vor allem zur Vernachlässigung der Leistungsfähigkeit des Flughafens und seiner Einbindung in das Hauptverkehrsstraßen- und Fernstraßennetz.

Die Erschließung des Flughafens durch Schienenverkehrsmittel im öffentlichen Nahverkehrs- und im Fernbahnnetz ist mittelfristig unerläßlich. Eine enge räumliche Nachbarschaft zum Flughafen werden in Zukunft immer mehr Unternehmen unterschiedlichster Branchen als Standort suchen, so wie früher Handels- und Schiffahrtskontore die Nähe zum Hafen gesucht haben.

Folgerichtig stellt sich mit dem Ausbau des Flughafens und seiner Einbindung in das regionale Verkehrsnetz auch die Ordnung seines engeren und weiteren Umfelds als Entwicklungsaufgabe gesamtstädtischer Bedeutung.

Sie müßte daher vor allen Infrastrukturaufgaben Priorität erhalten. Die vor Jahren diskutierte Standortalternative für den Flughafen im Raum Kaltenkirchen kann für die Hamburger Stadtentwicklungspolitik keine Relevanz mehr haben, trotz aller städtebaulichen und

Ob am Südufer der Elbe oder in den Stadtgebieten nördlich des Flusses, unübersehbar, häufig unüberbrückbar gliedert die Strenge der Verkehrsinfrastruktur den Stadtkörper: Die Gleisanlagen des Altonaer Fern- und Güterbahnhofs.

Die Autobahneinfahrt in den Elbtunnel mit dem Container-Terminal der Hamburger Hafen- und Lagerhausgesellschaft in Waltershof. Der wohl am stärksten belastete Abschnitt der A7, der großen Nord-Süd-Trasse im europäischen Autobahnnetz, bedarf dringend des Baus einer vierten zusätzlichen Elbtunnelröhre.

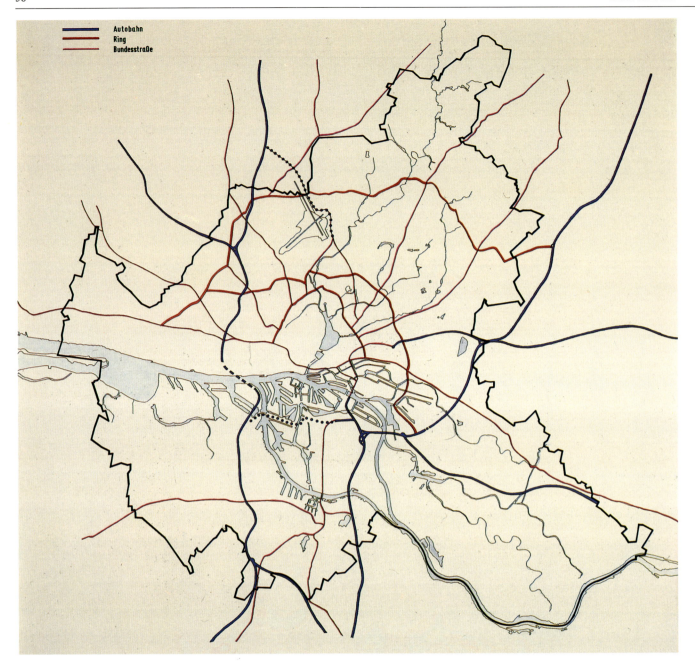

Hamburgs Hauptverkehrsstraßen- und Bundesfernstraßennetz, dessen Leistungsfähigkeit nicht nur im Interesse des Wirtschaftsverkehrs, sondern auch zur Entlastung der Wohngebiete stabilisiert werden muß. Die nach Auffassung des Verfassers erforderlichen Ausbaumaßnahmen sind gepunktet dargestellt. Wichtig sind vor allem die Hafenquerspange zur Entlastung der Inneren Stadt und die Anbindung des Flughafens an die A7.

Stadt im Fluß 59

Straßenkreuzung in Harburg. Die Fahrbahnmarkierungen fügen sich – aus der Luft betrachtet – fast zu einem abstrakten Kunstwerk zusammen, aber auch ihre Perfektion kann Unfälle nicht ausschließen.

raumordnungspolitischen Vorteile, die ein solcher Standort zu bieten hätte. Unter allen Umständen muß daher der bis vor wenigen Jahren noch virulente Trend, gegen den Flughafen Siedlungs- und Erholungsflächenpolitik zu betreiben, verlassen werden.

Bei allen neuen Infrastrukturmaßnahmen für und um den Flughafen wird es allerdings darauf ankommen, daß mit großer Sensibilität gegenüber dem städtebaulichen Umfeld geplant wird. Die sorgfältige stadträumliche und stadtgestalterische Integration aller Maßnahmen und der schonende Umgang mit den im Umfeld des Flughafens in reichem Umfang vorhandenen Freiräumen und Landschaftselementen ist besonders wichtig.

Dies gilt in gleicher Weise für den – noch ausstehenden – Ausbau der übergeordneten städtischen Verkehrsinfrastruktur, der Ringstraßen und der achsialen Trassen, welche, bei weitgehender Verkehrsentlastung der Wohngebiete und Ortszentren, die Funktionsfähigkeit des Hauptstraßennetzes für den Wirtschafts- und Berufsverkehr zu gewährleisten haben.

Der früheren Verkehrsplanungen immanente Mangel an Sensibilität gegenüber den Ansprüchen an eine städtebauliche und gartenbaukünstlerische Einbindung hat zur heute üblichen a-priori-Denunzierung der Verkehrsinfrastruktur geführt, die immer irrationalere Züge anzunehmen droht.

Jeder zukünftigen Verkehrsplanung sollte daher die stadträumliche Planung und die Bestimmung einer angemessenen ökologischen Verträglichkeit vorausgehen, um den jeweiligen stadtteilbezogenen Gesamtrahmen für die verkehrspolitisch als notwendig erachtete Trassenführung sowie die Ausbildung von Knotenpunkten- und Verkehrsflächendimensionierungen zu bestimmen.

Nur so wird sich ein Interessenausgleich zwischen den aus gesamtstädtischer Sicht erforderlichen, örtlich aber belastenden Ausbaumaßnahmen herstellen lassen. Dabei wird auch zu klären sein, ob und welche Maßnahmen ergriffen werden können, um durch Verkehrsminderung in benachbarten Gebieten und gestalterische wie technische Maßnahmen einen Belastungsausgleich erreichen zu können.

Dies gilt insbesondere für den durchgehend vierspurigen Ausbau des Rings 3 wie für einige wichtige Teilortsumgehungen, aber auch für die Hafenquerspange zwischen A7 und A1, die die dringend erforderliche Entlastung der westlichen Inneren Stadt und der City vom Hafen- und Industrieverkehr übernehmen kann.

Es wird Aufgabe der nächsten Jahre sein, ein integriertes Verkehrsentwicklungskonzept für Hamburg und sein engeres Umland zu erarbeiten, das von vornherein eingebettet ist in eine städtebauliche Strukturplanung und das die Bedingungen beachtet, die eine an ökologischen Zielen orientierte Raumentwicklung setzt.

Integration von Arbeitsstätten für Industrie und Gewerbe in den Lebensraum der Stadt

Industrie- und Gewerbegebiete sind ein elementarer Bestandteil der Stadtlandschaft. Sie sind Orte der Alltagswelt, nicht anders als Wohngebiete. Doch müssen wir den Großteil dieser

Stadt im Fluß

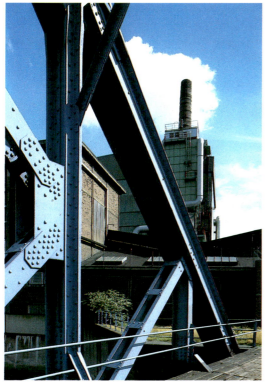

Links: Das Industriegebiet Peute ist ein reines Arbeitsstättengebiet.

Oben: Die im letzten Drittel des 19. Jahrhunderts entstandenen Gewerbeflächen auf der Peute liegen „außerhalb" der Stadt und tragen in ihrer Gestalt und Strukturlosigkeit noch den Charkater der aufgespülten Flächen der Elbinseln.

Gebiete – besonders diejenigen, die in den letzten zwei Jahrzehnten neu erschlossen worden sind – eher als städtebauliche und architektonische Schrottplätze in ihrer sehr trostlosen Unwirtlichkeit und desolaten Ordnung erleben.

Wie selbstverständlich sind im 19. Jahrhundert große und kleine Betriebe, gleich welcher Branche, in enger räumlicher Vernetzung mit der wachsenden Stadt entstanden. Sie fügten sich städtebaulich in die Block- und Linearstrukturen der neuen Stadtteile ein oder besetzten noch freie Flächen im Raumgefüge der schon bestehenden Vorstädte. Diese räumliche Einheit von Wohnort und Arbeitsstätte entsprach den praktischen Notwendigkeiten, die eine enge funktionale Beziehung vieler Branchen untereinander, von Handwerk und Industrie, setzte. Sicher war dies auch die Folge des Zwangs, alle Transportwege für Waren, Werkstücke und Arbeitskräfte innerhalb der Stadt so kurz wie möglich zu halten.

Die Städtebaugeschichte kennt faszinierende Projekte für die Neugründung von Industrieorten aus der ersten Hälfte des 19. Jahrhunderts, etwa von dem französischen Architekten Claude Nicolas Ledoux oder dem englischen Sozialpolitiker Robert Owen, die uns noch heute Bewunderung abfordern. In ihnen konnte aus der funktionalen Notwendigkeit und den sozialpolitischen Visionen von einer menschenwürdigen Arbeitsumwelt im aufgehenden Industriezeitalter auch eine städtebaukünstlerische und architektonische Einheit von großer Kraft und Identität entstehen. All dies scheint in der Übergangsphase zur postindustriellen Arbeitswelt weitgehend vergessen und verlorengegangen zu sein.

Das stete Wachstum der großen Industrieanlagen und Gewerbegebiete und die Verfügbarkeit neuer, die Fläche erschließender Verkehrsmittel für Güter und Menschen haben die räumliche Einheit von Industrie- und Wohnstadt auch bis in die 60er Jahre unseres Jahrhunderts nur bedingt aufgelöst. Wohl bildeten sich einzelne Quartiere, die den produzierenden Betriebseinheiten von Industrie und Gewerbe weitgehend allein vorbehalten waren, dennoch blieb ein ausreichendes Maß städtebaulicher Verknüpfung zu den „Heimatstadtteilen" erhalten. Ottensen, Bahrenfeld, Eidelstedt, Barmbek, Wandsbek, Wilhelmsburg und Billbrook sind immer auch bedeutsame Wohnorte geblieben.

Seit Mitte der 60er Jahre haben sich diese Strukturen mehr und mehr aufgelöst. Viele Industrieanlagen der Inneren Stadt, aber auch in Harburg und Wilhelmsburg, liegen brach, ohne daß ihr Wert für andere, neue Arbeitsstättenformen in den 70er Jahren erkannt worden wäre, vielleicht nicht erkannt werden konnte.

So sind neue Industrie- und Gewerbegebiete auf der grünen Wiese, vornehmlich im Marschland der Elbniederung, entstanden. Sie haben sich – wie vorher schon der Hafen – in die Landschaft hineingefressen und sich herausgelöst aus dem Raumkontinuum der Stadt, aus der Verpflichtung, nicht nur funktional, sondern auch gestalterisch Teil der Stadt zu werden und Orte zu sein, in denen Menschen ihr Tagesleben in einem gestalteten öffentlichen Raum verbringen.

Stadt im Fluß

Der Stadtteil Ottensen um 1965. Der Strukturplan macht die dichte Gemengelage von Gewerbe, Industrie und Wohnen deutlich. Nach dem Auszug der meisten Industriebetriebe wie Zeise und Menk + Hambrock (grüne Flächen in der Mitte des Plans) haben sich vielfältige Chancen für Strukturverbesserungen durch neue Wohnquartiere und Grünanlagen ergeben, ohne daß die Milieuqualität, die die enge Nachbarschaft von Gewerbe und Wohnen hat entstehen lassen, wesentlich beeinträchtigt wird.

Skizze der Baubehörde für eine bessere freiräumliche Gliederung neuer Arbeitsstättengebiete.

Durch Bäume auf beiden Seiten der Grundstückszufahrten wird der Straßenverlauf rhythmisiert. Baumreihen als Grundstücksbegrenzung, kombiniert mit ca. 1,50m bis 1,80m hohen, freiwachsenden Hecken, sollen den Straßenraum fassen.
Das Prinzip der kleineren Kugelbäume vor der durchgehenden Baumkulisse und der Hecke wird hier deutlich.

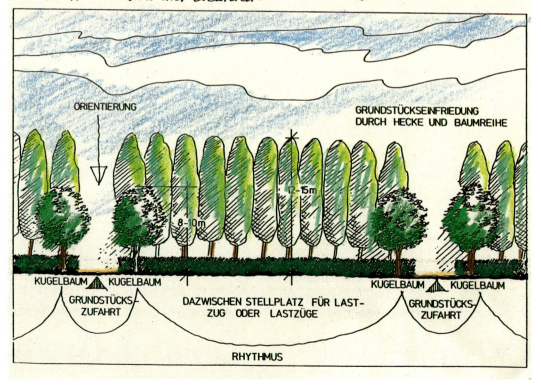

Gewerbepark Aztek West in Bristol, südöstlich von London. Zeitgemäße Industriearchitektur und großzügige Freiraumelemente, Erholungsflächen und Versorgungseinrichtungen bestimmen heute den Charakter und damit die Anziehungskraft britischer oder niederländischer Gewerbegebiete.

Die neuen Industriegebiete sind zu Blindzonen im Stadtbild geworden, zu Orten ohne Identität.

Es ist notwendig zu fragen, ob diese Gestaltlosigkeit der neuen Arbeitsstättengebiete unabwendbar ist, ob sie nicht ebenso nachbesserungs-, ja grundlegend verbesserungswürdige Stadtteilgebiete sind wie die zu Recht vielgeschmähten Großsiedlungen. Deren stadträumliche Realität und infrastrukturelle Ausstattung ist um vieles qualitätvoller als die der strukturarmen, baum- und freiflächenlosen, mit einem Minimum an Verkehrsinfrastruktur ausgestatteten neuen Arbeitsstättengebiete.

Diese Frage muß nicht nur an Architekten und Städteplaner, sondern mehr noch an Politiker und Unternehmer, an die Kammern der Wirtschaft gestellt werden.

Es ist für Hamburg aus vielerlei Gründen dringend geboten, Industrie- und Gewerbegebiete so zu gestalten, daß sie durch ihre besondere Identität, ihre stadträumliche Qualität und die städtebauliche Integration in die Stadt zu einem Teil des Lebensraums werden und damit zu einem wertvollen Element einer aktiven, zukunftsorientierten Stadtentwicklungspolitik.

Entscheidend für die Anlage und Erschließung neuer Industrie- und Gewerbegebiete, die auf dem regionalen, nationalen und internationalen Markt konkurrenzfähig sein sollen, ist die Qualität dieser Gebiete, die auch zukünftigen Ansprüchen an das Arbeitsumfeld gerecht werden muß, wenn Hamburg mit diesen Gebieten für sich als Arbeitsstättenstandort werben will, wenn neue Unternehmen, Arbeitsplätze und somit auch Steuereinnahmen gewonnen oder bereits ansässige Unternehmen und Arbeitsplätze an die Stadt gebunden werden sollen.

Die Verantwortung für den Städtebau trägt die Stadt, die öffentliche Hand, sie setzt die Rahmenbedingungen, an denen der Unternehmer/das Unternehmen Standortentscheidungen trifft. Sie übernimmt nicht nur die Verantwortung für die langfristige Funktionsfähigkeit und Attraktivität ihrer Einrichtungen und Infrastrukturen, sondern auch für die Lebensfähigkeit der Stadt als Ganzes, als Arbeits- und Wohnort. Diese bestimmt sich aber aus der harmonisierten Ganzheit der städtebaulichen Rahmenbedingungen für das Leben und Arbeiten in den Städten, also aus der Integration von

○ Ökonomie
○ Ökologie
○ sozialem Klima
○ baulich-städtebaulicher Gestaltqualität.

Verdeutlichen wir uns, wer heute und vor allem in der näheren und ferneren Zukunft nach Flächen und Standorten in unseren Industrie- und Gewerbegebieten fragen und sie vor allem aber auch längerfristig nutzen wird.

Es sind nicht die Unternehmen, in denen viele Arbeiter im Schweiße ihres Angesichts mit schweren Werkzeugen Bleche und Stahl bearbeiten. Die neuen, standortnachfragenden Unternehmen sind Konzerne, in denen Forschung, Entwicklung, Produktion und Vermarktung unter einem Dach zusammengefaßt sind. Es sind Firmen mit Mitarbeitern immer höherer Qualifikation.

Diese Mitarbeiter stellen steigende Anforderungen an ihre Arbeitsplätze, ihr Arbeitsumfeld, aber auch an den Arbeitsort.

Dynamische Unternehmen sind zunehmend bestrebt, eine spezifische Identität zu entwickeln. Die Qualität des Produktionsmittels „Gebäude" wird Einfluß haben auf die Selbstdarstellung des Unternehmens für die eigenen Mitarbeiter und für die Kunden. Mit der Qualität des Standorts, der Adresse, wird das Unternehmen werben können und wollen, um qualifizierte Mitarbeiter, neue Kunden und für seinen Standort Zuliefer- und Partnerbetriebe gewinnen zu können.

In Großbritannien, in den Niederlanden und in Skandinavien sind diese Veränderungen im Anspruchsniveau an Standort, Identität, funktionale und gestalterische Qualität des Industriegebiets, an das soziale Klima und die Werbewirksamkeit der Adresse längst erkannt worden. Sie bilden die Grundlage für die Planung und Vermarktung neuer Gebiete.

Hier müssen Wirtschaftspolitik, Wirtschaftsförderung, Liegenschaft, Stadtplanung und Ingenieurwesen in Hamburg dringend und sofort gemeinsam umdenken.

Hamburg sollte endlich die gedankenlose Erschließung von Gebieten und bedingungslose Veräußerung von Einzelgrundstücken für Gewerbe und Industrie beenden, bevor nicht langfristig tragfähige, auch national und international konkurrenzfähige Konzepte für die Gestaltung und räumliche Integration zusammenhängender Gebiete – gleich, ob wir sie Industriepark oder Gewerbestadtteil oder sonstwie benennen, – vorliegen.

Dafür sind neue Organisationsformen, besonders privatwirtschaftliche Initiativen der Gebietsentwicklung und auch öffentliche Mittel erforderlich. Wer der Auffassung ist, dies sei nicht zu leisten, nicht finanzierbar, ist im Irrtum. Hamburg kann es sich in seiner Arbeitsstättenpolitik nicht mehr erlauben, so kurzfristig und engstirnig zu denken. Nicht die kurzfristig bei der Erschließung und Gestaltung eingesparten und durch schnellen Grundstücksverkauf entstehenden finanziellen Vorteile, sondern die langfristig wirksamen Einnahmen aus Errichtung, Ausstattung und Betrieb anspruchsvoller Unternehmen schlagen im Hamburger Haushalt und im Hamburger Arbeitsplatzangebot zu Buche.

Dies gilt für alle Arbeitsstättengebiete, neu zu entwickelnde wie im Aufbau befindliche, und besonders für die Umstrukturierung der Flächen im Hafengebiet. Dies gilt ebenso für die Umstrukturierung der vorhandenen und insbesondere der teilweise brachliegenden Gebiete wie etwa am Harburger Hafen oder in Wilhelmsburg. Es gilt selbst für „funktional tüchtige" Gebiete wie Hamm-Süd oder Billbrook, die in ihrer städtebaulichen Struktur und der Qualität der Erschließungsräume eher südamerikanischen Spontansiedlungen denn Arbeitsstättengebieten einer modernen mitteleuropäischen Metropole ähneln. Die planvolle Zusammenfassung der für Hamburg so wichtigen Speditionsbetriebe in dem funktionsgerecht geordneten Raum eines großen Speditionszentrums in Billwerder oder im Hafen neben der „Huckepack-Anlage" der Bundesbahn könnte nicht nur für diesen Wirtschaftszweig, sondern auch für die Gewerbe- und Industriegebiete im Osten Hamburgs insgesamt den ent-

Folgende Doppelseite: Der Alsterlauf am Eichenpark mit der Krugkoppelbrücke. In kaum einer anderen Situation werden die charakteristischen Elemente des Hamburger Stadtbilds so deutlich wie hier, wo Städtebau, Architektur- und Ingenieurbaukunst sowie Landschaftsgestaltung in voller Harmonie geplant und gepflegt worden sind.

Stadt im Fluß

scheidenden Ordnungs- und Entwicklungsimpuls geben.

Stadtbild und Freiraum

Das städtebauliche und baukünstlerische Erscheinungsbild einer Stadt war zu allen Zeiten Ausdruck der Stadtkultur und unübersehbares Zeugnis für die politische und wirtschaftliche Kraft einer Stadt. Ein hoher Stand der Baukultur, der das Stadtbild wesentlich prägt, ist zugleich Ausdruck der geistigen und technischen Kreativität und Innovationskraft einer Stadtgesellschaft.

Seit sich um die Jahrhundertwende der Wiener Architekt und Direktor der KuK-Staatsgewerbeschule, Camillo Sitte, daselbst mit einer aufrüttelnden Schrift über den „Städte-Bau nach seinen künstlerischen Gesichtspunkten" an die in Politik und Verwaltung Verantwortlichen mit der Aufforderung gewandt hat, sich endlich wieder auf die Raumqualitäten und künstlerischen Besonderheiten der Architektur europäischer Städte zu besinnen, hat es unzählige Versuche gegeben, zu beschreiben, was denn die Wirkung des Stadtbildes auf den Menschen ausmacht.

„Zu unseren schönsten Träumen gehören angenehme Reiseerinnerungen. Herrliche Städtebilder, Monumente, Plätze, schöne Fernsichten ziehen vor unserem geistigen Auge vorüber und wir schwelgen noch einmal im Genusse all des Erhabenen und Anmuthigen, bei dem zu verweilen wir einst so glücklich waren", sagt Sitte zu Beginn seiner Schrift und fährt bald fort: „... aber die alten Städte waren der schönen Natur nachgebildet und auch sie wirkten auf das Gemüth der Menschen mit sanfter unwiderstehlicher Gewalt in demselben Sinne."

Das Stadtbild ist also wohl mehr als die Summe der Häuser, Räume und natürlichen Elemente. Die Wahrnehmung des Stadtbildes geht weit über die Erfassung der realen physischen Eigenschaften der Stadt hinaus, es wird emotional erlebt, ist besetzt mit Erinnerungen und Bedeutungen. Das Stadtbild kann Sympathie und das Gefühl der Identität mit dem Ort auslösen. Wir reagieren mal bewußt, mal unbewußt intuitiv auf seine Eigenschaften, immer jedoch hat es höchste Bedeutung für die Einstellung der Menschen zu einer Stadt, gleich ob sie dort leben, diese nur besuchen oder erwägen, in eine Stadt zu reisen oder gar überzusiedeln.

Die Stadtbildqualität, das wurde schon im Zusammenhang mit der Erörterung der „Standortfaktoren" dargestellt, ist nach unserer Auffassung die eigentliche, die substantielle, den Menschen mittelbar und unmittelbar ansprechende, bindende Qualität einer Stadt.

Eine aktive Stadtbildpolitik ist eine zu lange vernachlässigte, aber besonders wichtige und vordringliche Aufgabe im Rahmen der aktuellen Stadtentwicklungspolitik.

Stadtbildpolitik ist unmittelbare ganzheitliche Stadtwerbung nach innen und nach außen.

Das visuell und emotional erfahrbare Stadtbild und die erlebte oder aus Informationen über die Stadt erworbene Vorstellung sind zwei unterschiedliche, aber doch wie Zwillinge zusammengehörige Erlebnisebenen des einen „Bildes von der Stadt".

Harvestehude und Eppendorf, Stadtteile mit einer starken Identität. – Im Vordergrund das Jungfrauenthal zwischen Klosterstern und Isestraße.

Oben: Reich verzierter Jugendstilgiebel in der Oderfelder Straße.

Links: Eine Karyatide an einem Hauseingang im „Generals-Viertel".

Oben: Erinnerungen an koloniale Herrlichkeit in der Roonstraße/Eimsbüttel.

Die erlebte Vorstellung, das „Image" einer Stadt, kann sich verändern. Es ist prägbar durch konkrete Städtebaupolitik auf der einen und für den Bürger und die Wirtschaft spürbare politische Leistungen auf der anderen Seite, nicht aber durch vordergründige Werbesprüche wie etwa den vom „Hoch im Norden".

Im Städtebau ist in den vergangenen Jahren – wie in den nachfolgenden Kapiteln noch belegt werden wird – ein solides Fundament für eine aktive Stadtbildpolitik gelegt worden. Darauf kann in Zukunft aufgebaut werden. Doch fehlt bisher der gesamtheitliche, politisch-gesellschaftliche Wille, eine konsequente Stadtbildpolitik auch in Konflikten mit individuellen ökonomischen Interessen zu tragen. Letztlich geht es darum, die Ausstrahlung Hamburgs als Ort unverwechselbarer städtebaulicher Identität, als ereignis- und erlebnisreiche Stadt in ihren öffentlich erlebbaren Räumen und Einrichtungen zu sichern und zu fördern.

In der Vergangenheit hat man in Hamburg stets mit besonderem Stolz auf die naturräumlichen Werte der Stadt verwiesen – auf die Lage an Alster und Elbe, auf die Parklandschaften, auf Maß und Ordnung und das gewisse Understatement in der Architektur. Sicher liegt ein großer Wert des Hamburger Stadtbildes in diesen Elementen. Doch mit der vorgeblichen Bescheidenheit sind auch gleichzeitig die Schwächen in der Ausstrahlungskraft der Stadt verbunden. Die von der Natur vorgegebenen Werte, der Landschaftsraum der Elbmarsch, die Geesthänge, die Talräume der Alster und ihrer Zuflüsse sind nur halbherzig bewahrt worden, sie sollten ihrer Bedeutung für das Stadtbild entsprechend bewußt verstärkt werden.

Große Städte, die zu Metropolen geworden sind oder Metropolen werden wollen, zeichnen sich nicht nur dadurch aus, daß sie Orte außergewöhnlicher kultureller, politischer oder gesellschaftlicher Leistungen und Aktivitäten sind. Sie sollten auch Orte sein, die durch ihre Wahrzeichen, ihre Monumente und eine besondere Art der Ausstrahlung und Anziehungskraft des Stadtbildes im nationalen wie internationalen Rahmen wirken. So sollte auch Hamburg seine Chancen nutzen, die Eigenarten seines Stadtbildes weiterzuentwickeln, neue Impulse zur Stärkung seiner städtebaulichen Charakteristik setzen.

Notwendigkeit der Stadtbildpolitik

Für Hamburg bieten sich zwei gleichwertige und gleichzeitig zu verfolgende Strategien in der Stadtbildpolitik der nächsten Jahre an:

1. die Pflege und der Schutz der die Stadt heute prägenden Stadtbildelemente, die Sicherung der individuellen Gestalt- und Freiraumcharakteristika der einzelnen Stadtteilgebiete und Ortszentren durch eine starke Milieuschutzpolitik
2. die Pflege der Architekturtradition und die aktive Förderung des Neuen Bauens.

Die Aufgabe, neue Akzente im Stadtbild zu suchen und zu setzen, ist besonders notwendig. Einige Aufgaben im Kontext dieser Strategie sind schon genannt worden: die konsequente

Jugendstilbauten in der Isestraße: prägnanter Ausdruck spekulativen bürgerlichen Repräsentationsbaus zwischen 1900 und 1910.

Gestaltpolitik für die City, die Neugestaltung des nördlichen Elbufers mit der Ausbildung einer neuen Fassade der Stadt zur Elbe, die städtebauliche Akzentuierung und Ausprägung der Eingangstore in die Stadt, dazu eine Ausweitung und gartenbaukünstlerische Neudefinition der Park- und Freiraumpolitik.

Aber es gibt im kommenden Jahrzehnt auch Bauaufgaben, die nicht nur funktionale, sondern auch stadtbildformende Bedeutung haben:
- die Neugestaltung der Museumsinsel mit dem Bau eines Museums für zeitgenössische Kunst
- die Errichtung der längst überfälligen Großsport- und Mehrzweckhalle und ihre städtebauliche Integration
- die Revitalisierung und Neugestaltung der Reeperbahn als touristisches Zentrum der Stadt mit seinem Umfeld und deren Verknüpfung mit dem Elbufer westlich der Landungsbrücken
- der Ausbau der Flughafenanlagen und der Luftwerft.

In diesen Zusammenhang gehört auch eine ganz wichtige, zugleich besonders schwierige Aufgabe: die Wiederherstellung der Erlebbarkeit des Hafens als integrierter Lebensraum der Stadt. Dieser war ein wesentliches Element der Faszination, die Hamburg vor dem Zweiten Weltkrieg auf Menschen aus nah und fern ausgeübt hat. Es muß ein gemeinsames Ziel der Städtebaupolitik und der Hafenneuordnungspolitik sein, das Südufer der Elbe zwischen den Norderelbbrücken und Finkenwerder funktional und baulich zu reaktivieren. Im Wiederaufbau eines Erlebnis- und Stadttraums „Elbe" dürfen auch freiräumliche Elemente, Baumpflanzungen und naturnahe Landschaftselemente an hafenwirtschaftlich funktionslos gewordenen Uferzonen nicht fehlen.

Dem Bewahren des Bestehenden und dem Entwickeln von Neuem sollte eine auf das spezifische Stadtbild und die teilräumliche Gliederung der Stadt ausgerichtete Denkmalschutzpolitik durch eindeutige Schwerpunktsetzung auf stadträumlich und stadtgeschichtlich bedeutsame Bereiche dienen. Sie muß weitaus stärker als bisher sich darauf konzentrieren, den hohen Rang, der der Erlebbarkeit der Geschichtlichkeit der Stadt emotional wie kulturpolitisch zukommt, öffentlich bewußt zu machen.

Städtische Grün- und Freiräume

Zu den Zielen einer neuen, offensiven Stadtbildpolitik gehört auch die Wiederbelebung der Kunst der Garten- und Landschaftsgestaltung. Parallel dazu muß die Kunst der Gestaltung städtischer Freiräume, der Plätze und Parkanlagen, der kleinen und großen Bereiche, die der Natur in der Stadt verblieben sind, reaktiviert werden.

Nach der – in den 70er Jahren zu Recht aufgekommenen – Kritik an den Prinzipien des Funktionalismus und den Idealen der gegliederten und aufgelockerten Stadt sowie deren Auswüchsen in der Suburbanisierung und damit Zersiedlung der Landschaft hat sich der Städtebau auf die latenten Qualitäten der lange verfemten Gründerzeitstadt und deren Vorläufer im 19. Jahrhundert besonnen: auf Milieuqualitäten, auf die sinnlichen Werte von Stra-

Folgende Doppelseite: Im Jenischpark. Der Park wurde Ende des 18. Jahrhunderts von Caspar Voght nach englischen Vorbildern angelegt. Das Jenischhaus entstand um 1830/34 nach Plänen von Forsmann und Schinkel. Der Bauherr war Senator Jenisch, der den „Süderpark" von Caspar Voght wenige Jahre zuvor erworben hatte.

ßen-, Platz- und Hofräumen, auf städtische Parks und Promenaden als gesellschaftliche Orte, mithin auf die Bedeutung historischer Kontinuität in der Stadtarchitektur und im Raumgefüge der Stadt.

Diese Neubesinnung im Städtebau wird überlagert durch ein neues „ökologisches Bewußtsein", das ähnlich romantische Züge trägt wie der für alle Bereiche des Lebensraums Stadt erhobene Ruf „zurück zur Natur".

So scheint die Gartenbaukunst, die Kunst der Landschaftsgestaltung, heute in Gefahr zu geraten, an einem fast penetranten Ökologismus zu ersticken, ähnlich wie die Stadtbaukunst mit ihrer bedingungslosen Unterordnung unter die Leitbilder des Funktionalismus ihre Reputation beim Bürger eingebüßt hatte.

Es geht nicht um die unstrittige Aufgabe, unsere natürlichen Lebensgrundlagen zu sichern, zurückzugewinnen, Natur und Landschaft auch in der Stadtregion zu schonen und, soweit eben möglich, zu regenerieren. Es geht lediglich um die Frage, ob die städtische Gartenbaukunst nicht auch eine stadtgestalterische Aufgabe hat, die gleichrangig neben der ökologischen wahrzunehmen ist. Ähnlich wie im Städtebau müssen auch ästhetische Werte und für das Stadtbild prägende Gestaltkonzeptionen wieder in den Planungsprozeß für die städtischen Freiräume eingebracht werden. Andernfalls vernachlässigt die Freiraumplanung – in ihrer Konzentration auf ökologische und funktionale Ziele – ihre stadtgestalterische und gartenbaukünstlerische Aufgabe sehr zum Schaden der Stadt. Die Folge ist eine Verarmung des Stadtbildes. Der moderne Städtebau der Nachkriegszeit hatte der Gartenbaukunst rein quantitativ gewaltige neue Aufgaben gestellt. Das Leitbild der gegliederten, aufgelockerten Stadt ließ umfangreiche öffentliche Freiräume und neue Grünzüge in der Stadt entstehen. Die Ausweitung der Straßenräume bot die Chance für baumbestandene Erschließungen und eine weiträumige Gliederung der Wohnquartiere. Die Bebauungsdichten verringerten sich, private Grünflächen bestimmten zunehmend das Siedlungsbild selbst in den Großsiedlungen. Der Freiflächenanteil in der „modernen Stadt" vervielfachte sich gegenüber dem in der Gründerzeitstadt.

Die Zahl der Sport-, Spiel- und Freizeitanlagen, die nach 1950 entstanden sind, ist groß.

Dennoch ist die Faszination, die für die Bürger der Stadt vom Jenischpark ausgeht, die Anziehungskraft des Winterhuder Stadtparks oder des Altonaer Volksparks, die Beliebtheit der Allee im Hirschpark, der weiten Rasenflächen in den Elbparks in Othmarschen oder dem Alsterpark in Harvestehude unübertroffen – trotz der unendlich vielen neuen „Grünanlagen" zwischen Öjendorf und Osdorf.

Auch wenn wir die großen städtischen Parkanlagen und Freiräume verlassen und die kleinen Parkanlagen – die neuen Freiräume und Plätze – in den Ortszentren betrachten, fällt auf, daß die Gründerzeitquartiere und Kleinwohnungssiedlungen der 20er Jahre mit ihren kleinen platzartigen Parkflächen und charaktervollen Straßenraum- und Vorgartengestaltungen eine prägnantere Identität, ein stimulierenderes Ambiente aufweisen, die Orientierung erleichtern und das Quartier

Stadt im Fluß

Das Wassersportzentrum in Allermöhe. Es könnte zu einem großen, landschaftlich geprägten Freizeitpark ausgebaut werden, wenn es gelingt auch gartenbaukünstlerisch neue Akzente zu setzen.

Als Hamburger Gartenbaukunst noch in hoher Blüte stand, zeichnete Fritz Schumacher diese Skizze vom Ostrand des Stadtparks in Winterhude.

Die prachtvolle Allee im Hirschpark in Blankenese. Sie ist ein gartenbaukünstlerisches Element von prägender Bedeutung für den Reiz dieses beliebten Parks.

Der Alster-Park am Harvestehuder Ufer ist einer der letzten neu angelegten Landschaftsparks in Hamburg. Fertiggestellt 1953.

Das Dorf Allermöhe im Landschaftsraum der Vier- und Marschlande mit der Doveelbe.

klarer charakterisieren als die in den letzten zwei Jahrzehnten entstandenen Freiräume.

Freiraumelemente und städtebauliche Einheiten müssen im erlebten Stadtbild eine untrennbare stadtbaukünstlerische Einheit bilden. Sie können nur als Produkt eines gemeinsamen Entwurfsprozesses von Stadtplaner und Gartenarchitekt entstehen. Diese Einheit ist in Hamburg durch Ressortegoismen und politische Eitelkeiten zum Schaden der Stadt aufgegeben worden. Sie muß wiederhergestellt werden. Die Gestaltungsmittel der Gartenarchitekten und Landschaftsplaner müssen wieder klar, diszipliniert und von ästhetischer Qualität sein, wenn ihre Ausrichtung auf eine inhaltliche und formale Harmonie mit der städtischen Umwelt erreicht werden soll, die Hamburgs langer Tradition entspricht.

Gartenbaukunst und Landschaftsgestaltung müssen die Eigenarten der Stadt, ihren Spannungsreichtum zwischen steinernen Orten und freien Räumen akzeptieren. Auf keinen Fall sollten sie dem untauglichen Ziel folgen, die Stadt zu renaturieren oder die Vision einer von Ruderalvegetation überwucherten und eingeschnürten Stadt, wie sie Piranesi auf seinen Veduten zeigt, zu pflegen.

Die Freiräume und Anlagen in der Stadt sollen für die Bürger – über alle ökologischen und sozialen Funktionen hinaus – als städtische Erlebnis- und Erholungsräume einer stadtspezifischen ästhetischen Qualität erfahrbar sein. Sie sollen übersichtlich und von guter Proportion sein. Sie sollen die Schönheit einzelner Pflanzengruppen und Bäume oder Baumgruppen erkennen lassen, schöne Anblicke und Ausblicke gewähren.

In diesem Sinne kann und muß die Freiraumplanung wieder an die lange – für die Stadt als Lebensraum und für das Stadtbild als Erlebnis – so erfolgreiche Tradition Hamburgs anknüpfen.

In der Inneren Stadt müssen die Wallanlagen endlich vom Ballast zweier Gartenbauausstellungen befreit werden und zu einem großzügigen offenen Park zwischen Kongreßzentrum und der Elbe umgebaut werden, frei von exotischen Einfügungen, Steingärten und ähnlichen ortsfremden Gärtnervergnügen.

Es könnte eine große Aufgabe sein, die Parks am Elbhang zwischen Altona und Teufelsbrück endlich in einen großen, als Kontinuum erlebbaren Zusammenhang zu bringen.

Die Landschaft der Elbniederung an der Doveelbe zwischen Tatenberg und Allermöhe könnte in einen großen Landschaftspark integriert werden.

Die neuen Arbeitsstättegebiete in Billwerder und im Harburger Neuland bedürfen der landschaftlichen Gliederung und Ordnung, ebenso wie viele Gebiete im Hafen selbst und im Raum zwischen Geestrand und Süderelbe.

Hamburg als Wohnort

Der zukünftigen Wohnungspolitik kommt im Rahmen der Stadtentwicklung hohe Bedeutung zu. Hamburg muß seine spezifischen Eigenschaften und seine Attraktivität als Wohnstandort für alle Bevölkerungsschichten weiter auf einem quantitativ weit höheren Niveau als in den vergangenen Jahren ausbauen.

Die offenkundigen Defizite in einzelnen Sektoren der aktuellen Wohnungsversorgung müssen abgebaut werden. Quantitativ muß dies in einem breiten Spektrum von Neubau-, Erneuerungs- und Modernisierungsmaßnahmen geschehen, das der sehr differenzierten Wohnungsnachfrage Rechnung trägt. Qualitativ muß die Wohnungspolitik insbesondere im sozialen Wohnungsbau dafür Sorge tragen, daß auch im innerstädtischen Bereich architektonisch lebendige, im Grundrißaufbau wie in der Baukörpergestaltung interessante Wohngebäude entstehen, die dem Trend „zurück zur Stadt" für breite Bevölkerungsschichten gerecht werden.

Wohnungspolitik kann und darf nicht einseitig auf bestimmte Sektoren der Bevölkerung beschränkt werden. Wohnungspolitik in Hamburg sollte im nächsten Jahrzehnt wieder auf die gesamte Spannweite unterschiedlicher Bedürfnisse und Ansprüche auf der Nachfrageseite gerichtet sein. Es gilt, die städtebaulichen Chancen für den Wohnungsbau sowohl für die Wohninteressen gut verdienender Bevölkerungsgruppen wie für die Haushalte mit niedrigem Einkommen wahrzunehmen. Auch ein zahlenmäßig ausgeglichener Wohnungsmarkt kann zu Versorgungsdefiziten vor allem von Minderheiten führen.

Dabei muß die Bereitschaft bestehen, die Existenz von Bevölkerungsgruppen anzuerkennen, die nach freiwilliger Segregation streben. Dies bedeutet, daß Bereitschaft bestehen muß, die Standards im Wohnungsangebot zu differenzieren, der Notwendigkeit sehr unterschiedlicher Standards Rechnung zu tragen, auch anzuerkennen, daß eine Nachfrage nach sehr preisgünstigen und nicht mehr den Standards des sozialen Wohnungsbaus entsprechenden Wohnungen in der Stadt real besteht.

Auch Hamburgs Stadtgesellschaft weist Randgruppen und Minderheiten auf, die durch ihr Herkommen, ihre Erwerbsunfähigkeit oder auch ihre Nationalität unterprivilegiert sind.

Deren Einkommen und/oder deren Sozialisationsfähigkeit und -bereitschaft, aber auch deren Lebensinteressen können von denen der „bürgerlichen" Mehrheit abweichen. Auch diese Gruppen haben, wie die Mehrheit, ein Grundrecht auf Wohnung.

Hamburg als chancenreiche Metropole, aber auch als große Universitätsstadt, beheimatet auch Gruppen, die durch ihre berufliche, altersbedingte oder soziale Stellung in der Gesellschaft die jeweils angestrebte Wohnungssituation nur als vorübergehend, als Zwischenstufe zu anderen neuen Wohnformen verstehen. Diese Wohnungen wollen sie nur auf Zeit nutzen. Dies gilt für viele Haushalte von Studierenden oder Auszubildenden.

In jedem Fall muß berücksichtigt werden, wie groß die Bedeutung eines spezifischen sozialen Klimas, eines – auch nur subjektiv empfundenen – sozialen Umfeldes für die Wohnzufriedenheit auch bei erkennbaren Mängeln der Wohnsituation ist. So muß die Wohnungspolitik auch letztlich eingestehen, daß Stadterneuerungs- und Modernisierungsmaßnahmen die Zahl der besonders preisgünstigen Wohnungen reduziert haben und daß daher zuvor durch angemessenen Wohnungsneubau ein Angebotsausgleich zu schaffen ist.

Es ist in unserem Zusammenhang

Wohngebiet Dulsberg mit seiner überzeugenden Integration von Städtebau und Freiraumgestaltung. Die freigestellten schlanken Pappeln stehen in schönem Kontrast zu den langgestreckten viergeschossigen Wohngebäudezeilen.

wohl müßig, detailliert nachzuweisen, wie groß denn die Zahl der jährlich in Hamburg zu erstellenden Wohneinheiten sein muß. Es ist einleuchtend, daß es bei einer Gesamtzahl von etwa 800 000 bis 820 000 Wohnungen in der Stadt und einer Lebensdauer von Wohnungen, die in der Regel 100 Jahre nicht übersteigt, angemessen ist, wenn knapp ein Prozent, also 8000 Wohneinheiten im Jahr neu erstellt werden. Diese Zahl allerdings wird kaum erreichbar sein. Um so mehr wird es darauf ankommen, die richtigen Wohnungen in der jeweils richtigen Lage, Größe und am richtigen Standort entstehen zu lassen.

Hamburg ist reich an unterschiedlichen Wohnsituationen, deren besondere Charakteristika es besser als bisher herauszuarbeiten gilt, ohne die Konflikte im Einzelfall zu ignorieren. Man kann diese besonderen Typen von Wohnumwelten in sechs Komplexen zusammenfassen, die den Reichtum, aber auch die Chancen für eine Weiterentwicklung der Wohnstandortqualitäten Hamburgs illustrieren.

Hamburg Wohnort im Gründerzeitquartier

Zwischen 1870 und 1910 haben die Schwesterstädte Hamburg und Altona ihre größte wirtschaftliche Blüte und gleichzeitig eine Zeit gewaltiger Neubau- und Stadterweiterungsaktivität erlebt, die „Gründerzeit".

Trotz der schweren Zerstörungen im Zweiten Weltkrieg und einer auf völligen Neubeginn im Städtebau bedachten Wiederaufbau- und Stadtneubauphase haben sich vor allem in den Stadtteilen St. Pauli, St. Georg, Ottensen, Eimsbüttel, Harvestehude, Rotherbaum, Winterhude, Eppendorf und Uhlenhorst geschlossene Wohnquartiere aus der „Gründerzeit" erhalten.

Viele Jahrzehnte wurden der städtebauliche Wert, aber auch die besondere Attraktivität dieser Quartiere als Wohnort ignoriert. Heute werden nicht nur die Qualität der Straßen- und Platzräume, der Reiz der architektonischen Erscheinung der Gebäude und Häuserzeilen, die Vielfalt der dekorativen Details anerkannt, sondern auch der Wohnwert der Altbausubstanz wird geschätzt.

Vier Bautypen prägen die Hamburger Gründerzeitquartiere: Das dreigeschossige Stadthaus, eine Reihenvilla, die heute als Zwei- bis Vierfamilienhaus genutzt wird, und die großbürgerlichen fünfgeschossigen Miethäuser mit reichem, repräsentativem Dekor finden sich überwiegend in Harvestehude, Rotherbaum, Eppendorf, in Othmarschen und Teilen von Eimsbüttel. Die vier- bis sechsgeschossigen Miethäuser einfacher Bauart und die Wohnterrassen, dreigeschossige Bauzeilen in den Blockinnenflächen, sind typisch für St. Pauli, St. Georg, Ottensen, aber auch für Teile von Winterhude und Eimsbüttel.

Es wird – wie schon in den letzten Jahren, wenn auch mit wechselhaftem Erfolg – Aufgabe vor allem einer neuorientierten Stadterneuerungspolitik für die Viertel der Inneren Stadt sein, die Erhaltung und Bewohnbarkeit der einfachen Gründerzeitbauten für sehr unterschiedliche Bevölkerungsgruppen mit Sorgfalt zu gewährleisten.

Vornehme, individuelle „Reihenhäuser" am Leinpfad, wie sie in Anlehnung an englische Vorbilder in vielen Teilen Hamburgs um die Jahrhundertwende entstanden sind.

Sozialer Mietwohnungsbau der 20er Jahre in der Jarrestadt in Winterhude.

Beamtensiedlung der Deutschen Werft in Othmarschen, 1921 nach Entwürfen des Berliner Architekten Peter Behrens gebaut.

Der Eichenpark in Harvestehude.

Hamburg
Wohnort mit Bautradition

Seit den Zeiten der Hanse war der rote Backstein, der Ziegel, über viele Jahrhunderte das gebräuchliche Baumaterial in der Freien und Hansestadt Hamburg. Die Hauptkirchen der Stadt, die alten Dorfkirchen und die wenigen erhaltenen Bürger-, Kaufmanns- und Speicherhäuser der Innenstadt legen davon Zeugnis ab. Die Baumeister der Gründerzeit haben diese Tradition unterbrochen. Erst nach 1910, entschieden gefördert durch die damaligen Baudirektoren Fritz Schumacher und Gustav Oelsner, wurde der Ziegel wieder zum stadtbildprägenden Baumaterial. Schon zwischen 1910 und 1920 wurden kleine Baugruppen, Wohnstifte und Einzelhäuser in noch traditionellen, fast biedermeierlichen Bauformen in Ziegelbauweise errichtet. Mit dem Kranz der Siedlungseinheiten, der zwischen 1925 und 1932 in Hamm, Barmbek, Winterhude, Eimsbüttel, Bahrenfeld und auf der Veddel unter den Leitbildern einer neuen sozialen Wohnungsbaupolitik und einer modernen, funktionalen Architektur entstand, wurde der rote Backstein wieder zum dominierenden Gestaltungselement der Stadt. Im Dritten Reich, in der ersten Wiederaufbauphase der 50er Jahre, aber auch noch in vielen Neubauquartieren der 60er und 70er Jahre und in allen Wohnungsneubauten dieses Jahrzehnts wurde diese Bautradition fortgeführt. Architekten und Bauhandwerk entdecken heute den Formen- und Gestaltungsreichtum, den das Baumaterial Ziegel gestattet, neu. Eine Vielzahl kleiner und großer Wohngebiete, wie an der Essener Straße in Langenhorn, im Wohngebiet „Anzuchtgarten" in Alsterdorf, am neuen Altonaer Fischmarkt oder in Neu-Allermöhe macht dies deutlich. Diese Quartiere setzen in ihrer durch das einheitliche Material „Backstein" wesentlich geprägten Identität den Maßstab für den Wohnungsneubau der nächsten Jahre.

Hamburg
Wohnort im Grünen

Es gibt kaum einen Stadtteil Hamburgs, in dem man nicht im Grünen wohnt oder doch in enger Nachbarschaft zu großen Parks oder freien Landschaftsräumen.
Seit Mitte des 19. Jahrhunderts, besonders intensiv aber seit Beginn dieses Jahrhunderts, haben der Städtebau und die Planung des städtischen Grüns eine glückliche Einheit gebildet. Die Leitidee der Stadtentwicklung war und ist auf die Freihaltung größerer Landschaftszonen zwischen den Hauptsiedlungsachsen ausgerichtet. Schon früh sind grüne Vororte und Gartenstädte entlang der Elbe, in den Walddörfern, an Wandse, Bille und Alster entstanden. Mit den Siedlungen der 20er Jahre wurden die großen Volksparks angelegt. „Häuser mit grünem Pelz" sind seit 60 Jahren im Hamburger Stadtbild zu finden. Hamburgs Straßen sind auch in großen Teilen der Inneren Stadt noch „Grüne Straßen".
Der Garten gehört zum Haus, ob als Vorgarten und grüner Hof im Gründerzeitquartier, als repräsentativer Garten der Stadtvilla, als gestaltete Freifläche oder Mietergarten im Neubauviertel, als Nutz- und Ziergarten am Reihen- oder Gruppenhaus der Gartenstädte

Stadt im Fluß

Der kanalisierte Alsterlauf zwischen Leinpfad und Heilwigstraße. Aus der gemeinsamen Konzeption von Städtebau und wasserbaulichen Maßnahmen entstand ein reizvolles Wohnmilieu am Wasser.

Övelgönne, Hamburgs kleinstädtisches Wohnmilieu unmittelbar am Elbufer.

Stadt im Fluß

Oben: Wie eng Stadt-
und Flußlandschaft
zueinander in Beziehung
stehen können, wird
in Blankenese besonders
deutlich.

Folgende Doppelseite:
Der grüne Geesthang mit
den Villen an der Elb-
chaussee in Othmarschen.

Traditionsreiches Hamburger Wohnmilieu St. Pauli-Süd, Hafenstraße, hinten der Kiez, vorne die phantastische Kulisse des Hafens und der Werften – heute ein umstrittener Wohnstandort.

Stadt im Fluß

Schützenswertes Milieu oder Stadterneuerungsaufgabe? Wohnterrassen im Karolinenviertel in St. Pauli.

Nur wenige grüne Freiräume beleben das dichtbebaute Karolinenviertel.

Auf den freigeräumten Flächen der ehemaligen Fabrikanlagen in Ottensen wuchert die Ruderalvegetation und schafft ungestaltete, aber beliebte Freiräume im milieureichen Mischgebiet des Stadtteils.

Terrassenbauten am Rothenbaum, eine Hamburger Variante zu den Londoner Mews, mit Wohnungen für „Kleine Leute" in den bürgerlichen Wohnquartieren.

oder in seinen vielfältigen Größen und Eigenarten in den großflächigen Einzelhausgebieten in allen Teilen der Stadt.

Der Bau von Gartenstädten neuen Typs etwa in Neugraben-Fischbek kann in den 90er Jahren neue Akzente setzen.

Hamburg Wohnort am Wasser

Elbe, Alster, Bille haben seit Jahrhunderten das Stadt- und Landschaftsbild Hamburgs bestimmt. Mit der Alsterkanalisierung, dem Ausbau der Alsterzuflüsse wie Osterbek, Isebek, Goldbek und Eilbek zu Kanälen für die Industrieerschließung entstanden auch außerhalb der von Fleeten durchzogenen Innenstadt vielfältige Situationen für das Bauen am Wasser.

So sind nicht nur am Geesthang hoch über der Elbe in Altona, Othmarschen, Nienstedten und Blankenese und rund um das Alsterbecken einmalige Wohnsituationen in ganz unterschiedlichen Lagen der Stadt entstanden. Aus Industriekanälen sind Wasserflächen mit hohem Freizeitwert und großer Attraktivität für das Wohnen geworden.

Hamburg muß diese Wohnlagen am Landschafts- und Freizeitelement Wasser konsequent weiter ausbauen.

In Bergedorf-Allermöhe entsteht ein neuer Stadtteil mit einem eigenen Netz von Fleeten, auf die große Teile der Bebauung unmittelbar ausgerichtet sind. In St. Pauli und Altona sind innenstadtnahe Wohngebiete mit Ausblick auf Elbe und Hafen geplant.

Auch in der Innenstadt selbst sollte man schon bald wieder in neuen, reizvollen Wohnkomplexen am Wasser, wie etwa am Herrengrabenfleet, wohnen können.

Hamburg Wohnort mit Milieu

Bei aller Harmonie und generellen Einheitlichkeit ist Hamburgs Stadtbild doch voller überraschender Details. Die Stadt ist reich an einzelnen Quartieren, an städtebaulichen Situationen mit sehr eigener Charakteristik und Identität.

Die im schnellen Stadtwachstum der Gründerzeit in der Gesamtstadt aufgegangenen historischen Ortskerne der ehemals preußischen Gemeinden oder Hamburger Ortsteile, eine Reihe kleiner wiederhergestellter Althamburger Bürgerquartiere, die frühen Gartenstädte in Bahrenfeld, Langenhorn, Berne, die Wohnterrassen des ausgehenden 19. Jahrhunderts – sie alle sind Gebiete eines spezifischen und häufig einmaligen Milieuwerts.

Alle diese Ortskerne besitzen durch ihre Einmaligkeit, durch den Reiz ihrer baulichen Identität, durch ihre Besonderheit im städtebaulichen Umfeld einen hohen Wohnwert. Es gilt, sie mit besonderer Sorgfalt zu schützen, in ihrem architektonischen Charakter, in den Eigenarten der baulichen Details, in der Einheit auch von städtebaulicher Anlage, Landschaftscharakter, Garten, Gebäudevolumen, Fenstern, Türen und Dachausbildungen zu erhalten oder wiederherzustellen. Dies ist ein wichtiges Ziel der Stadtbildpflegepolitik. Die wiederhergestellten Altstadtensembles an der Deichstraße und Peterstraße gehören genauso zu den Milieugebieten wie die Dorfgebiete

Hamburger Wohnquartiere – Wohnhof Steilshoop.

Altenstift in Winterhude-
Nord an der Ohlsdorfer
Straße.

Siedlung Hohnerkamp in Bramfeld.

Die Wolfgang-Borchert-Siedlung in Alsterdorf, Wohnhof am Maienweg.

Reihenhausgruppe im Gebiet der „Hamburg Bau" in Poppenbüttel, Carsten-Meyn-Weg.

Links: Eines der schönsten Beispiele des sozialen Wohnungsbaus in Hamburg: Maisonettewohnungen im Quartier Holsteiner Chaussee/ Deepenbrook, entworfen von den Architekten I. + F. Spengelin, Hamburg.

Folgende Doppelseite: Verdichteter Wohnbau im Grünen. Mehrfamilienhausgruppe in Hamburg-Rahlstedt, Im Sooren. Die Architekten haben bewußt versucht, an die Bauform der Harvestehuder und Othmarscher Stadtvillen der Jahrhundertwende anzuknüpfen. Entwurf: A.P.B, Beisert, Findeisen, Grossmann-Hensel, Wilkens, Hamburg. Fertiggestellt 1986.

der Vier- und Marschlande, wie Sinstorf oder Marmstorf in Harburg und bald auch das Wohngebiet Hohnerkamp aus den frühen 50er Jahren.

Hamburg Wohnort im Neubauviertel

Wie in keiner anderen Stadt der Bundesrepublik wurden in Hamburg mit öffentlichen Mitteln so viele Wohnungen so unterschiedlichen Charakters und doch mit jeweils so spezifisch hamburgischer Identität gebaut. Neben den Großsiedlungen, die Ende der 60er, Anfang der 70er Jahre entstanden, gibt es schon aus der ersten Wiederaufbauphase in Lohbrügge-Nord, in Groß-Borstel, Lurup, Farmsen oder Bramfeld Wohnquartiere, die heute wieder hohe Attraktivität als Wohnstandort genießen. Auch Hochhausgruppen wie am Grindelberg, in Lohbrügge oder in Osdorf erfahren neue Wertschätzungen.

Die Neubauviertel der letzten Jahre nehmen den Maßstab von Städtebau und Architektur aus der Zeit vor 1930 wieder auf: zwei- bis viergeschossige Bauweise, Baublock, Hof, Mietergärten, grüne Straße. Eine lebendige und doch disziplinierte Gestaltung der Ziegelbauten sind die bestimmenden Elemente der neuen Quartiere, die wie selbstverständlich in ihre städtebauliche Umgebung eingefügt sind.

Die größeren Siedlungseinheiten wie in Tegelsbarg, an der Essener Straße in Langenhorn, in Niendorf, in Fuhlsbüttel oder am Depenkamp in Osdorf legen dafür ebenso Zeugnis ab, wie einzelne Baugruppen in den Stadterneuerungsgebieten der Inneren Stadt.

In kosten- und flächensparender Bauweise sind eine Reihe vorbildlicher Quartiere etwa in Sasel, Bramfeld, Allermöhe und Finkenwerder gebaut worden.

In Allermöhe wird das schon heute außerordentlich beliebte Quartier am S-Bahnhof Nettelnburg nach Westen erweitert werden – im Maßstab und im Ambiente die Qualität des neuen Stadtteils fortführend, hoffentlich mit besonderer architektonischer Sorgfalt akzentuiert, wie das auch im Raum Neugraben-Fischbek, in Schnelsen-Burgwedel und im Raum Bergstedt möglich und notwendig sein wird. Eine zwei- bis viergeschossige Bauweise muß die Gestalt dieser Wohnquartiere bestimmen. Eine abschnittweise Realisierung mit Konsolidierungsphasen für räumlich und freiräumlich definierte Stadtteilgebiete ist wichtig. Konsolidierungs- und Lernphasen können auch der Einstellung auf die sich stetig verändernden Ansprüche und Rahmenbedingungen dienen.

Frühzeitige Bereitstellung der sozialen Infrastruktur ist unerläßlich. Eine Anpassungsfähigkeit der Einrichtungen an sich ändernde Altersstrukturen muß gewährleistet werden, Monostrukturen sind zu vermeiden. Die Integration kleiner Arbeitsstättengebiete sollte nicht mehr ausgeschlossen werden. Vor allem aber muß jedes Quartier aus der Architektur seine ortstypische Identität erhalten, die durch die freiräumliche Konzeption gestützt wird. Bäume, Baumreihen sind frühzeitig zu pflanzen. Sie bestimmen das Klima der Stadtteile im doppelten Sinne.

Stadt im Fluß

Reihenhäuser mit Wasserbelegenheit am Südostfleet.

Mietshausgruppe in der Nähe des S-Bahnhofs Nettelnburg am Nordfleet.

Wohnen am Wasser bietet der neue Stadtteil Allermöhe im Bezirk Bergedorf. In der städtebaulichen Grundkonzeption ist er sicher ein Vorbild für die Entwicklung neuer Wohnquartiere in der Marsch in den 90er Jahren.

DIE INNENSTADT

Die Innenstadt

Vorhergehende Doppelseite: Das Herz der Innenstadt, der zwischen 1979 und 1982 neugestaltete Rathausmarkt, ist wieder zum Zentrum der revitalisierten City geworden.

Grundzüge der historischen Entwicklung

Die Hamburger Innenstadt zwischen Elbe und Wallring schaut auf eine wechselvolle Vergangenheit zurück. Sie begann mit der ersten Besiedlung lange vor der Gründung des Hafens, nahm aber erst mit der Hafengründung 1189 ihren zaghaften städtebaulichen Anfang.

1248 wurden die vier Kirchspiele St. Petri und St. Nikolai, westlich der Alster gelegen, und St. Katharinen und St. Jacobi, östlich von dieser, zu einer Stadt vereinigt. Kurz darauf wurden beide Stadtteile durch eine gemeinschaftliche Stadtmauer befestigt.

Nur wenige Jahre zuvor hatte ein zweiter Aufstau der Alster durch die Einschüttung des Reesendamms, dem heutigen Jungfernstieg, stattgefunden. Er sollte für Hamburgs Stadtbild bleibenden Wert erhalten, war er doch für alle weiteren wasserbaulichen Maßnahmen der folgenden Jahrhunderte richtungweisend und vorbildhaft.

Dieser zweite Alsterstau bildete das landseeartige Wasserbecken, das für die Gestalt und spätere Ausdehnung der Stadt nach Norden von grundlegender Bedeutung und, wie noch die Chronisten des 19. Jahrhunderts berichten, „zu einer hervorragenden Eigentümlichkeit Hamburgs" geworden ist.

Etwa hundert Jahre später, im letzten Drittel des 14. Jahrhunderts, hatte Hamburg circa 9000 Einwohner, besaß aber bereits alle Ortschaften und Ländereien, die auch zu Beginn des 20. Jahrhunderts die Hansestadt bildeten. Nur die Walddörfer kamen erst Mitte des 15. Jahrhunderts dazu.

Die nächsten zwei Jahrhunderte wurde die Stadtentwicklung ganz wesentlich von Arbeiten an der Befestigungsanlage und von den umfassenden Strombaumaßnahmen im weitverzweigten Flußbett der Elbe geprägt. Das Ziel war die Aufspaltung der Elbe in einen südlichen und nördlichen Arm, wobei letzterer der eigentlich bedeutsame Wasserweg für Stadt und Hafen wurde.

1624 ist eine gewaltige Wall-Linie vollendet, die den Umriß der Hamburger Innenstadt bis heute festlegt. Faszinierend ist der Umfang dieser Anlagen, die Perfektion der technischen Bauwerke und der – heute so schmerzlich vermißte – Weitblick der Politiker und die Bereitschaft der Bürger, extreme Belastungen für die langfristige Vorsorge zu tragen.

Weitblick und finanzieller Aufwand sollten sich auszahlen.

Die Stadt überstand unbeschädigt den 30jährigen Krieg und blühte in der zweiten Hälfte des 17. Jahrhunderts auf, als sie wesentliche Wirtschaftsfunktionen der zerstörten niederländischen Städte übernehmen konnte.

Die Weitsicht und Vorsorge der Stadtpolitik löste in der Folgezeit auch eine beträchtliche Zunahme der Bevölkerungszahl aus. Besonders begüterte Bürger zogen in die Stadt, fanden sie doch Schutz hinter den sicheren Hamburger Mauern. Sie kamen – wie schon zu Ende des 12. Jahrhunderts und im 16. Jahrhundert, getrieben durch die Protestantenverfolgungen in den Niederlanden – in die Hansestadt.

Hamburg wurde der kommerzielle Mittelpunkt für einen großen Teil Nordwesteuropas.

Mit der schnellen städtebaulichen Ent-

Die Innenstadt

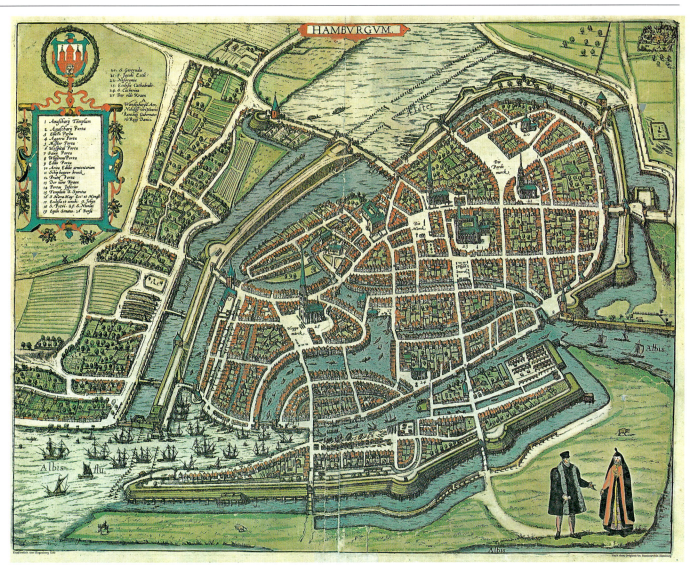

Hamburg um 1600.
Die Altstadt ist von Befestigungsanlagen aus dem 15. und 16. Jahrhundert umgeben, die auch den Hafen zwischen Nikolaifleet und Alster schützen.

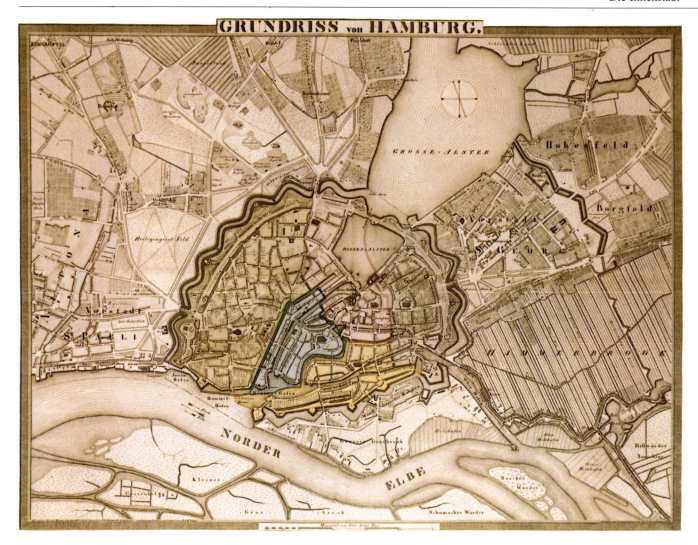

Hamburg um 1800.
Die Vorstädte St. Pauli und St. Georg haben schon wesentliche Elemente ihrer heutigen städtebaulichen Struktur ausgebildet. Die Stadt selbst schützt ein durchgehender Wallring vom Binnenhafen über den Alsterdamm bis hin zum Hafentor.

Die Innenstadt

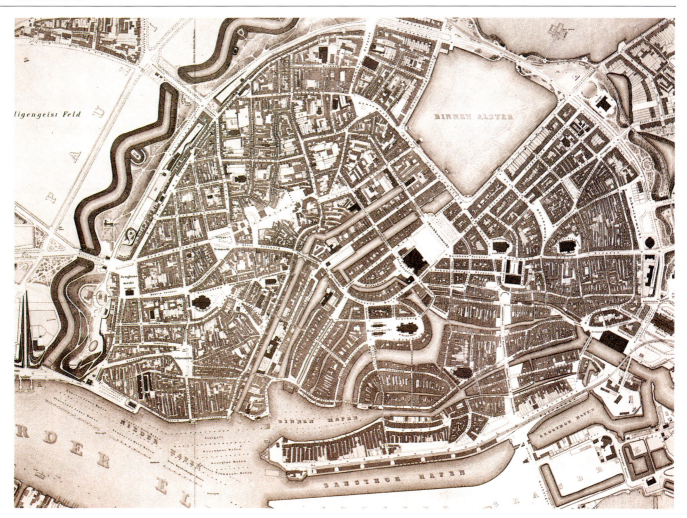

Hamburg um 1880, kurz vor dem Zollanschluß. Im Süden bilden Sandtor- und Brooktorhafen die Stadtgrenze. Der ausgebaute „Sandtorquai" hatte bereits Eisenbahnanschluß. Mit dem Bau des Rathauses war noch nicht begonnen worden.

wicklung der Kernstadt im 17. Jahrhundert treten auch die Vorstädte St. Georg und St. Pauli mit eigenen Pfarrkirchen aus dem Stadium lockerer Ansiedlungen vor den Toren Hamburgs heraus. Ebenso blühte Altona auf. Es erhielt 1664 das Stadtrecht und wurde durch die dänischen Könige kräftig gefördert.

Gegen den Ansturm eines 10 000 Mann starken dänischen Heeres bewahrte die um 1680 erbaute Sternschanze im Norden St. Paulis die Stadt vor der Eroberung durch Christian V., der die Erbhuldigung von Hamburg verlangte. Es läßt sich kaum ermessen, welche Entwicklung die Stadt im 18. und 19. Jahrhundert genommen hätte, wenn Christian V. an dieser Schanze nicht gescheitert wäre.

Der Eintritt in das Industriezeitalter vollzieht sich in Hamburg nach den Wirren der napoleonischen Kriege recht sanft. Am 1. Juni 1816 läuft das erste Dampfschiff auf der Elbe ein. 1825 ist ein regelmäßiger Dampfschiffverkehr nach London, Amsterdam und anderen europäischen Hafenplätzen eingerichtet. Der nun rasch ansteigende Schiffsverkehr erfordert wiederholt Hafenerweiterungen.

Der stärkste Impuls für die Stadtentwicklung geht jedoch 1842 von zwei sehr unterschiedlichen Ereignissen aus: der Katastrophe des Großen Brands und der Eröffnung der Hamburg-Bergedorfer Eisenbahn.

Der Große Brand von 1842 hatte weite Teile der Innenstadt zerstört und damit die Grundlage gelegt, oder besser die Notwendigkeit ausgelöst für eine grundlegende Modernisierung, die das Stadtbild bis zum Zweiten Weltkrieg prägen sollte. Die verheerenden Vernichtungen hatten auch zur Folge, daß über die Stadtkirchen hinaus kaum ein bauliches Zeugnis aus der vorindustriellen Glanzzeit der Stadt erhalten geblieben ist. Das ist eine schwere Hypothek für die Erlebbarkeit der historischen Kontinuität in der städtebaulichen Entwicklung der Innenstadt, die in den Bombennächten von 1943 noch einmal fast völlig zerstört wurde.

Die ersten Wiederaufbaupläne nach 1945 sahen dann auch eine sehr grundlegende Neuordnung großer Teile der Innenstadt vor. Glücklicherweise wurden diese nur zum Teil realisiert. Der Wiederaufbau vieler Kontor- und Geschäftshäuser, die lediglich ausgebrannt waren, konnte ihrer endgültigen Zerstörung vorgezogen werden. Dennoch ist viel, zuviel der noch erhaltensfähigen Bausubstanz der Modernisierungswelle der 60er und auch noch der 70er Jahre zum Opfer gefallen.

Heute noch weist die Hamburger Innenstadt eine räumliche Gliederung auf, die mehr eine Folge geplanter und realisierter Ordnungsmaßnahmen für den Verkehr und die beabsichtigte bauliche Erneuerung der ersten Nachkriegszeit ist als Zeugnis der Wachstums- und Umbauphasen der vorangegangenen Jahrhunderte.

Hier liegt allerdings nicht der Grund für die Trennung in eine östliche und eine westliche Einkaufscity. Diese wurde eher durch die immer wieder aufgeschobene Neugestaltung des Rathausmarkts und mehr noch durch die unglückliche Gestaltung und den vierspurigen Ausbau der Fahrbahn des Jungfernstiegs bewirkt.

Weit stärker noch hatte die Trasse der Ost-West-Straße die Einheit der Innenstadt zerstört und die städtebauliche

Die Innenstadt

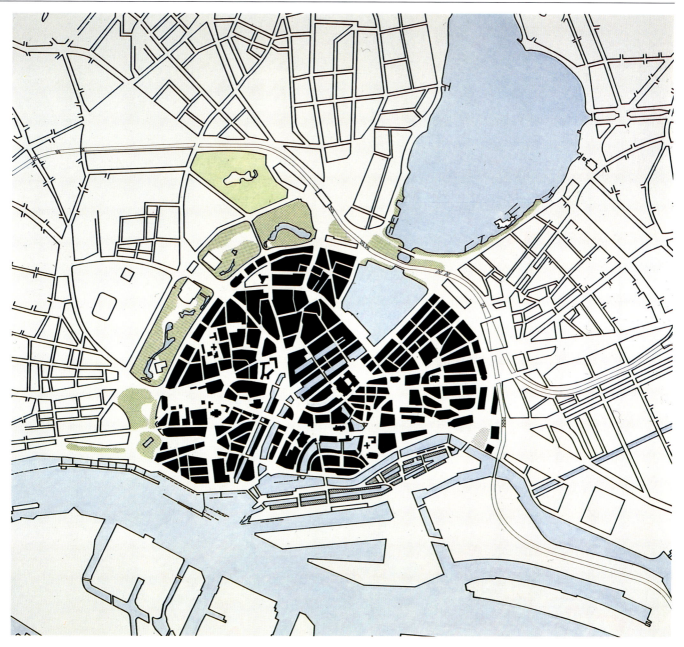

Die Raumstruktur der Hamburger Innenstadt 1989. Deutlich sind die Zäsuren der Ost-West-Straße und die städtebauliche Strukturlosigkeit entlang ihrer Trasse und beiderseits von Herrengrabenfleet und Alsterfleet erkennbar.

Der heute unverständliche Maßstabswechsel in der Hamburger Innenstadt: Das Unileverhaus, 1958 bis 1964 entstanden, stellt eine empfindliche Störung des städtebaulichen Raumkontinuums dar. Der architektonisch qualitätvolle Bau der Architekten Hentrich, Petschnigg mit Moser, Rüping, Rafeiner zeigt deutlich, daß gute Architektur falsche städtebauliche Entscheidungen nicht ausgleichen kann.

Die Innenstadt

Das Hamburger Rathaus, Ausdruck des Reichtums und des Stolzes der Hansestadt Hamburg im letzten Drittel des 19. Jahrhunderts.

Verbindung zum Hafen beeinträchtigt. Sie hat einen größeren aktiven nördlichen Bereich und eine schwer zugängliche Randzone zum Hafen hin entstehen lassen.

In Ost-West-Richtung trennt die bis in die 80er Jahre freigehaltene Trasse zwischen Baumwall und Kaiser-Wilhelm-Straße die Wohnquartiere in der westlichen Neustadt vom Leben der City östlich von Baumwall und Stadthausbrücke ab. Hier sollte, ausgehend von einer großen Tunnelzufahrt unterhalb der Michaeliskirche, eine mehrspurige Hauptverkehrsstraße mitten durch die City den Wirtschaftsverkehr des Hafens auf den Wallring am Karl-Muck-Platz führen. Erst nach 1984 gelang es durch die mutige Standortentscheidung für das Verlagszentrum Gruner + Jahr am Baumwall und ein neues städtebauliches Konzept für die Bebauung am Herrengrabenfleet und auf der Fleetinsel, die Chance für eine räumliche Verbindung von westlicher City und Hafenrand zu eröffnen.

Die City ist tot – es lebe die City

So wie diese Überschrift könnte der Titel für eine Geschichte über die Hamburger Innenstadt in den letzten zehn, fünfzehn Jahren lauten.

Attraktivitätsverlust und neuer Glanz der Hamburger City geben tatsächlich eine fesselnde Geschichte ab, in der neue stadtplanerische Leitbilder und eine neue Architekturqualität die Hauptrolle spielen. Es ist eine Geschichte, die lehrreich ist für viele Innenstädte und ihre wechselhafte Geschichte in unserer Zeit.

In Hamburg wurde – wie kaum in einer anderen Großstadt in Mitteleuropa – die Stadtentwicklungspolitik nach der Wiederaufbauphase auf Dezentralisierung der zentralen Versorgungs- und Dienstleistungsfunktionen ausgerichtet.

Der heute noch gültige Flächennutzungsplan von 1973 sieht nicht weniger als 33 zentrale Standorte innerhalb der Hamburger Gemarkung vor. Davon wurden drei als neue überregionale Entlastungszentren ausgewiesen, darunter die City Nord und eine City West in Ottensen. Sieben Bezirkszentren, denen jeweils immer noch für 200 000 Einwohner Versorgungsaufgaben zugewiesen wurden, und eine stattliche Zahl weiterer neuer Einkaufs- und Dienstleistungszentren in den äußeren Stadtgebieten sollten das Zentrensystem vervollständigen.

Dieses Zentrensystem wirkte wie ein dreifacher Verteidigungsring gegen das Eindringen von Kunden in die City, denn der erste Ring der traditionellen Stadtteilzentren liegt ja kaum zehn Auto- oder Schnellbahnminuten von der City entfernt: Altona, Eimsbüttel, Eppendorf, Winterhude, Mundsburg, Wandsbek, um die wichtigsten zu nennen.

Der zweite Ring wurde zwischen 1965 und 1975 neu aufgebaut oder ausgebaut. Es sind insbesondere Zentren wie das Elbe-Einkaufszentrum in Osdorf, das Alstertal-Einkaufszentrum in Poppenbüttel und die neuen Baukomplexe in Farmsen, Rahlstedt und Billstedt.

Doch damit nicht genug. An der Peripherie der Stadt liegen nach den Zielen des „Achsenmodells" die „Festungen" des dritten Rings – nun schon auf nichthamburgischem Territorium –, expandierende Zentren der ehrgeizigen Städte und Gemeinden im Umland Hamburgs und deren Shopping-Center auf der grünen Wiese.

Wo etwa noch Lücken in diesem dreifachen „Verteidigungsring" um Hamburgs City zu entdecken waren, sektoral oder regional, da entwickelten sich ehemalige Ortsteils- oder Quartierszentren zu höchst attraktiven, meist spezialisierten Unterzentren mit überörtlicher Bedeutung, wie etwa in Othmarschen, in Harvestehude, Winterhude und Uhlenhorst.

Kein Wunder also, daß dieses System dezentraler Einkaufs- und Dienstleistungszentren in einer Stadtregion mit kaum 2,5 Millionen Einwohnern der eigentlichen City die Existenzgrundlage zu entziehen drohte. Sie wurde nahezu ausgehungert.

Die Folge konnte nicht ausbleiben. Ab Mitte der 70er Jahre erklärten die Medien in schöner Regelmäßigkeit die Hamburger City für tot. Zum gleichen Zeitpunkt wurde auch deutlich, daß die Attraktivität Hamburgs als Tor zur Welt für die nationale und internationale Wirtschaft, für den nationalen und internationalen Wirtschafts- und Freizeittourismus beträchtlich zu sinken begann.

Die Stadtentwicklungspolitiker, die Zentrenplaner, der Handel selbst und die „Kirchturmspolitiker" in den Stadtteilen waren nahe davor, den Ast, auf dem sie alle gemeinsam saßen, selbst abzusägen: die Attraktion Hamburgs als „überregionales Kultur- und Einkaufszentrum", als „internationaler Markt". Denn was ist eine Metropole ohne pulsierende City noch wert? Was hält die Welt von einer Stadt, die Tor zur Welt sein will, deren City aber von den Medien für tot erklärt wird? Ohne Zweifel wird die Zukunft jeder Stadt entscheidend geprägt durch die Ausstrahlung, die Identität, die Anziehungskraft und Leistungsfähigkeit, die ihre City weit über die Grenzen der eigenen Region hinaus erreichen kann. Sicher war der Niedergang der Innenstadt nicht allein einer blinden Dezentralisierungspolitik zuzuschreiben, genauso wichtig war der Gestaltverlust, der eklatante Mangel an architektonischem Charakter. Die Ladenarchitektur unterschied sich zwischen Mönckebergstraße und Neuer Wall kaum von der in Gelsenkirchen oder Pinneberg. Die öffentlichen Räume waren unattraktiv gestaltet, Straßen und Plätzen fehlte das Ambiente, die städtebauliche Einheit der Stadt war noch immer gestört. Maßstabslose Bauten wie das Unilever-Hochhaus am Dammtorwall oder der Komplex des Deutschen Rings an der Ost-West-Straße erdrückten ihre Umgebung, hatten Niemandsland im Raumzusammenhang der Innenstadt entstehen lassen.

Der Niedergang der Gastronomie, die Schwäche der Kulturlandschaft – Theater, Musikleben, Kleinkunst – hatten einen Tiefstand erreicht. Die Kinos lockten keine Besucher mehr in die Innenstadt, sie waren ebenfalls Negativposten. Hinzu kam die konservative Haltung und die mangelhafte unternehmerische Initiative des Einzelhandels und des Grundeigentums, die jeder städtebaulichen Veränderung, jeder Verkehrslenkungsmaßnahme – und besonders Verkehrsberuhigungsmaßnahmen – mit großer Skepsis begegneten.

So war es weder für die Hamburger Bürger selbst noch für Besucher ein

Neues Leben auf dem Rathausmarkt. Seit der Fertigstellung der neuen Platzanlage 1982 ist der Platz wieder Mittelpunkt Hamburger Stadtfeste geworden.

Auch auf dem 1986 fertiggestellten neuen Gänsemarkt hat sich schnell geselliges Leben ausgebreitet. Leider geraten Rathausmarkt und Gänsemarkt in Gefahr, immer mehr zu Orten billigen Jahrmarkttreibens zu werden.

In der Spitalerstraße. Die spontanen Auftritte von Musikanten und Gauklern gehören hier zum alltäglichen Bild.

Erlebnis, „in die Stadt" zu gehen, in der City zu bummeln – nach Ladenschluß schon gar nicht mehr.
Die Wende in der bisher dargestellten Entwicklung wurde durch zwei scheinbar in keinem Zusammenhang miteinander stehende Vorgänge eingeleitet.

1. Im Rathaus setzte ein mutiger junger Bürgermeister mit Weitblick seine Idee durch, die „gute Stube" der Stadt, den Rathausmarkt, neu zu gestalten.

2. In einem großen Versicherungsunternehmen witterte ein phantasievoller Abteilungsleiter ein günstiges Anlageobjekt, indem er die von der Landesplanung durch einige Baublöcke der westlichen Innenstadt gezeichneten gestrichelten Verbindungslinien ernst nahm, mit ebenso einfallsreichen Hamburger Architekten das Bauvorhaben „Hanseviertel" entwickelte und damit die schrittweise Erschließung der Blockinnenbereiche durch Galerien und Ladenpassagen in der weiteren City für den Fußgängerbereich einleitete.

Zwischen 1980 und 1985 entsteht so in kurzer Folge im Bereich zwischen Colonnaden, Gänsemarkt, Jungfernstieg, Alsterarkaden, Alsterfleet, Bleichenbrücke und ABC-Straße das Hamburger Passagenviertel.
Im gleichen Zeitraum wird die – zunächst von der lokalen Presse, der Opposition und dem Denkmalpfleger vielgeschmähte – Umgestaltung des Rathausmarkts nach den Plänen der Hamburger Architekten T. Ohrt und H. von Seggern realisiert. Der Platz wird zur Drehscheibe zwischen östlicher und westlicher Innenstadt und schnell auch wieder zum Ort unzähliger Stadtfeste, Kulturveranstaltungen und zum Treffpunkt der Bewohner und Besucher der Stadt.
Die Bedeutung beider Initiativen lag bewußt oder unbewußt in der Einleitung einer neuen Städtebaupolitik für die Innenstadt, die seit 1980 konsequent ausgebaut wird. Die Rückbesinnung auf den Wert, den eine hohe Gestaltqualität des öffentlichen Raums für das Gedeihen öffentlichen Lebens hat, bildet die Grundlage für diese Städtebaupolitik. Sie setzt ganz konsequent auf eine aktive Auseinandersetzung mit der Architekturqualität jedes Bauvorhabens. Sie versucht bei Bauherren, Architekten, Behörden und Nutzern für den emotionalen, aber auch den wirtschaftlichen Wert sorgfältig gestalteter Bauten sowie für den Erlebnisreichtum der Innenstadt, gezielt zu werben – und dies mit wachsendem Erfolg.
Zweifellos sind eine Reihe weiterer städtebaulicher Vorhaben – teilweise gezielt als flankierende Maßnahmen betrieben und gefördert, teilweise aber auch nur als Folge oder zufällige Parallelereignisse zu werten – der Wende in der Hamburger City förderlich gewesen, die zunächst weitgehend konzentriert war auf den westlichen Teil der Innenstadt.
Da ist die Stadterneuerung in der historischen Neustadt mit umfänglichem Wohnungsneubau zu nennen, in deren Zusammenhang eine Revitalisierung des Großneumarkts als gastronomisches Zentrum, als milieuträchtiger Mittelpunkt möglich war.
Da ist die Neugestaltung des Gänse-

Nach der Umgestaltung der Platzfläche 1985/86 wird die Randbebauung des Gänsemarkts schrittweise erneuert und modernisiert. Die Gestaltung der Dachzonen wird zu einer reizvollen neuen Aufgabe für Architekten.

Die Innenstadt

Bauten rund um den neugestalteten Gänsemarkt. Neubau der Hamburger Hypobank, Architekten: Dietrich + Herrmann, Köln, sowie renovierte Gebäude in der Neuen ABC-Straße.

Übersichtsplan über die Neubauten und größeren Umbauten in der Inneren Stadt (rot) zwischen 1980 und 1990. Die in der Bauvorbereitung befindlichen Gebäude sind bereits als Neubauten gekennzeichnet.

Die Innenstadt

Neubau der Bank für Gemeinwirtschaft am Valentinskamp. Entwurf: Architekten Graaf, Schweger + Partner, Hamburg. Fertiggestellt 1984/85.

markts und seines städtebaulichen Umfelds zwischen Valentinskamp und ABC-Straße von großer Bedeutung. Auch wenn der Neubau des Hotels Marriott und das neue Bankgebäude nicht zu den großen Glanzleistungen zeitgenössischer Architektur der Hansestadt gezählt werden können, ist doch ihre städtebauliche Einfügung in das Quartier sehr gut gelungen.

Für die Entwicklung der City nicht hoch genug einzuschätzen ist vor allem die Schritt für Schritt aufgebaute städtebauliche Konzeption für eine Verbindung der westlichen Innenstadt mit dem Hafenrand beiderseits von Herrengraben- und Alsterfleet.

Auftakt am Hafen bildet dafür der Neubau des Verlagszentrums Gruner + Jahr am Baumwall, dessen städtebauliche Anlage und außergewöhnliche Architektur ein Glücksfall für die Stadt zu werden verspricht. Die Architekten sind Uwe Kiessler und Otto Steidle aus München.

Letztlich haben die neuen städtebaulichen Reize und das neue architektonische Ambiente wohl auch die unerwartete Renaissance der Gastronomie, eine Umstrukturierung der Kinoszene und damit verbunden auch eine Wiederentdeckung der City durch die Jugend gefördert.

Mit der Rückkehr der Jugend aus den Stadtrandgebieten und dem Umland ist seit Mitte der 80er Jahre vor allem der westliche Teil der City mit dem Passagenviertel wieder zum unbestrittenen Zentrum Norddeutschlands und ein Anziehungspunkt für nationalen und internationalen Tourismus geworden.

Das Passagenviertel in der westlichen Innenstadt

Das „Phänomen Passagenviertel" ist bisher kaum untersucht worden. Eine erfolgreiche städtebauliche Konzeption kann man allerdings auch kaum analysieren, wenn sie sich immer noch in der Entwicklung und Bewährung befindet.

Dennoch lohnt es sich zu fragen, worin die impulsgebende Wirkung der Passagen für den Teilbereich der City West wirklich liegt. Zweifellos ist ein sehr gut gewählter Branchenmix und die Ausrichtung einzelner Passagen auf einen bestimmten alters- und schichtenspezifischen Publikumstyp wichtig. Sicher ist es auch die geschickt angeordnete Gastronomie spezieller Art in den einzelnen Passagen, die den Erfolg bewirkt.

Man darf aber nicht nur die betriebswirtschaftlichen Aspekte beachten, sondern muß die gestalterischen und städtebaulichen Gesichtspunkte besonders würdigen.

Als erstes ist sicher der Wetterschutz zu nennen, für Hamburg wohl wichtiger als für München oder Zürich.

Doch dieser Gesichtspunkt hat nur vordergründige Bedeutung. Es ist das besondere Ambiente dieser „vertrauten", nun geschützt benutzbaren öffentlichen Räume, das eine so hohe Anziehungskraft besitzt. Es ist die Wiederentdeckung des historischen Bautyps der gedeckten Straße, wie wir ihn aus dem Orient oder von italienischen, Pariser oder Londoner Galerien kennen, die der Stadt eine neue Erlebnisdimension gibt.

Die Passagen erlauben ungezwungenes, zielgerichtetes oder beliebiges

Die Innenstadt

Das Passagenviertel in der westlichen Innenstadt. Zwischen Jungfernstieg und Poststraße sind zwei angedachte neue Passagen eingetragen: eine durch das Alsterhaus und eine durch das Streit's-Haus.

Oben: Die Gänsemarktpassage zwischen Colonnaden und Gänsemarkt.

Rechts: Die Hauptachse der Passage imHanseviertel.

Rechts außen: Die Alsterarkaden, die erste gedeckte Ladenpassage in Hamburg.

Die Innenstadt

Galleria, die in ihrer Architektur eigenwilligste Passage, entworfen von den Züricher Architekten Trixi und Robert Haussmann. Fertiggestellt 1986.

Oben: Entwurfszeichnung für das kurz nach der Jahrhundertwende entstandene und damals höchst ungewöhnliche „moderne" Kaufmannshaus an der Bleichenbrücke. Das Gebäude war ein gutes Beispiel für die im Stadtbild immer wieder faszinierenden Brüche in der normalen Stileinheit eines Stadtquartiers.

Rechts: Fassadenausschnitt vom 1978/79 umgebauten Kaufmannshaus. Architekten: Graaf, Schweger + Partner, Hamburg.

Flanieren, Verweilen, Treffen, Sitzen und Beobachten, ein Sichgehenlassen in einer von vielen Schichten und Sozialgruppen aufgesuchten Raumsituation mit ausreichender sozialer Anonymität.

Jede Passage hat ein spezifisches architektonisches Milieu, eine gestalterische Identität.

Umsatzsteigerung und wirtschaftliche Entwicklung durch Architektur und Städtebau? Offensichtlich ist dies möglich.

Zweifellos ist die neue Qualität der Architektur, die Harmonie von Gesamtkonzept und Detail wichtig. Sicher wirkungsvoll ist auch der Wechsel in den Raumerlebnissen: Enge und Weite, Drinnen und Draußen, Gasse und Platz, Vertrautheit im Maßstab, Identität in der Einzelsituation.

Interessant ist, daß das Passagenviertel für den Individualverkehr nicht unmittelbar erreichbar ist, über ein eher geringes Angebot an Pkw-Stellplätzen im Quartier verfügt und auch durch das Schnellbahnsystem nur tangential erschlossen wird. Das Einkaufszentrum über dem U- und S-Bahn-Knotenpunkt gibt es nicht.

Eine Studie über die Hamburger City der „Sozialwissenschaftlichen Arbeitsgruppe Stadtforschung" der Universität Hamburg stellte fest, daß der Personenkreis, der die Zentren aufsucht, dies sehr häufig in der Absicht tut, Versorgungs- und Freizeitaktivitäten miteinander zu verbinden. Größere Freizeiteinrichtungen fehlen der City noch. Unter anderem liegen die Museen – bisher jedenfalls – schwer erreichbar am Rande der Innenstadt. Dennoch ist dieser Hinweis bedeutungsvoll für die Hamburger Stadtplanung in der Bestimmung weiterer Entwicklungsmaßnahmen für die City.

Allein das neue Ambiente der Innenstadt schließt bereits eine Reihe nicht einkaufs- oder konsumbezogener Aktivitäten ein. Straßenmusik, Straßentheater, Kleinkunstveranstaltungen, Stadtfeste wie das Alstervergnügen, Märkte und dergleichen kommen dem offensichtlichen Bedürfnis nach Überraschungselementen und Unterhaltungsangeboten im „Einkaufszentrum City" entgegen.

Die östliche Innenstadt

Das wirkliche Ausmaß der Attraktivitätssteigerung und des wirtschaftlichen Erfolgs der westlichen City wurde erst 1985 deutlich, als sich – erstmalig und einmalig in Hamburg – die Kaufmannschaft, die Grundeigentümer, die Dienstleistungsunternehmen und die großen Kauf- und Warenhäuser der östlichen Innenstadt zum „Trägerverbund Projekt Innenstadt" zusammenschlossen. Ludwig Görtz, einer der besonders engagierten, langfristig denkenden und handelnden Einzelhandelsunternehmer der Stadt, brachte die Ziele dieses Unternehmens auf die klare Formel: Die östliche Innenstadt braucht ein neues Selbstverständnis. Eine Renaissance dieses Quartiers ist durch schlichte Dekorationen nicht zu erreichen. Dem Pappkommerz der Fast-Food-Betriebe muß eine Gesamtkonzeption entgegengesetzt werden, in der auf hohem Niveau Kommerz und Kultur gleichermaßen zu ihrem Recht kommen.

„... auch in einem traditionsreichen Stadtteil reicht es nicht aus", sagt Görtz in seinem Resümee, „Bestehendes zu

Folgende Doppelseite: Blick auf die östliche Innenstadt. Im Vordergrund die Deichtormarkthallen vor der Instandsetzung und Neugestaltung durch den Architekten J.P. Kleihues, Berlin, im Auftrage des Stifters Kurt Körber.

Die Innenstadt

pflegen oder zu schmücken. Es muß mutig Gegenwärtiges in Frage gestellt oder doch fortentwickelt werden im Hinblick auf eine zukunftsorientierte, lebendige Stadtentwicklung, auch an einem historisch verfestigten Ort."

So konnte ein methodisch wie inhaltlich überraschungsreiches Planungsverfahren durchgeführt werden, das in seiner Form bis dahin in Deutschland einmalig war. In der Zwischenzeit ist es mehrfach im In- und Ausland nachgeahmt worden. Da es auch weiterhin für ähnliche Stadtentwicklungsaufgaben Vorbildcharakter haben wird, soll es ausführlicher dargestellt werden.

Das Planungsgebiet umfaßte einen etwa 35 Hektar großen Sektor der Innenstadt zwischen Rathaus, Binnenalster, Wallring und Steinstraße. Unternehmer, Grundeigentümer und Verwaltung einigten sich auf ein Verfahren, in dem der Phantasie der beteiligten sieben Gruppen aus Architekten, Ingenieuren und Stadtplanern kaum Grenzen gesetzt waren. Im einzelnen einigte man sich auf folgende Bedingungen:

○ Es sollte eine für den Laien überschaubare Zahl eindeutiger, in ihrer Gesamtqualität aber etwa gleichwertiger Alternativen zur Beurteilung gewonnen werden.

○ Die gewünschten Alternativen sollten sich nicht nur durch unterschiedliche funktionale und gestalterische Lösungen fest definierter Aufgaben unterscheiden, sondern ebenso durch die Definition der Aufgaben selbst wie auch durch eine jeweils spezifische architektonische Handschrift.

○ Die Alternativen sollten einerseits durchaus realisierbare Lösungen für einzelne Maßnahmen aufzeigen, andererseits aber visionäre Kraft besitzen und dazu stimulieren, auch über das Außergewöhnliche, das bisher nicht Vorstellbare nachzudenken.

○ Die Auftraggeber wollten im Dialog mit den Architekten bleiben. Schon die Interpretation der Aufgabenstellung sollte gemeinsam diskutiert werden, vor allem aber sollten Korrekturen, Schwerpunktsetzungen, neue Weichenstellungen durch den Auslober noch während des Verfahrens möglich bleiben. „Werkstattduft" war gewünscht.

Es war nicht Aufgabe, flächendeckend zu neuen Ideen zu kommen, sondern die Standorte im Gesamtgebiet der östlichen Innenstadt zu bestimmen, in denen durch architektonische und städtebauliche Interventionen neue Impulse für eine Entwicklung zu höherer Gesamtattraktivität gesetzt werden sollten. Und es sollte dargestellt werden, welcher Art diese Impulse sein könnten.

Das Resultat war zunächst – mehr als jeder Wettbewerb es wohl hätte erreichen können – ein wirklicher Gewinn für die Architekturdiskussion in Hamburg und für die Diskussion über das, was Baukultur umfassen kann und muß und wie architektonische Aufgabenstellungen zur Triebfeder für das Bemühen um eine neue Baukultur werden können.

Dies verdanken die Hamburger sicher in besonderer Weise den vier ausländischen Beiträgen von Alsop, Barnett und Lyall (London), Friis und Moltke (Aarhus), Robert und Trixi Haussmann (Zürich) sowie Gustav Peichl (Wien). Diese Vorschläge waren gleicherma-

Die Innenstadt

Isometrische Zeichnung der Hamburger Architekten Patschan, Werner, Winking zur Illustration der nach ihren Vorstellungen wichtigsten architektonisch-städtebaulichen Verbesserungen in der östlichen Innenstadt. Besonders gekennzeichnet sind der Vorplatz des Hauptbahnhofs und die Eingangszone der Mönckebergstraße, die Überbauung des Parkhauskomplexes an der Rosenstraße, die Einbindung der Museumsinsel, der Boulevardcharakter der Mönckebergstraße und die Überdachung der Spitalerstraße.

Der faszinierende Vorschlag der Londoner Architekten Alsop + Lyall und der Ingenieure Ove Arup + Partner für die gebäudehohe Überdachung der Spitalerstraße, die leider bisher nicht realisiert wurde.

Die Innenstadt

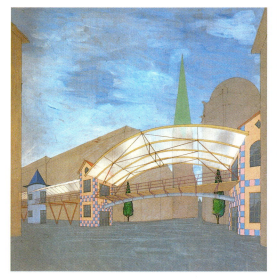

Die Vereinigung von Kunst und Kommerz im öffentlichen Raum der Innenstadt. Gedeckte Kunstmeile zwischen Rathaus und Kunsthalle.

Eingangstor zur Mönckebergstraße.

Das Projekt für eine Überdachung der Spitalerstraße von Westen aus auf die Eingangssituation am Barkhof betrachtet.

Der sehr technizistische Entwurf für die Tragkonstruktion einer Überdachung der Spitalerstraße, entworfen von den Züricher Architekten Trixi und Robert Haussmann.

Rechts: Skizze zur Überdachung der Spitalerstraße von me di um, Hamburg.

Rechts außen: Skizze zur Umgestaltung des Gertrudenkirchhofs mit einer Markthalle und Arkaden. Architekten: me di um, Hamburg.

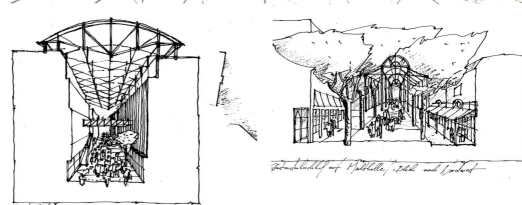

Die Innenstadt 145

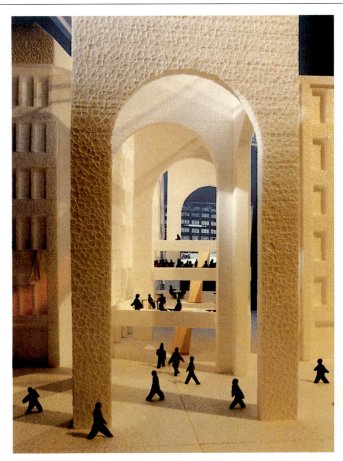 

Ungewöhnliche Raumvisionen der Architekten Friis + Moltke aus Aarhus, Dänemark.

Der Vorschlag des Wiener Architekten Gustav Peichl für ein markantes Eingangsgebäude für die Mönckebergstraße mit einer zweigeschossigen Gebäudebrücke zum Hauptbahnhof.

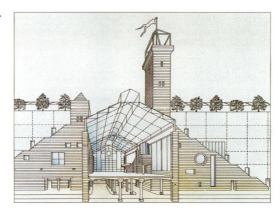

Vorschlag der Architektengruppe me di um für die Umbauung der Parkhäuser an der Rosenstraße und die Überbauung der Gertrudenstraße mit einer Markthalle.

Projekt der Züricher Architekten Trixi und Robert Haussmann für einen neuen Torbau an der Mönckebergstraße – am Standort des heutigen Kaufhauses Karstadt-Sport.

ßen heterogen, überraschend und faszinierend in der Konsequenz ihres Ansatzes, in der Prägnanz der Präsentation und in der Besonderheit ihrer architektonischen Ausformung. Damit sollen und können die übrigen Beiträge nicht abgewertet werden. Die sieben Projekte waren ohnehin nicht „über einen Kamm zu scheren". Präzise in der architektonischen Aussage bis ins konstruktive Detail – etwa bei den Aussagen zur Überdachung der Spitalerstraße in Traufhöhe der Straßenrandbebauung oder in der Gestaltung des Bahnhofsvorplatzes und in der Ausbildung der Torsituation zur Mönckebergstraße und ihrer Eingangsbauten – waren aber fast alle Projekte. Sie setzten lediglich unterschiedliche Schwerpunkte.

Die beiden Hamburger Architektengruppen (Patschan, Werner, Winking sowie die Planungsgruppe me di um) haben, so wie auch Alsop, Barnett und Lyall aus London und Friis und Moltke aus Aarhus, nicht nur auf die zwingende Notwendigkeit einer Verknüpfung von Museumsinsel und City Ost hingewiesen, sondern sehr konkrete Vorschläge für eine neue „Kulturmeile" zwischen Rathaus und Kunsthalle gemacht. Sowohl Gustav Peichl als auch den Haussmanns und den beiden Hamburger Gruppen verdankt die Stadt sehr anregende Ideen zur Umgestaltung der tristen Parkhaus-Zone zwischen Spitalerstraße/Mönckebergstraße und Alster. Alsop, Barnett und Lyall hatten den Gesamtkomplex in ihrem Projekt ganz aufgehoben. Sie hielten Parkhäuser mitten in der City für falsch. Ihre Erfahrungen aus London zeigten, daß Parkhäuser übermäßig viel Verkehr in die City zögen, der langfristig nicht zu bewältigen sei. Sie vertraten energisch die Auffassung, man solle die Versuche, die City für den Individualverkehr befahrbar zu machen und „ausreichend" Parkraum zur Verfügung zu stellen, aufgeben. Die Entwicklungen in anderen europäischen Großstädten mit bereits höherer Verkehrsdichte zeigten, daß eine solche Politik über kurz oder lang zum Infarkt führen müsse.

Sie schlugen vor, die City weitgehend zum verkehrsberuhigten Bereich zu erklären und eher weitere Wohnungen, Freizeit- und Kultureinrichtungen in der Innenstadt zu bauen.

Die Idee, den öffentlichen Raum der City als Ort permanenter und intensiver Begegnung mit der Kunst in allen ihren Erscheinungsformen zu machen, war in vielen Projekten enthalten. Hamburg sollte diese Anregungen beherzigen.

So war es auch folgerichtig, daß das Gutachterverfahren „Östliche Innenstadt" auch den ersten ernsthaften Anstoß gab, den Ausbau der Museumsinsel in einem großzügigen Maßstab als Teilaufgabe der Innenstadtpolitik zu forcieren.

Die Ausschreibung eines Architektenwettbewerbs für den Aufbau eines Museums für zeitgenössische Kunst und die Erweiterung der Ausstellungsflächen für den Kunstverein und das Kunsthaus wurde durch das Gutachten „Östliche Innenstadt" vorbereitet. Den ersten Preis erhielt das Projekt des Kölner Architekten Oswald Matthias Ungers, dessen strenger Entwurf sich hervorragend in das städtebauliche Ensemble zwischen Ballindamm, Ferdinandstor und die Räume von Binnen- und Außenalster einfügt.

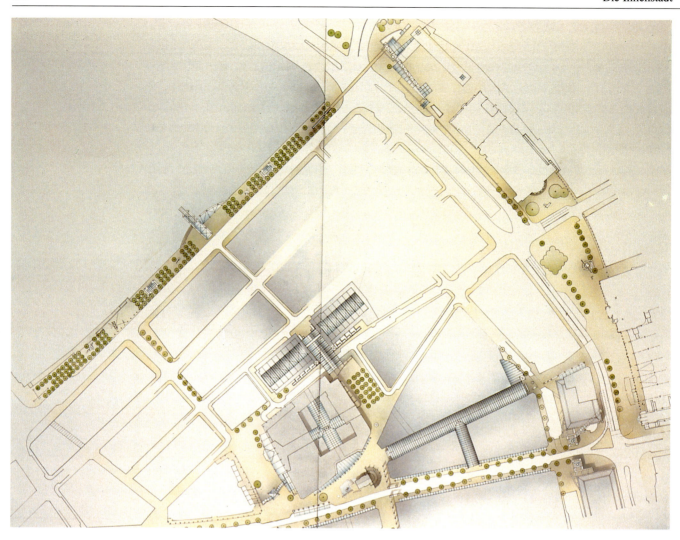

Gesamtkonzeption für die Umgestaltung und Überdachung der wichtigsten Straßen und Platzräume in der östlichen Innenstadt. Entwurf: Architektengruppe me di um, Hamburg.

Das zweite bemerkenswerte Ergebnis des Gutachterverfahrens liegt in der Herausarbeitung der sechs wichtigsten Eingriffbereiche in der östlichen Innenstadt, auf die sich die Kaufmannschaft und die städtische Planung in ihren Aktivitäten in den nächsten Jahren konzentrieren sollten.
Es sind dies:
○ die „Torsituation" der Mönckebergstraße mit der Aufgabe, neue „Ergänzungsbauten" zu konzipieren und den Straßenzug Kurze Mühren/Lange Mühren als „Klammer" in Richtung Georgsplatz und Kontorhausviertel in eine Fußgängerzone umzugestalten
○ die Ausbildung eines Vorplatzes für den Hauptbahnhof als Entree für die City und die Herstellung niveaugleicher Übergänge zwischen Bahnhof und Spitalerstraße
○ Rückbau oder Aufhebung des Fahrverkehrs am Glockengießerwall, der ja ohnehin Teil des Innenstadtzuges ist
○ die Schaffung eines neuen architektonischen Kristallisationspunktes durch eine gebäudehohe, technisch und gestalterisch höchst anspruchsvolle Überdachung der gesamten Spitalerstraße
○ die Herstellung leicht auffindbarer, architektonisch akzentuierter Verbindungen zwischen Mönckebergstraße und Alster
○ der Umbau des Ballindamms zur Promenade und Kunstmeile
○ die städtebauliche und architektonische Neudefinition des Gertrudenkirchhofs und der Parkhäuser an den Raboisen als neue innere Drehscheibe der City Ost.
Es gibt ein drittes Resultat, das zwar unauffällig wirkt, aber große Bedeutung für die aktuelle und kurzfristige Bautätigkeit vor allem in der Mönckebergstraße hat. Auf der Grundlage zweier Gutachten (Patschan, Werner, Winking und T. + R. Haussmann) zeichnet sich eine Konzeption für die Wiederherstellung der architektonischen Identität der Einzelgebäude und des Ensembles Mönckebergstraße und Spitalerstraße ab. So erhalten die prachtvollen Gebäude aus dem ersten Jahrzehnt nach der Jahrhundertwende wieder ihre „Beine", die ihnen im Zuge des Ausbaus platter, unförmiger Vordächer und endloser Schaufensterbänder weggeschlagen worden waren. Ihre ursprünglich vom Boden zum Dachgesims durchlaufenden vertikalen Elemente, Säulen, Pfeiler, Pilaster werden wiederhergestellt. Das Kauderwelsch der ungezügelten Werbebänder und maßstabslosen Verblendungen wird auf eine einheitliche Syntax zurückgeführt. Die Elemente der historischen Architektur werden, soweit möglich, wieder zum Vorschein kommen. Dies alles wurde in einem zwischen Grundeigentümern, Einzelhandelsunternehmen und Verwaltung gemeinsam ausgehandelten Gestaltungsrahmen festgelegt und wird, wie die ersten größeren Modernisierungen durch Rekonstruktion zeigen, mit großem Engagement befolgt.
1988, zwei Jahre nach Abschluß dieses komplexen und für alle Beteiligten höchst lehrreichen Planungsprozesses, konnte eine Zwischenbilanz gezogen werden.
Es ist ein neues, für die Zukunft der Baukultur der Stadt insgesamt bedeutsames Vertrauen der Unternehmen in die Architektur als einen selbständigen

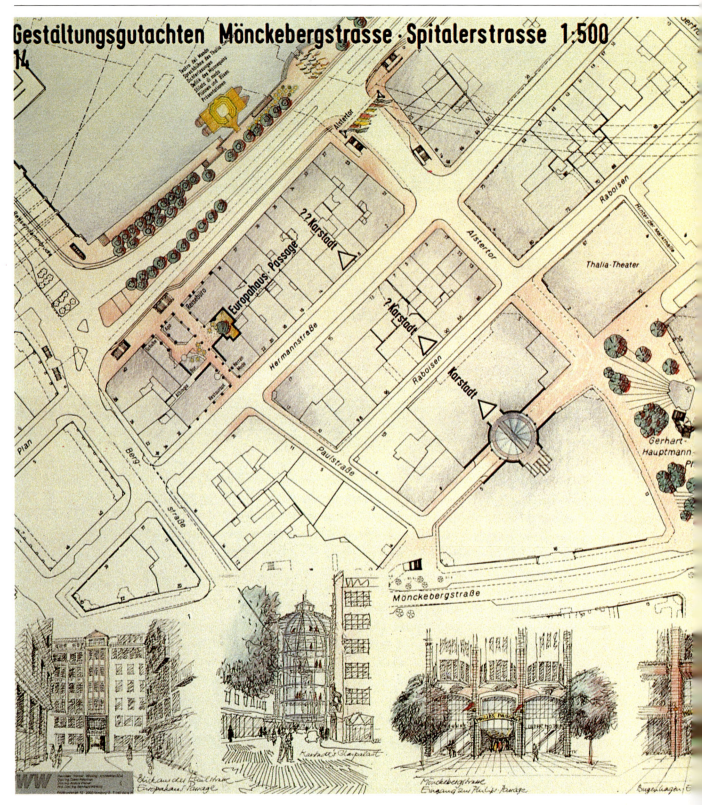

Übersichtsplan der Hamburger Architekten Patschan, Werner, Winking über die östliche Innenstadt. Er sieht Maßnahmen zum Rückbau der durch Werbung, häßliche Vordächer und andere Um- und Einbauten entstellten Geschäftshäuser der Mönckebergstraße vor, um so ihr historisches Erscheinungsbild wieder herauszuarbeiten.

Die Innenstadt

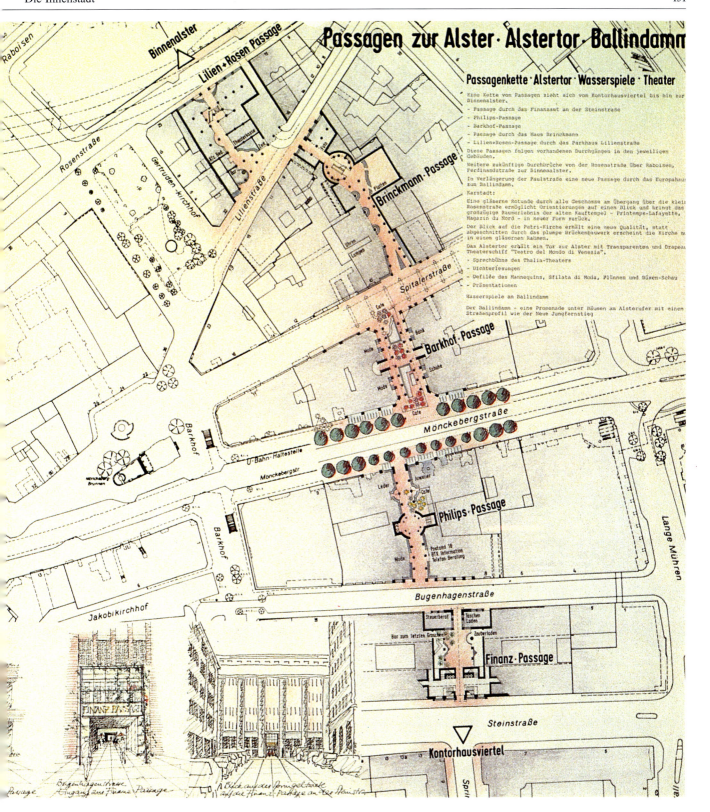

Passagen zur Alster · Alstertor · Ballindamm

Passagenkette · Alstertor · Wasserspiele · Theater

Eine Kette von Passagen zieht sich vom Kontorhausviertel bis hin zur Binnenalster.

- Passage durch das Finanzamt an der Steinstraße
- Philips-Passage
- Barkhof-Passage
- Passage durch das Haus Brinckmann
- Lilien-Rosen-Passage durch das Parkhaus Lilienstraße

Diese Passagen folgen vorhandenen Durchgängen in den jeweiligen Gebäuden.

Weitere zukünftige Durchbrüche von der Rosenstraße über Raboisen, Ferdinandstraße zur Binnenalster.

In Verlängerung der Paulstraße eine neue Passage durch das Europahaus zum Ballindamm.

Karstadt:
Eine gläserne Rotunde durch alle Geschosse am Übergang über die kleine Rosenstraße ermöglicht Orientierungen auf einen Blick und bringt das großzügige Raumerlebnis der alten Kauftempel - Printemps-Lafayette, Magazin du Nord - in neuer Form zurück.

Der Blick auf die Petri-Kirche erhält eine neue Qualität, statt abgeschnitten durch das plumpe Brückenbauwerk erscheint die Kirche nun in einem gläsernen Rahmen.

Das Alstertor erhält ein Tor zur Alster mit Transparenten und Drapeaus. Theaterschiff "Teatro del Mondo di Venezia".

- Sprechbühne des Thalia-Theaters
- Dichterlesungen
- Defilée des Mannequins, Sfilata di Moda, Flinnen und Büxen-Schau
- Präsentationen

Wasserspiele am Ballindamm

Der Ballindamm - eine Promenade unter Bäumen am Alsterufer mit einem Straßenprofil wie der Neue Jungfernstieg

Die Erdgeschoßzone des nach dem Gestaltungsrahmen für die Mönckebergstraße restaurierten sogenannten „Philipshauses", Mönckebergstraße. Die plumpen Vordächer sind entfernt, die Hauptpfeiler werden wieder auf den Boden geführt. Leichte Glasvordächer gewährleisten den Witterungsschutz.

Die Innenstadt

Blick in die Mönckebergstraße nach Westen mit dem Traditionshaus der Karstadt AG. Die Aufnahme zeigt den heutigen Zustand des Kaufhauses während der Rückbaumaßnahmen in der Erdgeschoßzone.

Mönckebergstraße mit dem Kaufhaus Karstadt (rechts) um 1926. Die klare vertikale Gliederung der Bauten ist gut zu erkennen. Die Erdgeschoßzone wird durch einfache Markisen funktional und gestalterisch gut akzentuiert.

Entwurf für die Neubebauung der Grundstücksflächen an der Ecke Spitalerstraße/Kurze Mühren. Architekten: Nietz, Prasch, Sigl, Hamburg.

Die Innenstadt

Projekt für den Neubau der Parkhäuser zwischen Rosenstraße und Raboisen mit einer gedeckten Passage für die Gertrudenstraße und drei teilweise terrassierten Bürogeschossen über dem Garagenkomplex. Entwurf der Architekten Schramm, Hupertz, von Bassewitz, Hamburg, 1988/89. Geplanter Baubeginn 1990.

Modellstudie für die Erweiterung der Kunsthalle durch ein Museum für zeitgenössische Kunst. Architekten: Alsop + Lyall, London, 1986.

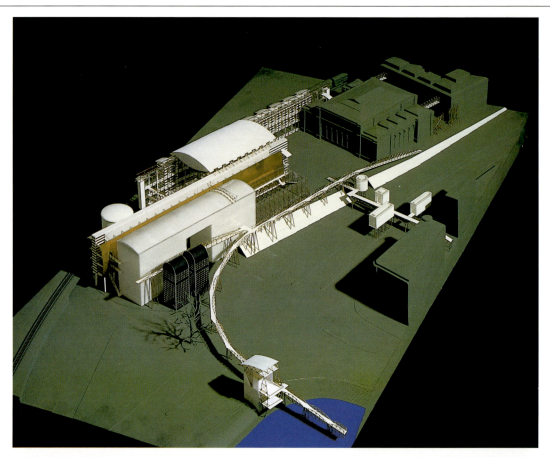

Modell des mit dem 1. Preis ausgezeichneten Wettbewerbsentwurfs für die Erweiterung der Kunsthalle, des Kunstvereins und des Kunsthauses. Architekt: Oswald Matthias Ungers, Köln, 1987.

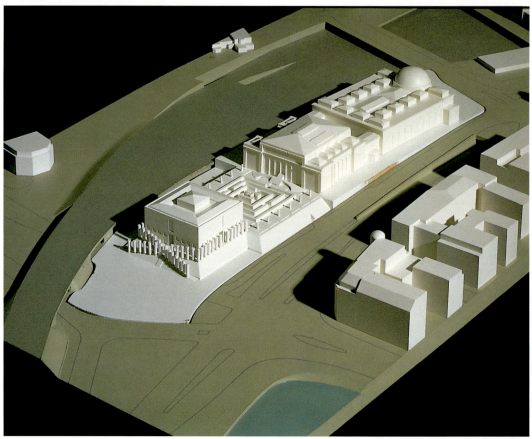

Die Innenstadt

Zeichnung von Peter Wels. Das Projekt für die Erweiterung der Museumsbauten auf der Museumsinsel von Oswald Matthias Ungers. Planungsstand 1989, im Hintergrund der Altbau der Kunsthalle und der Hauptbahnhof.

Impulsgeber für wirtschaftlichen Erfolg entstanden. Dieses wäre mit der Wirkungskette: bessere Architektur = qualitätvolleres Ambiente = Wertbeständigkeit und wirtschaftlicher Erfolg zwar vordergründig richtig, aber doch zu oberflächlich beschrieben. Es hat sich ein zukunftsträchtiges Miteinander von privater Bauinitiative und flankierenden öffentlichen Maßnahmen in der Verbesserung der Infrastruktur ergeben, das sich etwa in den geplanten – allerdings längst überfälligen – Um- und Ausbaumaßnahmen der drei großen Kaufhäuser in der Eingangssituation der Mönckebergstraße niederschlägt. Diese Maßnahmen werden durch korrespondierende Verbesserungen in den Verbindungen zum Hauptbahnhof, dem Ausbau eines stadtseitigen Bahnhofsvorplatzes, der Umwandlung der Kurzen Mühren und der Langen Mühren in eine Fußgängerstraße und der „Entrümpelung" und Erneuerung der Spitalerstraße ergänzt.

Leider hat sich bis heute die für das Gesamtquartier so reizvolle gebäudehohe Überdachung der Spitalerstraße, die zu einer großen Attraktion für die City Ost werden könnte, nicht realisieren lassen. Doch darf die Hoffnung nicht aufgegeben werden, daß der wirklich großartige Entwurf der Londoner Architekten Alsop, Barnett und Lyall doch noch eine engagierte Bauherrengemeinschaft findet.

Aber auch südlich und nördlich von Mönckeberg- und Spitalerstraße hat das Planungsverfahren Impulse für Verbesserungen der Baustruktur gesetzt. So sind Pläne für den Umbau und die Überbauung der unschönen Parkhäuser zwischen Raboisen und Rosenstraße in Arbeit, vom Traditionshaus des Warenhauskonzerns Karstadt gehen Initiativen für eine Umgestaltung im Bereich Paulstraße/Kleine Rosenstraße aus. Das Erweiterungsgebäude des Bankhauses Warburg in den Raboisen hat eine bemerkenswerte neue Fassade erhalten. Sie kennzeichnet prägnant ein neues Verhältnis zur Baukultur auch „konservativer" Bauherren. Diese Entwicklung wird noch deutlicher an den vor wenigen Jahren erst initiierten Bauvorhaben an der Ost-West-Straße zwischen Deichtor- und Rödingsmarkt.

Die Ost-West-Straße

Die Planer der Ost-West-Straße formulierten ihre Zielsetzungen für den Bau dieser für die Funktion und Gestalt der Hamburger Innenstadt gleichermaßen wichtigen wie zerstörerischen Straße nüchtern und entlarvend: „Im Stadtkern Hamburgs mußte als leistungsfähige Verbindung in ost-westlicher Richtung die Ost-West-Straße geschaffen werden, die vom Millerntor und Zeughausmarkt im Westen über Rödingsmarkt, Hopfenmarkt und Meßberg bis zum Deichtorplatz im Osten verläuft und auf drei neuen Brücken das Herrengrabenfleet, das Alsterfleet und das Nikolaifleet überquert. Die östlich der Nikolaibrücke einmündende Domstraße ergab einen Querschnitt mit bis zu zehn Spuren durch die zusätzlichen Abbiegespuren. Schwierigster Punkt war der Knoten Deichtorplatz, wo der starke Verkehrsstrom des Wallrings und der nicht weniger wichtige Verkehr aus dem Hafen an die neue Ost-West-Verbindung herangeführt werden ..."

Kein Wort also davon, daß durch diese Straße vier historische Plätze – der

Die Innenstadt

Oben: Die Ost-West-Straße von der Neanderstraße nach Osten mit Blick auf die Türme von St. Nikolai und St. Katharinen. Die Beliebigkeit der städtebaulichen Fassung der breiten Straße und ihre unangemessene Weite im Raumzusammenhang der Hamburger Innenstadt wird überdeutlich.

Folgende Doppelseite: Skizze des Verfassers zur geplanten und weitgehend vorbereiteten „Reparatur" im heute noch unstrukturierten Raum der Ost-West-Straße. Die eingetragenen einfachen Baumreihen sollen die Rückbaunotwendigkeit der Straße aus städtebaulicher Sicht und ihre Begleitung durch doppelte Baumalleen andeuten.

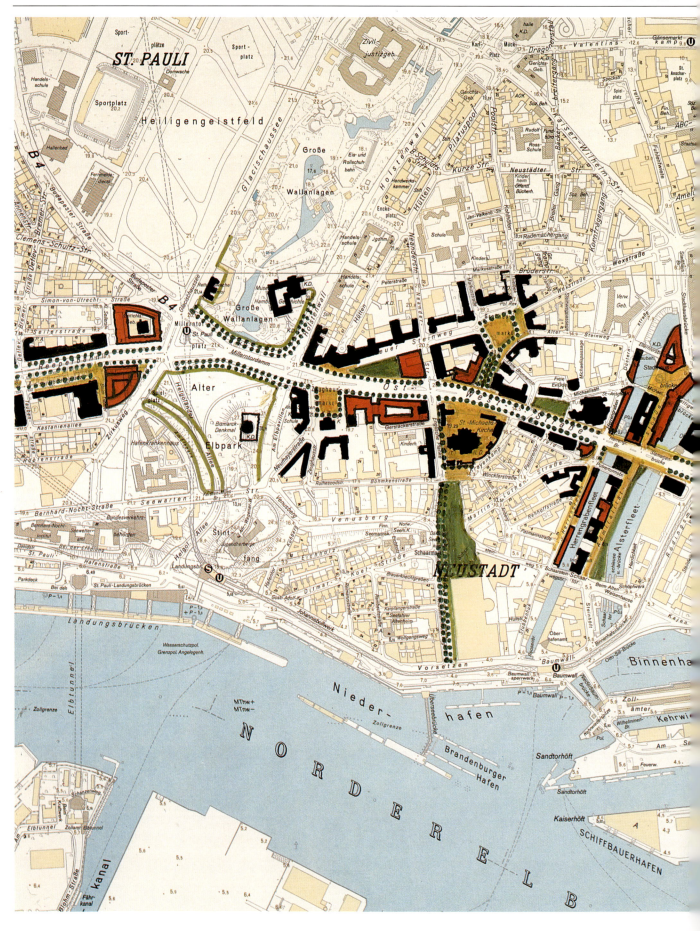

Die Innenstadt

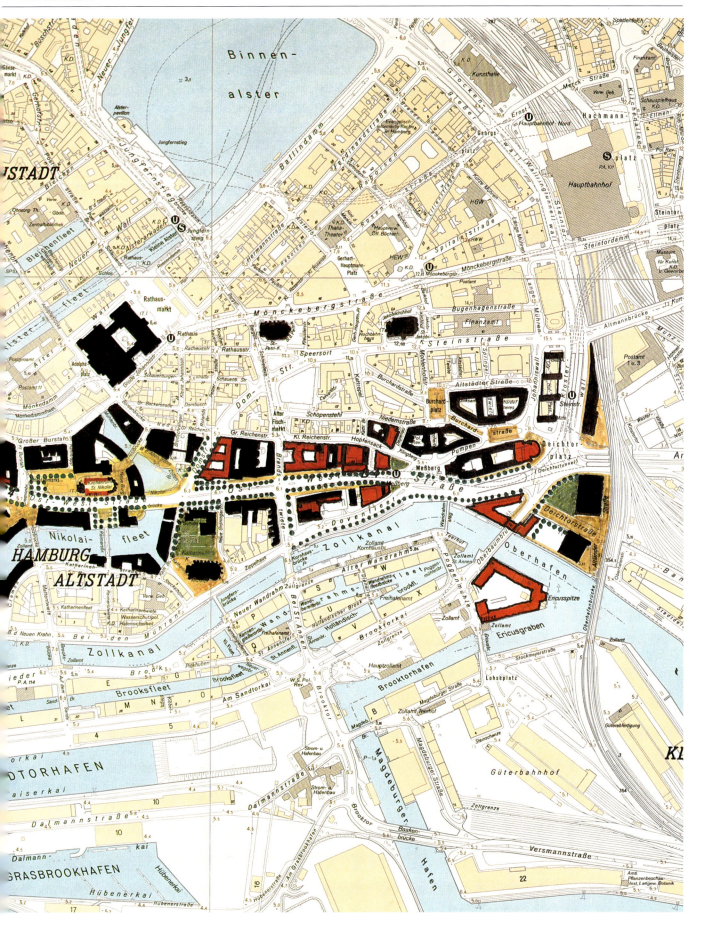

Zeughaus- und Hopfenmarkt, der Meßberg und der Deichtormarkt – weitgehend zerstört wurden, zwei der fünf Hauptkirchen – St. Michaelis und St. Nikolai – ihr städtebauliches Umfeld verloren und letztlich die Breite der Trasse die Innenstadt stadträumlich und funktional in zwei Teilgebiete trennte, die die städtebaulich-räumliche Kontinuität der uralten Verbindungen zwischen Alsterraum und Hafenrand auflöste.

Heute muß es die Aufgabe einer sensiblen Städtebaupolitik sein – soweit nur irgend möglich –, die Wunden zu heilen, die eine für die baulich-räumliche Umwelt blinde Verkehrswegeplanung der 60er Jahre in Hamburg, wie in vielen anderen Großstädten auch, geschlagen hat. Dies geht nicht mit rigorosen Mitteln und nicht kurzfristig. Es gilt, wie durch den Bau der Hafenrandstraße von 1983 bis 1988 mit ihrer attraktiven Fußgängerzone am Zollkanal bereits geschehen, die Ost-West-Straße vom Durchgangsverkehr zu entlasten. Hier ist auch die sogenannte Hafenquerspange zwischen den Bundesautobahnen A 1 und A 7 von allergrößtem Wert.

Es geht vor allem darum, schrittweise und mit großer Sorgfalt eine neue Raumkonzeption für diesen wichtigen Straßenzug und Stadtbereich zu formulieren und durchzusetzen.

Mehrere Ziele sind dabei gleichrangig zu verfolgen. Es ist zwischen Millerntor und Deichtormarkt – zwischen Vergnügungsviertel und neuem Kunstzentrum in den ehemaligen Markthallen, könnte man auch sagen –, für den Gesamtverlauf der Ost-West-Straße also, der Aufbau eines städtebaulich eindeutig bestimmten, lebendigen Straßenraums mit eigenständiger Charakteristik zu konzipieren. Dieser Ausbau muß in ganz besonderer Weise auf die latent vorhandenen, städtebaulich nicht wirksam unterstützten Wegebeziehungen eingehen, die zwischen der engeren City um Rathausmarkt und Binnenalster und dem Südrand der Innenstadt an der Elbe entstehen sollten. Es müssen „Brücken" über die Ost-West-Straße entstehen. Solche im wesentlichen stadträumlich ausgeprägten, nicht unbedingt auch baulich ausgeformten „Brücken" über die Ost-West-Straße bieten sich an:

○ zwischen Großneumarkt, St.Michaelis und Schaarmarkt
○ im Zuge des Herrengraben- und Alsterfleets
○ zwischen Großem Burstah, Hopfenmarkt und Deichstraße
○ im Verlauf der Burchardstraße über den Deichtorplatz.

Diese Ziele sind jedoch nur erreichbar, wenn in der Wüste der straßenbegleitenden Baumassen „neue Blumen blühen", neue Bauten mit unverwechselbarer Architektur entstehen, die sich dennoch im Maßstab ihrer Volumen und in ihrer Materialcharakteristik in die übergeordnete Raumgliederung einfügen.

So sollten im östlichen Abschnitt des Straßenzugs Gebäude entstehen, die den Bautyp des Hamburger Kontorhauses funktionell und architektonisch weiterentwickeln und damit den Bezug zum benachbarten historischen Kontorhausviertel nicht leugnen.

Im Mittelteil beiderseits von Alster- und Herrengrabenfleet muß versucht werden, die Raumkontinuität der Fleete mit ihrer „im Wasser stehenden", harten Randbebauung wieder

Die Innenstadt

herzustellen, während im Westteil zwischen St. Michaelis und Millerntor die Räume großzügiger dimensioniert werden könnten und die Bauten die Dominanz der großen Kirche akzeptieren sollten.

Erste Ansätze im Rahmen dieser Gesamtkonzeption sind schon, wenn auch leider mit unterschiedlicher Qualität, realisiert worden, wie der Neubau der Hamburger Sparkasse gegenüber dem Zeughausmarkt (Architekten Schramm, von Bassewitz, Hupertz, Hamburg) und der Kontorhauskomplex der Reederei Transnautic an der Admiralitätstraße (Architekt von Lom, Köln) zeigen.

Im östlichen Raumabschnitt sind einige höchst interessante Bauten in Vorbereitung oder schon im Entstehen.

Der Neubau der Deutsch-Iranischen Handelsbank (Architekt Gottfried Böhm aus Köln), der Komplex des „Neuen Dovenhofs" an der Brandstwiete, entworfen von den Hamburger Architekten Kleffel, Köhnholdt, und das neue Gebäude der Zürich-Versicherung an der Ost-West-Straße, Architekten von Gerkan, Marg + Partner, erfüllen die vorab genannten Ziele hervorragend. Der bereits Mitte der 80er Jahre fertiggestellte Erweiterungsbau des Heinrich-Bauer-Verlags zwischen Burchardstraße und Meßberg, geplant durch das Architekturbüro Graaf, Schweger + Partner, hat hier schon einen hohen Qualitätsmaßstab gesetzt. Mit den Zielsetzungen für die Neugestaltung der Ost-West-Straße als Stadtraum wird noch eine andere wichtige städtebauliche Aufgabe angesprochen, und zwar die architektonische Revitalisierung der südlichen Innenstadt.

Die Ost-West-Straße hat seit ihrer Fertigstellung stets wie eine schier unüberwindbare Barriere zwischen den stadträumlich weitgehend intakten Bereichen der City nördlich der Straße und dem vor dem Zweiten Weltkrieg so lebendigen, auf den Hafen und die Speicherstadt ausgerichteten Citygebiet gewirkt. Das Gebiet südlich der Ost-West-Straße ist auch architektonisch in eine starke funktionale und räumliche Isolierung geraten. Leider wurde mit einem architektonisch ärmlichen Wohnungsbau auf der Cremon-Insel (noch um 1980 entworfen!) die große Chance vertan, zwischen Speicherstadt und City Ost ein lebendiges Quartier mit eigener Ausstrahlungskraft entstehen zu lassen und damit den Bereich südlich der Ost-West-Straße aus seinem Schattendasein zu befreien, wie dies in unmittelbarer Nachbarschaft mit der Rekonstruktion der Deichstraße zumindest versucht wurde.

Die Bebauung auf der Cremon-Insel, an prominenter Stelle gegenüber den wichtigen Speicherbauten und in enger Nachbarschaft zur Hauptkirche St. Katharinen, ist ein spätes Zeugnis für die Unsensibilität von Städtebauern, Architekten und Bauherren in den 70er Jahren, in denen die Eigenarten des Ortes und die Besonderheit einzelner städtebaulicher Situationen so häufig übersehen wurden.

Leider ist das schöne Ensemble der Deichstraße jedoch durch den unförmigen, städtebaulich unerträglich situierten Bau der Landeszentralbank an der Ost-West-Straße so sehr abgeschirmt, daß selbst der einzige bauliche Brückenschlag über die Straße die Isolation des Quartiers nicht mindern

Oben: Der Meßberghof, Architekten Hans + Oskar Gerson, 1923 bis 1924 erbaut, mit dem Neubaubereich des Heinrich-Bauer-Verlags (rechts), Architekten Graaf, Schweger + Partner, 1980/81 fertiggestellt.

Rechts: Die Burchardstraße im Kontorhausviertel mit dem Chilehaus, Architekt Fritz Höger, erbaut 1922 bis 1924, und dem Sprinkenhof, Architekten Fritz Höger und Hans + Oskar Gerson, erbaut 1927 bis 1943.

Die Innenstadt

Projekt für den Neubau der Deutsch-Iranischen Handelsbank. Entwurf: Gottfried Böhm, Köln. Der Bau entsteht in unmittelbarer Nachbarschaft zum Chilehaus. Er wird 1990 fertiggestellt sein.

Projekt für den Neuen Dovenhof, ein Kontorhaus an der Ost-West-Straße/Ecke Brandstwiete. Der sehr strenge und noch umstrittene Entwurf knüpft an den klaren, einfachen Baustil der 50er Jahre an. Die Qualität des Baus wird sich erst in der weiteren Detaillierung beweisen können. Entwurf: Architekten Kleffel + Köhnholdt, Hamburg. Baubeginn 1990.

Die Innenstadt

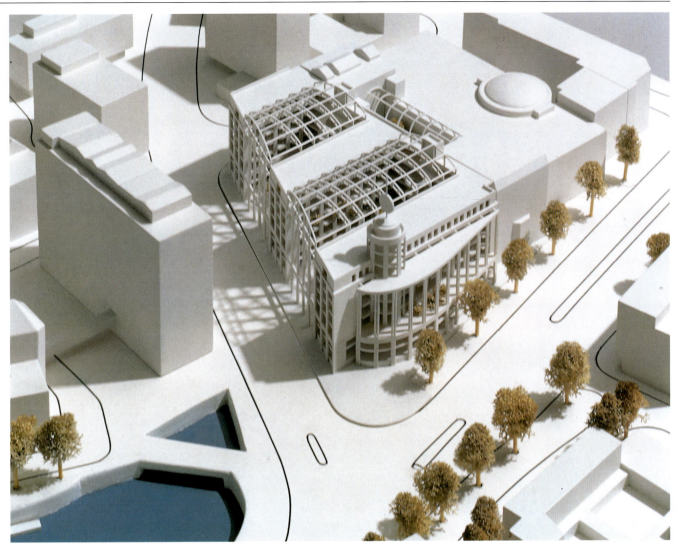

Oben: Projekt für das Kontorhaus der Zürich-versicherung, Ost-West-Straße/Ecke Domstraße. Die Bürotrakte orientieren sich auf geschlossene Wintergärten, um die Lärmeinwirkungen des Straßenverkehrs weitgehend auszuschalten. Entwurf: Architekten von Gerkan, Marg + Partner, Hamburg. Baubeginn 1989.

Folgende Doppelseite: Der Hafenrand an den Vorsetzen nach Ausbau der Hafenrandstraße 1984/87.
Die Baustelle des neuen Verlagszentrums von Gruner + Jahr. Daneben das Überseehaus. Architekten: Graaf, Schweger + Partner. Fertiggestellt 1983/84.

Die Innenstadt

kann. Hier wäre eine mutige, sicher jedoch aufwendige Stadtreparatur im Interesse Hamburgs wirklich sinnvoll. Vielleicht, so ist zu hoffen, kann eine auch baulich manifestierte neue Konzeption für St. Nikolai als Begegnungs- und Mahnstätte sowie eine Stärkung der Funktion und Gestalt des Hopfenmarkts eine Initialzündung für den mittelfristigen Umbau des Gesamtbereichs sein.

Einen ersten Hinweis auf eine mögliche Neubestimmung dieses auch stadtgeschichtlich so prominenten Ortes gibt die Ideenskizze, die Gottfried Böhm, Köln, für St. Nikolai und den Hopfenmarkt geliefert hat.

Auf eine architektonische Wiederbelebung des Hopfenmarkts, als Bindeglied zwischen Innerer City und Hafenrand, könnte auch der feinsinnige Entwurf des Stuttgarter Architekten Frei Otto Einfluß haben, der eine lichtdurchflutete Leichtkonstruktion über dem Grundriß des Kirchenschiffs von St. Nikolai vorschlägt, welche durch eine innere Farbigkeit einen besonderen Zauber erhalten kann. Ob die Anregungen des Hamburger Architekten Walter Bunsmann, nur die ausbaufähigen Gewölbe der Kirche für ein Museum zu nutzen, ausreichen, um neue Impulse für den Gesamtraum zu setzen, bleibt fraglich, auch wenn diese Konzeption den derzeitigen finanziellen Möglichkeiten der Stadt wohl am ehesten Rechnung trägt.

Die Fleetachse

Die bedeutendste, in ihrer Realisierung aber schwierigste städtebauliche Entwicklungsmaßnahme für die Hamburger Innenstadt ist die Ausbildung einer qualitätvollen und räumlich interessanten Verbindung vom Passagenviertel zur Elbe.

Wie häufig wird man am Ende des Neuen Walls oder am Heuberg gefragt: „Wie kommt man denn von hier zum Hafen?" und erntet dann ungläubiges Staunen, wenn der Weg entlang an Alster- und Herrengrabenfleet zum Baumwall gewiesen wird. Denn, jenseits der Stadthausbrücke, über die Ost-West-Straße hinweg in Richtung Stubbenhuk oder Schaarmarkt, breiteten sich bis zum Jahr 1988 nur unwirtliche Ödflächen aus, unterbrochen von wenigen, allerdings höchst reizvollen Baugruppen. Dieses zweifelhafte Ambiente konnte man als Ortsunkundiger allerdings nur entdecken, wenn man den Mut aufbrachte, den schützenden Raum der Großen Bleichen zu verlassen, und bereit war, die abweisende Erdgeschoßzone des Parkhauses am Heuberg und die geschlossene Fassade der Baubehörde an der Stadthausbrücke zu passieren.

Das jahrelange Tauziehen um die Bebauung der Fleetinsel ist letztlich nur erklärbar, weil eine überzeugende städtebauliche Anbindung dieses bis zum Zweiten Weltkrieg so lebendigen Übergangsbereichs zwischen der Geschäftsstadt um die Alster und den Wohn- und Kleingewerbegebieten um den Großneumarkt und die Michaeliskirche fehlte.

So erschien die städtebauliche Konzeption für eine räumlich und architektonisch besonders akzentuierte durchgehende Bebauung entlang der Ufer von Alster- und Herrengrabenfleet als unumgänglich. Doch sie war ohne Auftakt am Westrand des Passagenviertels und ohne Endpunkt am Baumwall

Die Innenstadt

Ausschnitt aus dem Stadtmodell mit dem Neubaukomplex des Verlagshauses Gruner + Jahr im Vordergrund sowie der geplanten Randbebauung am Herrengrabenfleet, mit deren Bau 1990 begonnen wird.

Lageplan des Projekts für das neue Verlagszentrum von Gruner + Jahr am Baumwall, das die Idee der Verlagsstadt mit gedeckten Straßen und Plätzen, Sonderbauten und Häuserzeilen sehr schön erkennbar macht. Architekten: Kiessler und Steidle, München.

Die Innenstadt

Ausschnitt aus dem Arbeitsmodell für das Verlagshaus Gruner + Jahr. Abgebildet ist der Westteil der Hafenfront.

Modellfoto der geplanten Neubebauung auf der Fleetinsel. Im Vordergrund das Alsterfleet mit einem Geschäftshaus am Neuen Wall. Entwurf: Patschan, Werner, Winking. Dahinter der Gebäudekomplex für ein Hotel (Entwurf: von Gerkan, Marg + Partner) und das Kontorhaus Fleethof (Entwurf: Nietz, Prasch, Sigl). Das Modell stellt den Projektstand 1987 dar, in dem noch eine Variante für einen Teilabriß und den Neubau der Wohngebäude an der Admiralitätstraße enthalten sind.

Die Innenstadt

Neubebauung an der Fleetachse im Kreuzungsbereich mit der Ost-West-Straße. Rechts: Projekt der Condor Versicherung, links: Bauten der Reedereien Transnautic und Transglobe, darüber: Projekt zur Erweiterung der Wölbernbank, Entwurf: Marković, Ronai, Lütjen.

Das Herrengrabenfleet
1989 mit der Ellerntors-
brücke im Vordergrund.

nicht erfahrbar und damit nicht realisierungsfähig.

Erst der großzügige Plan für den Umbau des Parkhauses am Heuberg, der Ausbau einer neuen Passagenanlage im Erdgeschoß des Baublocks zwischen Herrengrabenfleet und Heuberg und eine umlaufende – die Straßen- und Platzräume neu definierende – Kontorhausfassade für den „Bleichenhof" (entworfen von den Hamburger Architekten Nietz, Prasch, Sigl), konnte das Ziel, den Auftakt für die neue Fleetrandbebauung zu bilden, erreichbar machen. So wird auch endlich die Bebauung der Fleetinsel nach den Plänen der Architekten von Gerkan, Marg + Partner (Hotelbau) und Patschan, Werner, Winking (Bürobau) mit Gebäuden, die im Neuen Wall und am Graskeller weitere städtebauliche Verbindungen zur engeren City aufnehmen, in naher Zukunft städtebauliche Wirklichkeit werden. Sie würde allerdings Stückwerk bleiben, wenn auf der Westseite des Herrengrabenfleets nicht gleichzeitig eine ebenso reizvolle, wie durch ihre klare Architektur auch städtebaulich leitende, die Orientierbarkeit erleichternde Raumkante entstünde. Sie wird den stadträumlichen Brückenschlag über die Ost-West-Straße bis zur Mündung der Fleete in die Elbe am Baumwall herstellen. Hier bildet das große, aber höchst aufregend gegliederte, die Struktur und den Maßstab des historischen Umfelds zwischen Schaarmarkt und Hafenrand geschickt aufnehmende Verlagszentrum des Medienkonzerns Gruner + Jahr den attraktiven Endpunkt. Über die imponierende Strenge und den sehr spezifischen Charakter der Architektur dieses Gebäudes wird man noch lange streiten. Vor allem die Fachkollegen werden die eigenwillige Interpretation des Genius loci durch die Architekten Kiessler und Steidle aus München schätzen. Auch dürften von diesem Bau wichtige neue Impulse für das das Bauen in Hamburg ausgehen. Der Hafenrand wird einen markanten Verknüpfungspunkt zur Inneren City erhalten.

Passagenviertel, Rathausmarkt, Ost-West-Straße – die Fleetachse zwischen Heuberg und Baumwall –, dies sind die bedeutendsten Aktionsbereiche auch für den Städtebau der Innenstadt in den 90er Jahren. Die Vollendung des Wohn- und Kleingewerbequartiers in der westlichen Neustadt um die Michaeliskirche und den Großneumarkt bis hin zum Holstenwall wird sorgfältiger Förderung bedürfen.

Für alle Teilgebiete gleichermaßen bedeutsam, ja dringend erforderlich, ist jedoch eine Weiterentwicklung der Verkehrskonzeption für die Innenstadt.

Verkehrskonzeption Innenstadt

Einem Gast aus Rom oder London, den mehrfachen täglichen totalen Kollaps des eigenen Cityverkehrs vor Augen, wird die Notwendigkeit einer neuen Verkehrskonzeption für die Hamburger Innenstadt kaum zu vermitteln sein. Wer aber die rapide Zunahme der Verkehrsdichte durch Berufspendler, Wirtschaftsverkehr und Besucher im letzten Jahrzehnt sorgfältig beobachtet hat und die Verrohung der Sitten beim Parkplatzsuchen erlebt, sollte auf Vorsorge für das nächste Jahrzehnt bedacht sein. Hamburgs städtebaulich so erfolgreiche City muß

Kontorhaus, Parkhaus und Einkaufspassage Bleichenhof. Entwurfsskizze von der Bleichenbrücke/ Herrengrabenfleet. Architekten: Nietz, Prasch, Sigl, Hamburg. Fertigstellung 1990.

Die Innenstadt

Neues Verwaltungsgebäude der Reedereien Transnautic und Transglobe an der Admiralitätstraße. Entwurf: Architekt Walter von Lom, Köln. Fertiggestellt 1987/88.

Konzeption des Verfassers für eine weitere Verkehrsberuhigung in der engeren City. Es wird davon ausgegangen, daß die Straßenzüge Poststraße, Große Bleichen und Neuer Wall nur noch stark eingeschränkt für den Individualverkehr zugänglich sein werden und das Parken in diesen Straßen ausgeschlossen wird. Ebenso wird eine Reduzierung der Fahrbahnen auf dem Jungfernstieg und dem Ballindamm sowie eine Herausnahme des Individualverkehrs aus der Mönckebergstraße vorgeschlagen.

ja nicht zwangsweise darauf warten, daß sie eines nahen oder fernen Tages im Verkehr erstickt und das noch eben ertragbare Kleinklima sich zusehends verschlechtert.

Um es jedoch von vornherein deutlich zu machen:

Eine autofreie City zu fordern oder die Erreichbarkeit der City grundsätzlich einschränken zu wollen, hieße, „das Kind mit dem Bade auszuschütten", der Hamburger Innenstadt die Lebensfähigkeit zu nehmen.

Diese City weist weder die bauliche Dichte noch die Enge des Straßennetzes noch die begrenzte Zugänglichkeit, vor allem aber nicht die flächendeckende Individualerschließung wie etwa London oder Rom auf.

Die Hamburger City braucht ein stufenweise realisierbares Verkehrskonzept, das bestimmt wird durch eine Politik der Verkehrsreduzierung, der Verkehrslenkung und der Verkehrsberuhigung. Diese Politik muß der städtebaulichen Ordnung der City, ihren Raumqualitäten und -bedeutungen, konsequent Rechnung tragen, diese achten und fördern.

Aus diesen Forderungen ergeben sich drei unterschiedliche Eingriffsmöglichkeiten in das bestehende Verkehrssystem:

○ Reduzierung des Pkw-Ziel- und Quellverkehrs der City
○ die Erhöhung der Attraktivität und Leistungsfähigkeit des öffentlichen Nahverkehrs
○ die Entlastung der City vom Durchgangsverkehr.

Die Reduzierung des Individualverkehrs, soweit er Ziel oder Quelle in der City hat, ist zweifellos nur durch die Einschränkung des Parkplatzangebots zu erreichen. Dabei kommt der wirksamen Verhinderung des Dauerparkens der Berufspendler vorrangige Bedeutung zu. Also ist eine weitere Umlenkung des Berufsverkehrs auf öffentliche Verkehrsmittel erforderlich. Dies ist nicht ohne umfangreiche Verbesserungen in Komfort, Verkehrsdichte und Preisgestaltung vor allem auf den ins Alstertal und in die Elbvororte gerichteten S-Bahnlinien und im gesamten U-Bahnnetz zu erreichen.

Es gibt viele nachahmenswerte Beispiele für attraktive Ausstattung, hohen Fahrkomfort und spezifisches Ambiente in Schnellbahnhöfen zwischen Stockholm und Mailand, so daß keine Ausrede für den miserablen Zustand von Wagen und Bahnhöfen im Hamburger Schnellbahnnetz zählt. Hier liegen bei vernünftiger und phantasievoller Planung große Chancen, den Attraktivitätsverlust des öffentlichen Nahverkehrs zu stoppen und durch eine neue Qualität auch zu besserem wirtschaftlichem Erfolg zu kommen. Zur Zeit wird das öffentliche Verkehrsnetz kaputt gespart zum nachhaltigen Schaden der Stadt, vor allem aber mit der Folge der Überlastung des Straßennetzes.

Sicher kann auch durch schrittweise Verknappung der Stellplätze in der City eine Reduzierung des Individualverkehrs erzwungen werden. Dies wird auch gleichzeitig zu einer höheren Raum- und Erlebnisqualität für die Innenstadt führen. Die Vorteile für das Erscheinungsbild sind in vielen anderen europäischen Großstädten deutlich erkennbar. So liegt es nahe, im Bereich der engeren City das Straßenrandparken grundsätzlich auszuschließen und etwa für die Haupteinkaufs-

Der Jungfernstieg in seinem historischen Charakter als städtische Promenade. Zukünftige Revitalisierungspläne sollten sich an diesen Proportionen und Gestaltungsqualitäten orientieren.

straßen Neuer Wall, Große Bleichen, Poststraße, Gerhofstraße, ABC-Straße, aber auch für die Mönckebergstraße und Teile der Hermannstraße nur noch eine beschränkte Nutzung für den Individualverkehr vorzusehen. Damit können diese Straßen eine durchgehende Pflasterung erhalten und eine große zusammenhängende Fußgängerzone vom Hauptbahnhof zum Rathausmarkt und von dort bis zum Gänsemarkt bilden. Die Colonnaden schließen dann den Fußgängerring durch Hamburgs City bis hin zum Dammtorbahnhof. Der Wert einer solchen Konzeption wird noch erhöht, wenn am Jungfernstieg und am Ballindamm die zwei alsterseitigen Fahrbahnen aufgegeben werden und damit Raum für eine breite, von zwei bis vier Baumreihen bestandene Promenade entsteht und vor allem am Ballindamm der Gehsteig an den Ladenfronten deutlich verbreitert werden kann.

Für die Gestalt- und Erlebnisqualität des Binnenalsterraums wird so eine neue Dimension erreicht, die die begrenzte Einschränkung der Erreichbarkeit für den Individualverkehr mehr als ausgleicht.

Unterstützt werden kann eine solche Konzeption noch durch die Einrichtung einer Citybuslinie, die neu anzulegende Parkhäuser außerhalb der Innenstadt, etwa an den Standorten Feldstraße/Glacischaussee, Millerntor, Fernsehturm/Lagerstraße im Westen und Lübecker Tor, Högerdamm/Amsinckstraße im Osten mit der City in einer Schleife verbindet und gleichzeitig eine direkte Verknüpfung der Hamburg Messe und der City Süd mit dem Kern der Innenstadt herstellt.

In einem weiteren zukünftigen Schritt in der Verkehrspolitik für die Innenstadt könnte für diese eine generelle Beschränkung des allgemeinen Parkens im Straßenraum eingeführt werden, etwa nach dem Modell der „blauen Zonen" in italienischen und französischen Großstädten. Das Parken wäre dann nur den Anwohnern der jeweiligen Straßen vorbehalten. Ein solches Konzept zur Verkehrsreduzierung in der City verlangt aber auch flankierende Maßnahmen zur Begrenzung des Durchgangsverkehrs. Dies ist nur zu erreichen, wenn konsequent alle Engpässe auf den Ringstraßen, insbesondere auf dem Ring 2, beseitigt werden, die Zufahrt zum Hafen aus der City heraus auf die Veddel verlegt wird und die Autobahnverbindung zwischen der A 7 und der A 1 zur südlichen Randerschließung des Hafens und Anbindung der Gewerbe- und Industriegebiete im Osten Hamburgs an die A 7 gebaut wird. Hier würde sich das Ziel der Einschränkung der Verkehrsbelastung für die Innenstadt und die angrenzenden Stadtteile mit dem Ziel einer besseren Erschließung der Wirtschaftsflächen südlich der Elbe verbinden lassen.

STADT UND HAFEN

Vorhergehende Doppelseite: Der Hafenrand im Bereich der Inneren Stadt zwischen Überseebrücke und Altonaer Fischereihafen.
Links oben das freigeräumte Gelände der ehemaligen Stülckenwerft.

Die Trennung von Stadt und Hafen

Jahrhundertelang waren Stadt und Hafen eine lebendige Einheit. Der Mastenwald der großen Segelschiffe, der farbenprächtigen Flußschiffe, der Kähne und Schuten gehörte zum Stadtbild wie die Türme der großen Kirchen, die Kaufmannshäuser, Speicher und Buden an Straßen und Fleeten. Doch schon wenige Jahre nachdem 1866 mit der Eröffnung des Sandtorhafens mit fester Kaimauer, Eisenbahnanschluß und fahrbaren Rollkränen das erste Hafenbecken fertiggestellt worden war, begann die unaufhaltsame Trennung von Stadt und Hafen. Der Staatsvertrag mit Preußen über die Regulierung des Elbstroms und seiner Seitenarme, vor allem aber der kurz darauf errichtete Bau der ersten Elbbrücken eröffnete die Erschließung des Südufers der Norderelbe und in der Folge des gesamten Stromtals zwischen Hamburg und Harburg. Hafenbecken um Hafenbecken wuchs aus den grünen Elbinseln. Als am 15. Oktober 1881 der Zollanschluß an Preußen vollzogen wurde, war der riesige Freihafen der Hansestadt in seinen Grundzügen fertiggestellt. Der Sprung zum Welthafen war gelungen. Der Bau der Speicherstadt, der ein blühender Stadtteil, in dem fast 25 000 Menschen lebten, weichen mußte, war eine rigorose, aber auch folgerichtige Entscheidung von Politik und Kaufmannschaft der Stadt.
Doch von diesem Zeitpunkt an trennte Stadt und Hafen nicht nur am Zollkanal eine weitgehend unsichtbare, für den Städtebau und das Stadtbild außerordentlich wirksame Grenze. Am gesamten Nordufer der Elbe, vor allem in Altona, das sich konsequent bemühte, einen eigenen Hafen zu entwickeln, mußte die Stadt dem Hafen Raum geben, die neue Zollgrenze achten.
Die Zeit zwischen 1890 und dem Beginn des Ersten Weltkriegs war für Stadt und Hafen eine Phase bis dahin unvorstellbarer Expansion, aber auch technischer, sozialer und ökonomischer Veränderungen, die im Stadtbild ihren Niederschlag fanden wie nie zuvor. Baublock für Baublock wurde sowohl in der Altstadt, im Gebiet des Kontorhausviertels, wie in der Neustadt zwischen Michaeliskirche und Karl-Muck-Platz neu errichtet. Rund um die Binnenalster und das Neue Rathaus wurde die kleinteilige vorindustrielle Stadt abgebrochen und durch großmaßstäbliche Bauten der Kaufmannschaft, der Reedereien, des Groß- und Detailhandels, durch Hotels, Kaufhäuser und Bürobauten – die Kontorhäuser – ersetzt. Allein der Hafenrand zwischen Deichtormarkt und St. Pauli-Landungsbrücken blieb von diesen tiefgreifenden Veränderungen zunächst weitgehend verschont. Im Hafen wuchs auf Steinwerder und auf dem Kleinen Grasbrook zur selben Zeit ein im Stadtbild völlig neuer Stadtteil aus dem Boden, die Stadt der Werften und Docks. Unmittelbar gegenüber der City und dem großen Vergnügungsviertel St. Pauli war auf dem Südufer der Elbe ein in Europa einmaliges Panorama entstanden. Die stets bewegte, faszinierende Kulisse einer Industrielandschaft aus Helgen, Kränen, Schiffskörpern und Masten, mitten im Herzen der Großstadt und doch unzugänglich. Plötzlich aber schien alles vorbei zu sein. Im Ersten Welt-

Stadt und Hafen

Blick auf die Stadt und
„der Schiffe Mastenwald"
vom Stintfang um 1829.
Kolorierter Kupferstich
von C. G. Hansen.

Werften auf Steinwerder. Es sind längst verlorene Baustrukturen, die das Stadtbild Hamburgs und das Hafenerlebnis geprägt haben.

krieg verlor Hamburg seine gesamte Handelsflotte. Auch wenn sich Mitte der 20er Jahre der Hafen schnell wieder belebte und im Schiffbau auf den Werften über 40 000 Menschen arbeiteten, hatte sich für das Stadtbild der Hafenstadt doch eines grundlegend geändert. Der „Schiffe Mastenwald", wie er aus Hamburgs Hymne „Hammonia" überliefert ist, war unwiederbringlich dahin. Dicke Qualmwolken über Elbe und Hafen kündeten vom Sieg der Dampfschiffe.

Strukturveränderungen im Hafen

Nach der Weltwirtschaftskrise folgte eine neue Blütezeit des Hafens während der NS-Diktatur. Durch das Groß-Hamburg-Gesetz von 1937 wurden neben Wandsbek die preußischen Hafenstädte Altona und Harburg eingemeindet. Dadurch fielen vor allem die Altonaer Hafenanlagen zwischen Fischmarkt und Neumühlen und die Harburger Seehäfen an Hamburg. Auf den Werften wurde gearbeitet wie nie zuvor – für den Untergang. Hamburgs Wirtschaft profitierte von der Kriegsindustrie Adolf Hitlers und zahlte einen hohen Preis. Am Ende des Zweiten Weltkriegs waren fast 80 Prozent der Hafen- und Werftanlagen zerstört.

Die Anlagen sind wieder aus den Ruinen erstanden – die Giganten, die Kolosse, die Paläste des Hafens, die Mammutkräne. Wie nach dem Ersten Weltkrieg hat sich das Bild des Hamburger Hafens vor den Augen der Hamburger auch nach dem Wiederaufbau und der neuen Blüte, im Wachstumsrausch der 60er und 70er Jahre, schnell und grundlegend verändert.

Der Hafen hat die Stadt endgültig verlassen, hat sich aus dem Stadtkörper gelöst, ist westwärts gewandert. Auf dem Südufer der Elbe zwischen den St. Pauli-Landungsbrücken und dem Kühlhaus in Neumühlen sind die ehemaligen Altonaer Hafenflächen brach gefallen. Kaum ein Schiff macht noch im Fischereihafen fest. Sandtorhafen und Grasbrookhafen sind leer. Wo vor zwei Jahrzehnten auf Steinwerder und dem Kleinen Grasbrook die Helgen der Stülcken-Werft und die Docks der Deutschen Werft ihre Silhouetten in den Himmel zeichneten – gegenüber der Hafenpromenade an den Vorsetzen der Neustadt –, erinnern einige Gebäudereste noch an die Blüte des Hamburger Schiffbaus.

Diese Entwicklung ist keineswegs ein Hamburger Spezifikum, ein Schicksal, das die Stadt absetzt von anderen Hafenstädten in Europa und Übersee. Venedig, London, Neapel, Liverpool, New York oder Amsterdam, Vancouver und Boston: Städte, die ihre Größe und ihren Reichtum ihren Häfen, ihrer Lage am Wasser, an großen Flüssen, an tiefen Buchten, an den Küsten der Ozeane verdanken, sie alle teilen das Schicksal Hamburgs in ihren historischen Hafengebieten.

Gestern noch waren die Hafenstädte Jugendträume unzähliger Matrosen, Zielorte des Fernwehs der Landratten, geheimnisvolle Stätten der Abenteuer des seefahrenden Volkes.

Heute sind sie nur noch Stationen einer Touristenunrast oder für wenige Stunden Halteplätze großer Containerschiffe, die meisten von ihnen nicht einmal das.

Viele dieser Städte wurden Residenzstädte, weil sie zuvor und zugleich

Oben: Die Speicherstadt um 1890.

Unten: Im Ostteil der Speicherstadt sind die Speicherbauten noch im Bau.

Bedeutung erlangt hatten als Hafenstädte. Andere wurden Industriezentren, Zentren von Kultur, Wissenschaft und Politik. Andere Städte bildeten sich zu Metropolen des internationalen Handels aus, weil zuvor ihre Funktion als Hafenstadt Menschen aller Begabungen und Interessen aus vielen Ländern angezogen hatte, lange bevor die erste Eisenbahn fuhr oder das erste Flugzeug flog.

Man sollte meinen, daß die Gestaltung der Stadt am Hafen, der funktionalen und räumlichen Verknüpfung von Stadt und Hafen eine höchst fesselnde Aufgabe für Politiker und Kaufleute, für Architekten, Ingenieure und Stadtplaner war und ist. Doch dies war und ist nicht der Fall, nicht in Hamburg und kaum in einer der anderen großen Hafenstädte.

Sie alle standen lange Zeit weitgehend konzeptionslos den schleichenden Strukturveränderungen, dem baulichen und wirtschaftlichen Niedergang der Übergangszonen zwischen Hafen und Stadt und der alten Hafenviertel gegenüber.

Erst heute, nachdem dieser Niedergang der stadtnahen Hafengebiete in fast allen großen Hafenstädten unübersehbar geworden ist, werden die außerordentlich faszinierenden Chancen für eine städtebauliche Verbindung von Stadt und Hafen erkannt. Vancouver und Boston, New York und Liverpool, Rotterdam und London haben mit großem Erfolg die Neuordnung der brach gefallenen historischen Hafenzonen, die Neugestaltung des Stadtrands am Hafen, die Stadterweiterung in den Hafen hinein zu einer zentralen Aufgabe ihrer innerstädtischen Entwicklungspolitik gemacht.

Hamburg hat es noch vor sich, diese Aufgabe konsequent anzugehen, auch wenn diese planerisch weitgehend vorbereitet ist.

Entwicklungskonzepte

Die städtebaulichen Entwicklungsmodelle der Stadt haben seit den 20er Jahren nie auf die besondere Einheit von Stadt und Hafen Rücksicht genommen. Fritz Schumachers Achsenmodell war eine Konzeption, die ganz konsequent auf den Städtebau entlang bestehender, überwiegend aber neu zu schaffender Infrastrukturlinien auf der Geest ausgelegt war. Dieses Leitbild hat – wie schon dargestellt – auch in den ersten drei Jahrzehnten nach dem Zweiten Weltkrieg mit Aufbauplan und Stadtentwicklungsmodell Bestand gehabt. Das Freihafengebiet im Urstromtal der Elbe war mehr erzwungen als planerisch integriert, der notwendige Bruch im Idealkonzept. Sowohl in der Hafenentwicklungsplanung als auch in den städtischen Neuordnungsstrategien für die Innere Stadt, für St. Pauli, für Neu-Altona im Westen und für Hammerbrook im Osten der City war der Nahtstelle zwischen Stadt und Hafen nur die Nebenrolle einer undefinierten Randzone zugewiesen worden. Für St. Pauli und Altona galt dies um so mehr, als alles Trachten der Planer darauf gerichtet sein mußte, den Eindruck zu vermeiden, den Ideen von Konstanty Gutschow, dem „Architekten des Führers für die Gestaltung des Elbufers", zu nahe zu kommen. Dies ist heute verständlich, war aber in der Konsequenz unsinnig. An Gutschows Konzept war nicht die Idee

Stadt und Hafen

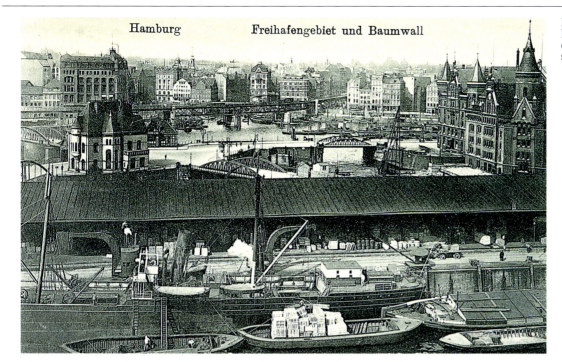

Lebendige Szenerie des Hafenumschlags vor der Kulisse der Innenstadt um 1905.

Hafenumschlag heute. Stadtferne, großflächige Container-Lagerplätze bestimmen weite Teile des Hafenbilds.

Das Kehrwiederfleet im Novemberlicht.

an sich – die Stadt an die Elbe zu bringen, der Hafenstadt Hamburg eine Orientierung zur Elbe und zum Hafen zu geben – falsch. Die Funktionen und der städtebauliche Maßstab, in denen Gutschow seine Ideen verwirklichen wollte, waren falsch. So ist es nicht verwunderlich, daß die offensichtlichen Strukturveränderungen im Seetransport, in der Umschlagtechnologie, im Schiffbau und in der Fischereiwirtschaft in ihrer Bedeutung für die Stadt- und Hafenstruktur nicht wahrgenommen wurden. Die Konzentration auf den Wiederaufbau, das Wachstum der Stadt entlang der Entwicklungsachsen und die Ausrichtung städtebaulicher Gestaltungsaktivitäten auf den Cityraum um die Binnenalster mußten zwangsläufig den Hafenrand am Nord- und Südufer der Elbe zu einem städtebaulichen Niemandsland werden lassen.

So ist es auch nicht verwunderlich, daß die ersten Bemühungen um eine umfassende städtebauliche Initiative zur Reintegration des Hafenrands in die Innere Stadt teils auf Desinteresse, teils auf latente Opposition stießen. Opposition vor allem von denjenigen in Politik und Wirtschaft, die die vorhandenen Restnutzungen der Hafenwirtschaft mehr aus Sentimentalität und aus einer – wohl in viele Hamburger eingepflanzten – Tabuisierung all der Elemente und Räume, die zum Hafen gehören, als aus wirtschaftlichem Kalkül verteidigten. Viele zeigten Desinteresse, weil mit Weitsicht zu handeln und die Pflicht, Vorsorge zu treiben, mühsam und konfliktreich geworden sind in einer Zeit, in der kleinräumige, lokale Konflikte von heute die Politik weit mehr beschäftigen als Programmarbeit für die langfristigen Perspektiven.

Es gibt wohl auch eine verständliche Scheu von Planern und Architekten, sich angesichts des verfügbaren Planungs- und Gestaltungsrepertoires mit dem „Hafenmilieu", seinen Nischen und Brüchen, mit der Dimension der freien Brachen, mit der Heterogenität der existierenden baulichen Ensembles, aber auch mit der Kraft und Dimension der Hafenarchitektur selbst, der Speicher und Docks, der Kräne und Brücken, mit der Faszination der Schiffsbewegungen auseinanderzusetzen.

Welche Gründe auch immer noch bis etwa 1985 eine konsequente Hafenpolitik behindert haben, heute ist die städtebauliche Neuordnung und Entwicklung der fast sieben Kilometer langen Zone zwischen den Norderelbbrücken im Osten und dem Kühlhaus Neumühlen eine der wichtigsten, sicher die faszinierendste und für die Stadt zukunftsträchtigste Aufgabe der Stadtentwicklung für die 90er Jahre und vielleicht darüber hinaus.

Grundzüge der zukünftigen Planung

Es ist schon früh deutlich geworden, daß das Entwicklungsprogramm für den Hafenrand nicht lediglich auf die Revitalisierung brach gefallener Flächen in der schmalen Zone entlang des nördlichen Elbufers und um den Sandtorhafen ausgerichtet werden darf. Es müßte ein integriertes Programm für die Hafenrandentwicklung und die Innere Stadt entwickelt werden, das städtebaulich und funktional die City und die benachbarten Bereiche Hammerbrook, St.Pauli-Süd, Neu-Altona, aber auch die Altstadtgebiete von Altona und Ottensen mit dem Hafenrand verknüpft. So sollen die jeweiligen Projektbereiche am Elbufer nicht nur über die 1987/88 fertiggestellte Hafenrandstraße mit ihrer Uferpromenade auf den Hochwasserschutzanlagen untereinander, sondern auch mit den städtebaulichen Ordnungsmaßnahmen in der Inneren Stadt in Beziehung gesetzt werden. Dies kommt in den vier wichtigsten Aspekten der Hamburger Hafenrandpolitik zum Ausdruck, die noch einmal dargestellt werden sollen:

1. Die City braucht Erweiterungsraum, kurzfristig, in attraktiver Lage und in enger räumlicher Verflechtung. Die Flächenreserven in der Innenstadt sind erschöpft. Für die 90er Jahre sind neue Unternehmen für Hamburg nur an international konkurrenzfähigen Standorten zu gewinnen. Das Gebiet zwischen Zollkanal und Norderelbe – das Gebiet um die Speicherstadt also – und zuerst die südlich an die Speicherstadt selbst angrenzenden Gebiete bilden den wichtigsten Erweiterungsraum für die City. Diese Gebiete sind unbebaut, sie liegen weitgehend brach, sie sind hervorragend erschlossen, und sie sind, selbst zu Fuß, in wenigen Minuten vom Hamburger Rathaus aus zu erreichen.

2. Die Erlebbarkeit des Hafens als integrierter Teilraum der Stadt ist wieder herzustellen. Diese Erlebbarkeit war ein wesentliches Element der Faszination, die Hamburg noch nach dem Zweiten Weltkrieg und viele, viele Jahrzehnte davor hatte. Es muß gemeinsames Ziel von Städtebau und Hafenentwicklungspolitik sein, das Südufer der Elbe zwischen Finkenwerder und den Norderelbbrücken funktional und baulich zu reaktivieren, Impulse für die Entwicklung der Stadt im Hafen und gleichzeitig für die Hafenentwicklung selbst zu geben.

3. Das Gebiet um die Reeperbahn, das alte St. Pauli, „sailor's town", die sündigste Meile der Welt, bedarf einer grundsätzlichen Revitalisierung als Wohnort, als Arbeitsstättenort, auch als Touristenattraktion, als Ort der Kultur und als Ort des Vergnügens. Es ist verwunderlich, daß es der Stadt bisher nicht gelungen ist, dieses ehemals so faszinierende Quartier funktional und gestalterisch mit neuem Leben zu füllen. Eine städtebauliche Reorganisation wird eine der wichtigsten, sicher auch eine der komplexesten Erneuerungsaufgaben der nächsten Jahrzehnte sein.

4. Die Stadt muß und wird ihre einmaligen Chancen nutzen, eine neue städtebauliche Beziehung zum Hafen und zur Elbe am nördlichen Elbufer herzustellen. Die Interessen der Stadt, günstige Standorte in „atmosphärereicher Situation" vor allem für Unternehmen des Mediensektors, der Hafenwirtschaft und für andere Dienstleistungsbereiche zu schaffen, müssen mit den Interessen des Hafens – „Landstege" am Nordufer zu erhalten (aber nicht mehr) – harmonisiert werden. Das Nordufer der Elbe ist zu wertvoll,

Stadt und Hafen

St. Pauli Reeperbahn. Aus dem weltberühmten Vergnügungsviertel ist eine aufreizende Kulissenszenerie à la Las Vegas mit primitiver Prägung geworden. Es wird schwer werden, dieses Quartier wieder zu der Mischung aus echter Touristenattraktion, bürgerlichem Vergnügungsviertel, Stätte der Kleinkunst und Musikkultur zu machen, die seinen Ruf einmal begründet hat.

Abendstimmung an der Großen Elbstraße zwischen Altonaer Fischmarkt und Fischereihafen.

um dort noch länger in verrotteten Kühlschuppen EG-Butter zu lagern oder Baustofflager zu pflegen.

Zweites Hamburger Bauforum

Die Stadt auch städtebaulich und architektonisch auf die Elbe auszurichten, Hamburg als Hafenstadt, als Stadt am Fluß für ihre Bürger und die Besucher aus aller Welt erlebbar zu machen, war der Beweggrund für eine außergewöhnliche Planungsinitiative. Das II. Hamburger Bauforum 1985, ein internationales Symposium über die zukünftigen Gestaltungsmöglichkeiten am Nordufer der Elbe in den brachliegenden Bereichen ehemaliger Hafenanlagen, sollte als Aufbruch zu neuen Ideen genutzt werden. Die Idee für dieses Symposium war einfach. Architekten aus nah und fern sollten in einem großen, öffentlichen Atelier gemeinsam arbeiten, diskutieren und natürlich auch feiern. Ergebnis dieser zwanglosen, aber letztlich doch als edler Wettstreit gedachten Werkstattarbeit sollten städtebauliche Anregungen sein, flüchtige Modelle, skizzenhaft zu Papier gebrachte, in Pappe und Kunststoff geschnittene Konzepte. Sie konnten, animiert vom Genius des Ortes, direkt am Altonaer Hafenrand vis-à-vis zur großartigen Kulisse der Werften auf dem anderen Flußufer, nur als spontane Reaktionen auf die gestellte Aufgabe entstehen. Gut 80 in- und ausländische Architekten waren eingeladen, junge Fachkollegen und Studenten gesellten sich dazu. Es war die Zielsetzung der Baubehörde, durch eine sehr offene Aufgabenstellung den Ideenreichtum, die Experimentierfreude, auch den Mut zur Persiflage, zu Ironie und satirischer Übertreibung nicht zu begrenzen, ohne dabei die Chance auszulassen, auch eine Vielzahl sehr konkreter, schon morgen oder übermorgen realisierbarer Projektansätze zu gewinnen.

Das für alle Beteiligten, für Bürger und Politiker gleichermaßen überraschende Ergebnis war eine nicht erwartete Fülle von Ideen und Konzepten. Sie machte deutlich, welch ungeheuer große Chance für eine neue städtebauliche Entwicklung sich Hamburg tatsächlich am Nordufer der Elbe bietet. Neue Gestaltungsimpulse, aber auch neue Impulse für eine wirtschaftlich bedeutsame Neuorientierung wurden gesetzt. Die Provokation einer neuartigen, zunächst als sehr ungewöhnlich empfundenen Veranstaltung in einem stimulierbaren Rahmen hat für Hamburg Kreativität und Phantasie von Architekten freigesetzt, wie es in dieser Dichte und Qualität nur selten geschieht. Es war ein Fenster geöffnet worden für den Blick auf eine große Bauaufgabe der Stadt, dort, wo sich Stadt und Hafen am nächsten sind, wo die Stadt im Fluß am eindringlichsten erlebbar gemacht werden kann.

Die Hamburger Stadtplanung hat in den letzten Jahren diese Aspekte in ein Gesamtentwicklungskonzept umgesetzt. Dieses Konzept stellt kein Großprojekt dar. Es stellt auch keine durchgehende Planungskonzeption vor. Es geht davon aus, daß Bereich für Bereich nach den individuellen örtlichen Gegebenheiten auch individuelle Entwicklungsimpulse gesetzt werden und individuelle städtebauliche und architektonische Lösungen für die Bebauung gefunden werden. Es kann

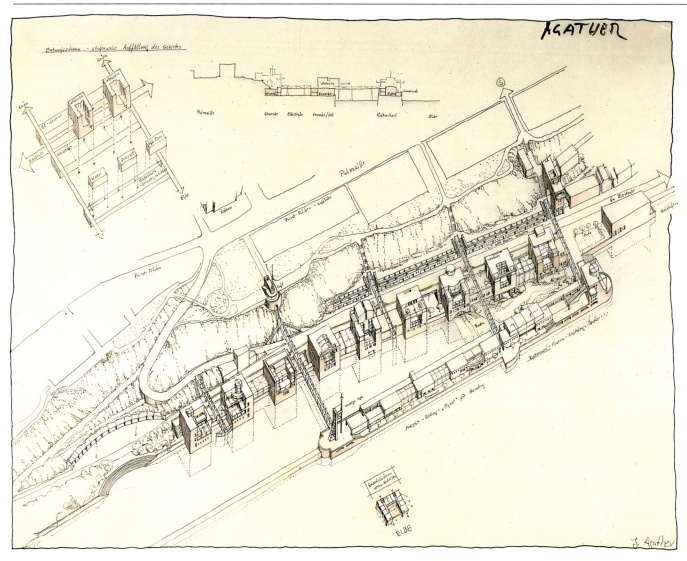

Wohngebäude in speicherähnlichen Baukomplexen über zweigeschossigen Gewerbehallen unmittelbar am Elbufer. Davor liegt eine Freizeitlandschaft anstelle des heute geplanten Fährterminals.
Entwurf: J. Agather, Hamburg, auf dem II. Hamburger Bauforum.

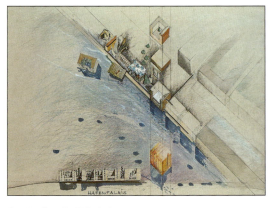

Studie für die Uferbebauung der Arbeitsgruppe Meinhard von Gerkans. Auf der Uferkante stehen sechsgeschossige Gebäudeblocks, den alten Speichern ähnlich, „Hafenpalais" von den Verfassern genannt.

Stadt und Hafen

Peter Cook, Christine Hawley und Ron Herron aus London konzipierten eine Kette von „piers", die von der Geestkante auf die Elbe hinausführen und im Wasser stehende Wohn- und Bürotürme erschließen.

Die Vision einer grandiosen Promenade am Altonaer Geesthang. Hängende Gärten, Arbeiten und Wohnen in Gebäudebrücken zwischen Stadt und Hafenrand. Projekt von Manolo Nuñez und seinen Partnern auf dem II. Hamburger Bauforum 1985.

Wohntürme auf Pfeilern an Land und im Wasser mit Fußgängerbrücken verbunden, Entwurf durch die Gruppe Alsop + me di um.

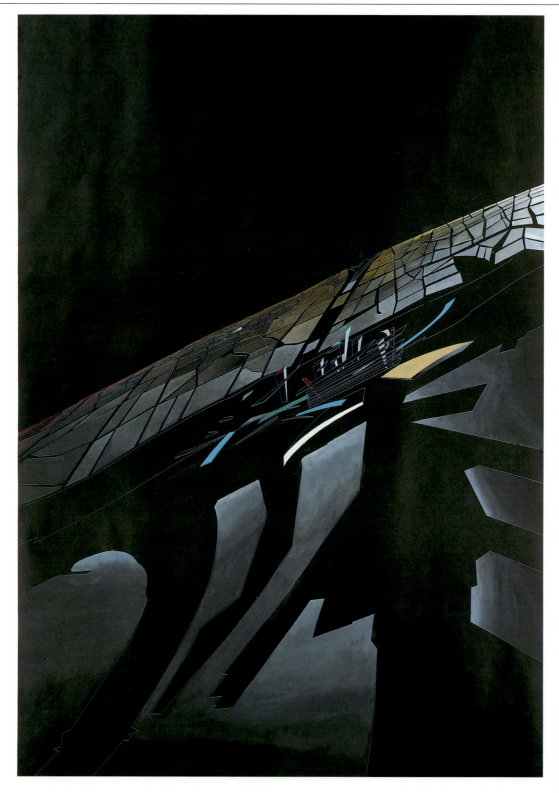

Stadt im Fluß, eine künstlerische Vision der in London lebenden irakischen Architektin Zaha Hadid und ihrer Arbeitsgruppe auf dem II. Hamburger Bauforum 1985.

und darf auch kein verbindliches Realisierungsprogramm in Zeit- und Maßnahmeschritten geben. Hamburg ist in der glücklichen Situation, daß es keinen Big Bang fürchten muß und keinen explosiven Aufschwung, wie ihn London zu erwarten hat. Hamburg ist auch in seinem städtebaulichen Maßstab eindeutig geprägt, so daß Hochhaus-Skylines, wie sie in Rotterdam oder New York geplant sind, nicht befürchtet werden müssen. Die räumliche Konfiguration, der bauliche Maßstab und auch das architektonische Klima sind im gewissen Rahmen vorgeprägt. Dennoch wird es darauf ankommen, in diesem vorgegebenen Rahmen eine Architektursprache zu entwickeln, auch Vielfältigkeit in der Architektur, Überraschungsmomente, Fremdkörper und Brüche entstehen zu lassen, die den unverwechselbaren Charakter der Orte in dieser Übergangszone zwischen Stadt- und Hafenlandschaft prägen werden.

Daß dieses Ziel in den letzten Jahren bereits erfolgreich verfolgt worden ist, dafür legen die ersten Neubauten am Hafenrand, das Verlagszentrum von Gruner + Jahr am Baumwall, der Turmbau des Hotels Hafen Hamburg am Hafentor und die Wohnbebauung am Altonaer Fischmarkt Zeugnis ab.

Die „Perlenkette"

Machen wir uns auf zum Spaziergang entlang des Hafenrands und lassen wir unserer Phantasie ein wenig freien Lauf, um einen Eindruck von Hamburgs Hafenfassade zum Ende dieses Jahrhunderts zu gewinnen.
Wir sollten am Nordufer des Oberhafens beginnen, an der Großmarkthalle, dem wohl schönsten Bau, den der Architekt Bernhard Hermkes für Hamburg entworfen hat.

Ist Hamburgs Bewerbung um die Austragung der Olympischen Spiele im Jahr 2004 erfolgreich, werden hier und südlich des Oberhafens auf dem ehemaligen Güterbahnhof des Klosterhafens die ersten Kräne errichtet sein für den Aufbau eines großen Sportzentrums, dessen Mittelpunkt das Olympiastadion zwischen Brooktorhafen und Baakenhafen sein wird. Entlang des Mittelkanals wird eine städtebauliche Raumachse die City Süd in Hammerbrook an den Hafenrand führen. Eine neue Doppelbrücke über den Oberhafen wird einen der zwei Hauptzugänge zum Olympiastadion aus der Stadt markieren. Doch dies ist wirklich Zukunftsmusik.

Der eigentliche, heute schon erlebbare Auftakt zur baulichen Neugestaltung des Hafenrands wird durch den historischen Deichtormarkt mit den restaurierten Blumenmarkthallen gebildet. Hier ist ein international stark beachtetes Ausstellungszentrum für zeitgenössische Kunst entstanden.

Am Zollkanal hat ein neuer Gebäudekomplex die städtebauliche Verbindung zwischen dem Kontorhausviertel und der Speicherstadt wiederhergestellt.

Die Ericusspitze, der Kopf der Speicherstadt, ist architektonisch prägnant überbaut, den städtebaulichen Maßstab der Speicherstadt aufnehmend, doch expressiv die Südostspitze der über den Zollkanal und die Speicherstadt hinaus erweiterten City markierend.

So gelangen wir fast zwangsläufig in die lebendige Welt der Fleete und Spei-

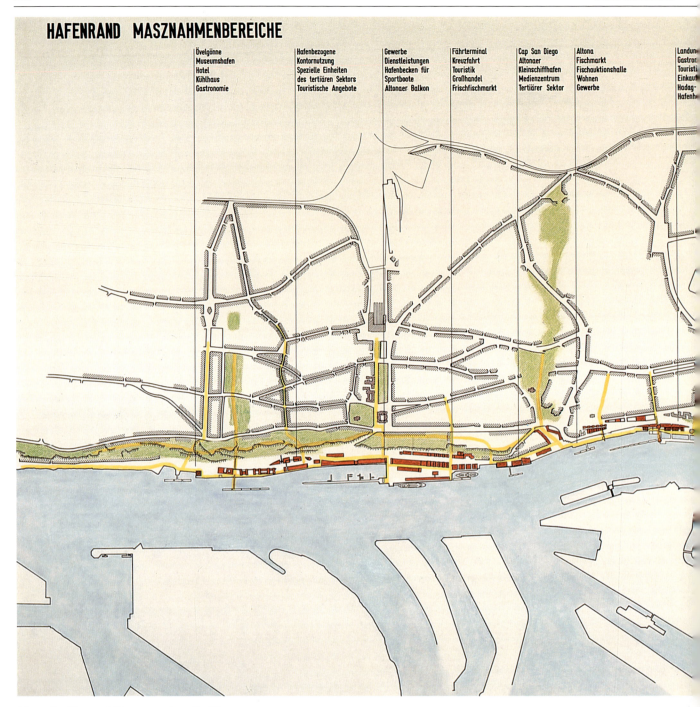

Oben: Grobkonzept für die Entwicklung des Hafenrands zwischen Deichtormarkt und Neumühlen. Die einzelnen Projektbereiche und ihre stadträumliche Verbindung zum Siedlungskörper der Inneren Stadt machen die Chancen deutlich, die Hamburg nutzen kann, in den 90er Jahren eine neue Elbfront zu entwickeln, die eine städtebauliche und funktional harmonische Verbindung von Altem und Neuem ermöglicht.

Stadt und Hafen

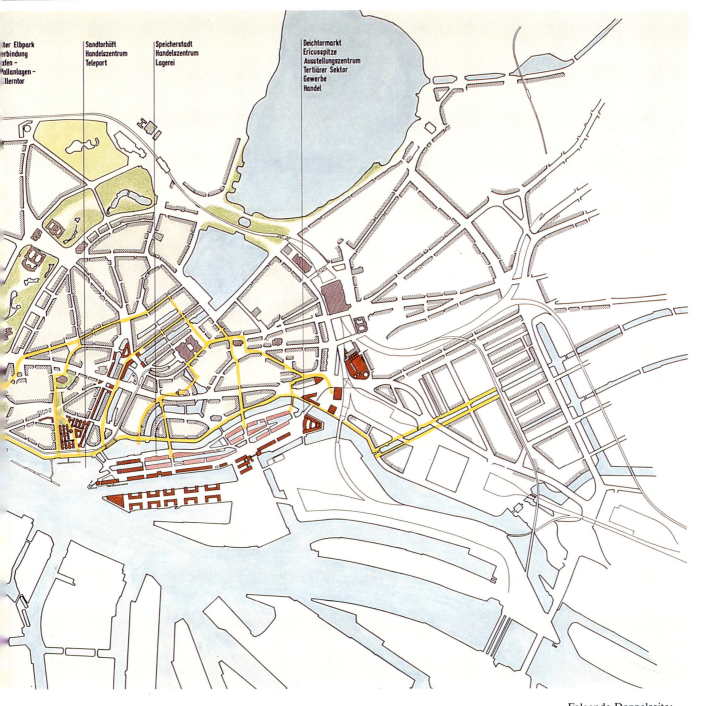

Alter Elbpark
Hafenverbindung
Wallanlagen-Millerntor

Sandtorhöft
Handelszentrum
Teleport

Speicherstadt
Handelszentrum
Lagerei

Deichtormarkt
Ericusspitze
Ausstellungszentrum
Tertiärer Sektor
Gewerbe
Handel

Folgende Doppelseite:
Die instandgesetzten
Deichtormarkthallen von
der Oberhafenbrücke aus
gesehen. Architekt der
1911 bis 1913 gebauten
Hallen: Baubehörde, Amt
für Ingenieurwesen. Ausbau zum Ausstellungszentrum 1989, Entwurf:
J. P. Kleihues, Berlin.

Östliche Innenstadt. Ausschnitt aus dem Stadtmodell. Im Vordergrund sind mögliche Bebauungsformen für die Ericusspitze und eine Fassung der Ost-West-Straße gegenüber dem Meßberghof erkennbar. Dahinter die in Vorbereitung befindlichen Neubauten an der Ost-West-Straße.

cherreihen im alten Wandrahmviertel, in dem sich Teppichlager und Gewürzverarbeitung mit neuem Gewerbe und Handel, mit Unternehmen der Medienbranche und der Hafendienstleistungen mischen, wie in den Neubauten auf dem Gelände der ehemaligen Zollanlagen am Brooktorkai und beiderseits des Sandtorhafens schon praktiziert. Hier überwiegen allerdings Büros internationaler Handelsgesellschaften und Dienstleistungsunternehmen.

Die künftige Hafencity – ein Zukunftsspaziergang

Die Speicherstadt ist zum integrierten Teil der Hamburger Innenstadt geworden. Die „Hafencity" ist wirtschaftspolitisch, gesellschaftlich und kulturell zu einem bedeutenden Impulsgeber für den Ausbau Hamburgs zu *der* nordeuropäischen Metropole geworden. Das Wahrzeichen dieser Hafencity ist ein Gebäudekomplex, der sich wie ein hoher Schiffsbug am Sandtorhöft in die Elbe reckt mit turmartigen Aufbauten, ein spannungsreiches Bauwerk aus Ziegelmauerwerk mit plastischen Glaselementen. Er erinnert an den alten, allen Hamburgern einst ans Herz gewachsenen Kaiserspeicher.

Dieser westliche Kopf der Speicherstadt hält spannungsreiche Zwiesprache mit dem neuen Verlagszentrum von Gruner + Jahr am Baumwall, das sich nun bis an das Herrengrabenfleet ausgedehnt hat und durch ein höchst skurriles Turmgebäude eines jungen englischen Architekten an der Ecke Baumwall/Stubbenhuk auffällt.

Bis zu den Landungsbrücken führt der Weg über die endlich neugestaltete Promenade an den Vorsetzen. Sie hat ein Klinkerkleid erhalten.

Neben der „Rickmer Rickmers" liegt nun auch der letzte der großen P-Liner, die „Passat", die die Stadt Lübeck großzügigerweise im Tausch gegen einige kleinere Museumsschiffe an ihren alten Heimathafen zurückgegeben hat. Vom Stintfang, auf dem nach Abbruch der Jugendherberge ein weit in den Elbstrom hineinwirkendes Jugendhotel, im Umriß der alten Seewarte ähnlich, entstanden ist, hat man einen herrlichen Blick über die restaurierten St. Pauli-Landungsbrücken. Westlich davon, gleich hinter dem immer noch imposanten Kuppelbau des Alten Elbtunnels, wird der Komplex der Neuen St. Pauli-Markthallen sichtbar, ein langgestreckter, leicht terrassierter Baukörper, der sich mit einem fast 120 m langen, gewölbten Wintergarten zur Elbe hin öffnet. Marktleben und Musikveranstaltungen über den alten Riverkasematten, Gastronomie, ein Stück maritimes Museum, Ausstellungen zur Arbeit im Hafen, im Schiffbau und auf See füllen das filigrane Gebäude.

Schräg gegenüber an der Hafenstraße wird immer noch gebaut. Doch die zukünftige Hafenfront am Südrand von St. Pauli hat bereits Konturen angenommen. Wo um 1900 eine geschlossene Kulisse gründerzeitlicher Fassaden unterhalb von Pinnasberg und Bernhard-Nocht-Straße den Hafenrand bildete, zeichnet sich heute ein höchst lebendiges, buntes Ensemble alter und neuer Bauten ab, die sich in der Lebendigkeit ihrer Architektur oder auch noch in ihrer Bemalung gegenseitig zu übertreffen versuchen. Die betuliche Backsteinarchitektur der

Folgende Doppelseite: Speicherbauten am Wandrahmfleet.

Blick auf die Speicherstadt von Westen. Im Vordergrund die unbebauten Flächen auf dem Sandtorhöft und dem Sandtorhafen, die sich für eine städtebauliche Ergänzung der Speicherstadt anbieten.

Stadt und Hafen

Ideenskizze des Verfassers zur Ergänzung der Speicherstadt im Bereich des Sandtorhöfts, entlang des Sandtorhafens und beiderseits des Kehrwiederfleets hinter der Kehrwiederspitze.

Dem neuen Baukomplex auf dem Sandtorhöft kommt die Aufgabe zu, die dominierende Position des nach dem Krieg abgerissenen Kaiserspeichers zu übernehmen und den westlichen Kopf der Speicherstadt zu akzentuieren. Die übrigen Bauten sollen im Maßstab ihrer Bauvolumen und in ihrer Materialcharakteristik die Bauten der Speicherstadt ergänzen, ohne daß auf neue Architekturformen und eine zeitgemäße, die Andersartigkeit der Nutzung dieser Bauten zum Ausdruck bringende Architektursprache verzichtet werden muß.

Bebauungsstudie für die brachliegenden Zonen im Westen der Speicherstadt beiderseits des Sandtorhafens. Deutlich erkennbar ist der städtebauliche Zusammenhang mit der Bebauung am Baumwall und an den Vorsetzen. Ausschnitt aus dem Stadtmodell, Stand 1987/88.

Wohngebäude, die den wiederhergestellten Fischmarkt säumen, wirkt dagegen fast ein wenig deplaziert. Auch wenn sich das Ensemble zusammen mit der Mitte der 80er Jahre wiederhergestellten Fischauktionshalle beim Publikum nach wie vor größter Beliebtheit erfreut, während die Bebauung an der Hafenstraße noch so manches Kopfschütteln hervorruft. Auch wenn die Bauten von Zaha Hadid und Alsop und Lyall aus London inzwischen Zielorte eines internationalen Architekturtourismus geworden sind.

Ähnlich bunt geht es beiderseits des Altonaer Kleinschiffhafens zu. Hier, zwischen dem wichtigen Komplex der alten, inzwischen umgenutzten Mälzerei und dem ehemaligen Fischereihafen, sozusagen an Luv und Lee der Haifischbar, haben sich viele kleine und etliche größere Betriebe der Medienbranche angesiedelt, Künstler, freie Berufe und hafennahes Gewerbe dazu. Das architektonische Ambiente erinnert an die Zeit, als die Speicherkette am Elbufer und die hohen und niedrigen Wohn- und Gewerbegebäude zwischen Großer Elbstraße und der Breiten Straße oben auf dem Geesthang noch das alte Hafenviertel bildeten. Doch durch manch expressives Architekturdetail wird darauf hingewiesen, daß hier ein gestalterisch sehr sorgfältig geplantes, auf den Ort und die Zeit abgestimmtes Ensemble entstanden ist.

Im westlich angrenzenden Komplex des ehemaligen Altonaer Fischereihafens wird gebaut, umgebaut, aufgestockt, neu gebaut. Der Fischgroß- und -einzelhandel hat sich hier ein neues Zentrum geschaffen, das sich gut verträgt mit den touristischen und gastronomischen Einrichtungen des benachbarten Fähr- und Kreuzschiffterminals. Endlich ist auch das zur Abrundung des städtebaulichen Ensembles über dem Fischereihafen so wichtige Hotel entstanden und der dritte Bauabschnitt des Terminalgebäudes fertiggestellt.

So betrüblich es auch für Hamburg und seine Besucher ist, daß die Kreuzfahrtschiffe und die Englandfähre nicht mehr in der Stadt ankommen und im Angesicht der Turmkulisse und der mächtigen Bauten der Speicherstadt ankern, der mutige Bau der Terminalanlage versöhnt ein wenig mit der falschen Standortentscheidung. Endlich ist auch die Elbuferpromenade von den Landungsbrücken bis nach Övelgönne, mal offen, mal unter Arkaden geführt, weitgehend fertiggestellt.

In Neumühlen, unterhalb von Donnerspark und Rosengarten, führt sie landseitig an mehreren hufeisenförmig ausgebildeten Gebäudekomplexen vorbei, deren glasüberdachte Höfe und Veranden sich zur Elbe öffnen. In die unteren Geschosse sind Gewerbebetriebe und die Kontore kleinerer Dienstleistungsunternehmen eingezogen. In den Obergeschossen finden sich hier und dort Wohnungen, wie im mächtigen Kubus des Neumühlener Kühlhauses auch. Dieses wird von einer gläsernen Kuppel gekrönt, in der ein Ausflugslokal seinen Gästen einen hinreißenden Blick über die Elbe und den Hafen bietet. Einen ähnlich schönen Blick genießen auch die Mitarbeiter der Werbeagentur, die im alten Getreidespeicher am Kaischuppen D im Obergeschoß arbeiten.

Die St. Pauli Landungsbrücken mit dem Projekt für neue Markt- und Veranstaltungshallen westlich des Alten Elbtunnels und mit einem kleinen Turmhotel in der Achse der Davidstraße. Im Vordergrund das Projekt für ein neues Lager- und Handelszentrum auf dem Gelände der ehemaligen Stülckenwerft. Entwurf: me di um, Hamburg.

Stadt und Hafen

Projekt für ein neues Lager- und Handelszentrum auf dem Gelände der ehemaligen Stülckenwerft. Modellfoto von der Elbe aus, Entwurf: me di um, Hamburg.

Projekt für ein Wohn- und Ateliergebäude zwischen Bernhard-Nocht-Straße und Hafenstraße. Architekten: Alsop + Lyall, Ingenieure Ove Arup + Partner, London. Das Gebäude soll mit seiner lebhaften Fassadengestaltung und den konstruktivistischen Elementen gleichzeitig Beziehung zum Wohnprojekt an der Hafenstraße und zur Hafenkulisse auf dem Südufer der Elbe aufnehmen.

Oben: Projekt für ein Wohn- und Ateliergebäude an der Bernhard-Nocht-Straße (links) und der Hafenstraße (rechts), Schnittzeichnung. Entwurf: Alsop + Lyall, London, 1989.

Folgende Doppelseite: Altonaer Fischmarkt. Links die restaurierte Fischauktionshalle. Architekt: Günter Talkenberg, Hamburg. Dahinter der markante Eckturm der Wohnbebauung auf der Westseite des in seiner städtebaulichen Form wiederhergestellten Platzes. Architekten: von Gerkan, Marg + Partner. Fertiggestellt 1988.

Stadt und Hafen

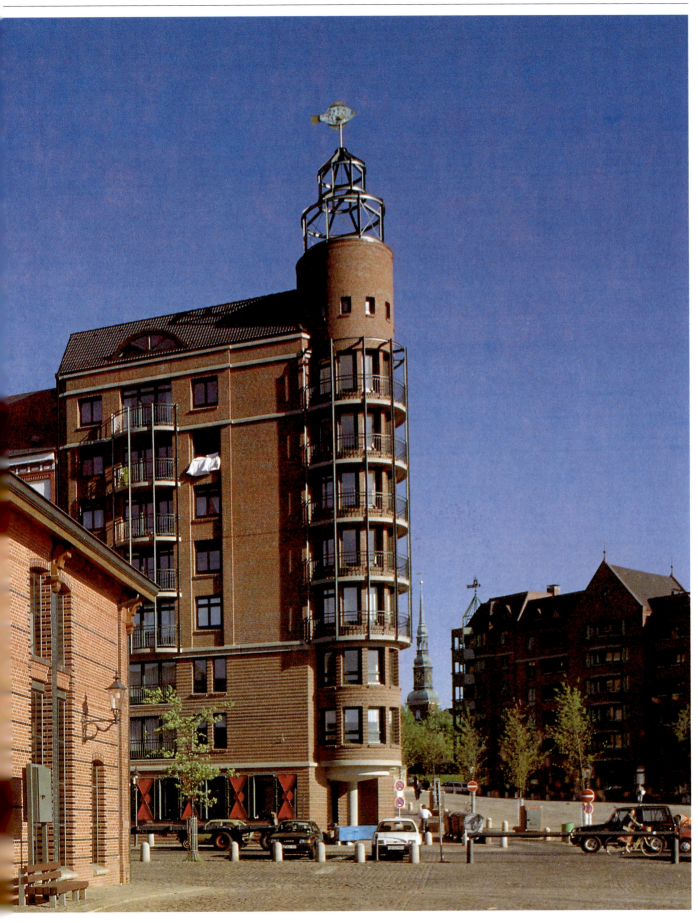

Das Hotel Hafen Hamburg hoch über den St. Pauli Landungsbrücken mit dem markanten Turmanbau. Architekten: Kleffel + Köhnholdt mit K. Jacobsgaard. Fertiggestellt 1986/87.

Blick von der Breiten Straße auf die neue Randbebauung des Altonaer Fischmarkts. Im Vordergrund die Bauten des Architekten Günter Talkenberg, Hamburg. Fertiggestellt 1988.

Stadt und Hafen

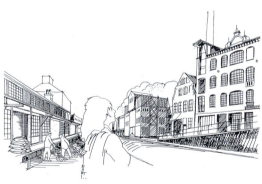

Illustration zur 1987 geplanten Einrichtung eines Museums der Arbeit im Bereich des historischen Holzhafens in Altona. Rechts der Gebäudekomplex der ehemaligen Fabrik von Groth & Degenhardt. Zeichnung: Egbert Kossak, Hamburg.

Illustration zur Charakteristik einer zukünftigen Bebauung im ehemaligen Hafengebiet von Neumühlen. Zeichnung: Egbert Kossak, Hamburg, 1987.

Ausschnitt aus dem Stadtmodell. Blick nach Nordwesten auf das Gebiet um den Altonaer Kleinschiffhafen und den Komplex der schrittweise umzustrukturierender Bauten des Fischereihafens. Davor die Anlagen für den neuen Fähr- und Kreuzfahrtterminal. Entwurf: Architektengruppe me di um, Hamburg, und Alsop + Lyall, London.

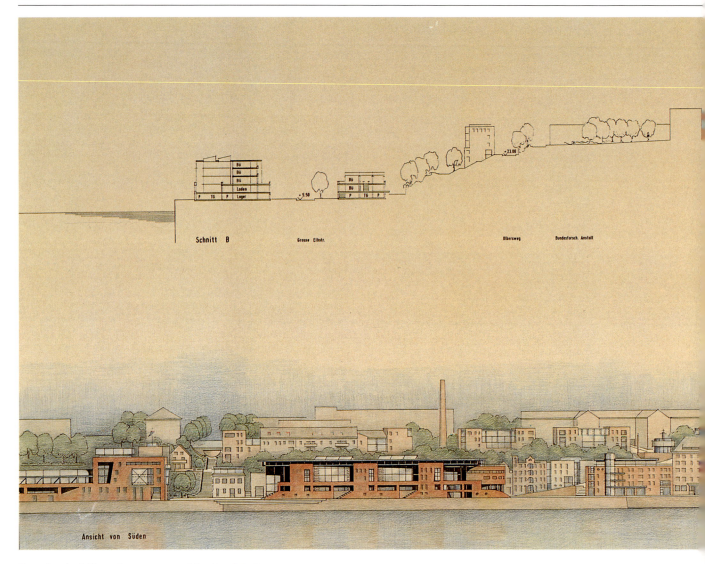

Fassadenabwicklung der vorgeschlagenen Bebauung an der Großen Elbstraße zwischen Altonaer Fischmarkt und Fischereihafen. Zeichnung aus der mit dem 1. Preis ausgezeichneten Arbeit der Architekten B.-J. Rob mit J. Stahr, Hamburg, aus dem im Sommer 1989 abgeschlossenen Architektenwettbewerb.

Stadt und Hafen

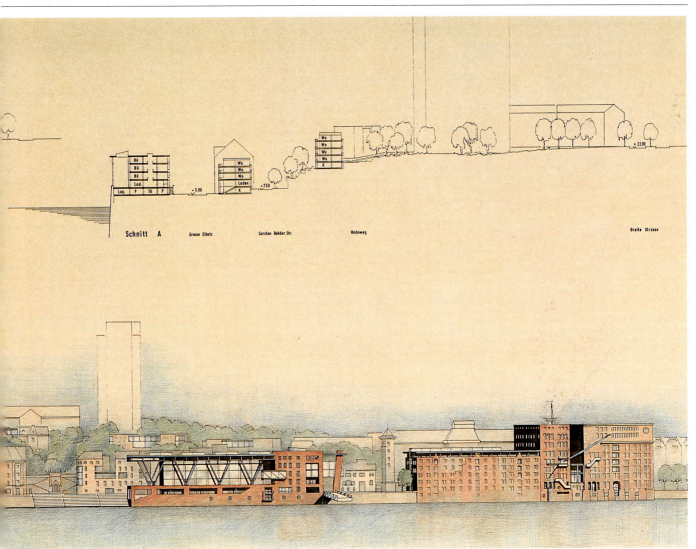

Ausschnitt aus dem Stadtmodell.
Das Elbufer bei Neumühlen mit dem Övelgönner Museumshafen und der geplanten Bebauung auf den brachliegenden Hafenflächen zwischen dem ehemaligen Union-Kühlhaus und dem bereits umgenutzten Kaischuppen D.
Das städtebauliche Konzept entwarfen die Architekten Schäfer, Ferdinand, Agather, Hamburg.

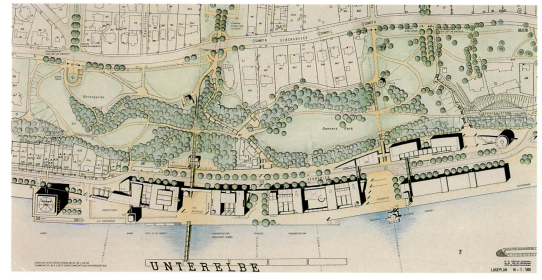

Lageplan der geplanten Bebauung in Neumühlen. Fassung der 2. Stufe des städtebaulichen Wettbewerbs, Stand 1988/89.
Entwurf: Architekten Schäfer, Ferdinand, Agather, Hamburg.
Gartenarchitekt: Dieter H. O. Schoppe, Hamburg.

Stadt und Hafen

Der Övelgönner Museumshafen. Er ist westlicher Endpunkt des städtebaulichen Entwicklungsprogramms für das nördliche Elbufer und zugleich Auftakt für den landschaftlich geprägten Elbwanderweg von Neumühlen bis Wittenbergen.

Blick auf die Elbparks oberhalb der ehemaligen Neumühlener Hafenflächen mit dem „Museumsschiff Cap San Diego". Die Erweiterung dieser Parks unterhalb der Elbchaussee nach Westen könnte zum Ausbau eines höchst attraktiven Höhenwegs parallel zur Elbuferpromenade und zur weiteren Aufwertung der freiräumlichen Qualität des Geesthangs zwischen Altona und Blankenese führen.

Der Spaziergang endet in der Vergangenheit, im Museumshafen Övelgönne, in dem nun beiderseits des Anlegers Neumühlen gut drei Dutzend historische Nutzfahrzeuge dümpeln.

Der Hafenrand zwischen Deichtormarkt und Neumühlen hat seinen Charakter verändert, aber er ist erlebbare Arbeitswelt geblieben, auch wenn andere, neue, hafenfremde Branchen das Milieu bestimmen. Im Maßstab der Bebauung, im architektonischen Charakter und in den Eigenarten der einzelnen Bauten ist das unverwechselbare Klima der Stadt erhalten oder neu entstanden. Hamburg hat dem Druck internationaler Großinvestoren widerstanden, hat der maßlosen Urbanisierung der Hafenbrache, wie sie London und z.T. auch Rotterdam erlitten haben, entgegenhalten können. Das war und ist wichtig, denn die Identität der Stadt ist ihr Kapital. So war und ist es auch wichtig, daß die Parks am Geesthang erweitert worden sind, der Elbhöhenweg von Altona bis nach Teufelsbrück auch unter Einbeziehung vieler privater Flächen ausgebaut werden konnte und der Hang von jeglicher Bebauung freigehalten worden ist.

Olympische Spiele in der Stadt am Wasser

Im September 1988 hat der Senat der Freien und Hansestadt Hamburg die Bewerbung um die Ausrichtung der Sommerspiele der XXVIII. Olympiade der Neuzeit im Jahre 2004 beschlossen. Im Falle einer Kandidatur beider Teile Berlins wird Hamburg auf diese Bewerbung verzichten. Hamburg tritt damit in Konkurrenz zu einer Reihe von deutschen Großstädten und Regionen, aber auch zu anderen europäischen Städten.

Die Bewerbung ist begründet mit der Überzeugung, daß die Ausrichtung der Spiele für das Image Hamburgs und der norddeutschen Region förderlich sein wird und daß sie nicht nur das Sportgeschehen, sondern – wegen der engen Verflechtung des Spitzensports mit Wirtschaft und Medien – auch die wirtschaftliche Attraktivität Norddeutschlands nachhaltig stärken wird.

Im Rahmen einer solchen Bewerbung, darüber sind sich alle Verantwortungsträger in der Stadt einig, kommt es darauf an, ein eigenes, unverwechselbares Profil zu zeigen und den weltweiten Bekanntheitsgrad Hamburgs zu nutzen und zu steigern. So lag es nahe, eine Konzeption für das Standortsystem der olympischen Wettkampfstätten zu wählen, das der Charakteristik der weltoffenen Handels- und Hafenmetropole entspricht, die Bedeutung Hamburgs als Medienplatz und Kulturstadt würdigt und die städtebauliche Identität der Stadt in günstiger Weise nutzt.

Dies ist mit dem Leitmotiv „Olympische Spiele in der Stadt am Wasser" am ehesten zu erreichen.

Es wurde daher eine städtebauliche und stadtentwicklungspolitische Konzeption gewählt, mit der eine Integration der Hauptwettkampfstätten in die Innere Stadt und den Hafenrand vollziehbar ist und die auch langfristig, also weit über den Austragungszeitraum der Spiele hinaus wirkende stabile infrastrukturelle und stadträumliche Initiativen setzt.

Das Olympiastadion selbst soll seinen Standort auf dem ehemaligen Güter-

Ideenskizze für den Standort des Hamburger Olympiastadions. Zeichnung: Peter Wels, 1988. Nach den Vorgaben der Gutachter: Kleffel und Köhnholdt als Architekten, Stracke als Stadtplaner, Nagel als Freiraumplaner.

bahnhof am Klostertor, also in direkter Einbindung in die Hafenlandschaft am Nordufer der Elbe finden. Es soll eingebettet sein in ein Medienzentrum mit umfangreicher gewerblicher Geschoßfläche. Der damit in seiner Wirkung nach außen klar gegliederte Baukörper wird ein spannungsreiches Pendant zur Speicherstadt und zu den großmaßstäblichen Bauwerken und Schiffen des Hafens bilden. Er wird eingebunden sein in den Zusammenhang der südöstlichen City und der City Süd. Das Stadion wird gleichzeitig den städtebaulichen Endpunkt des historischen Wallrings markieren, in dem sich eine Vielzahl von Kultur-, Verwaltungs- und Ausstellungsbauten, die beiden City-Bahnhöfe und das Kongreßzentrum zu einem bogenförmigen Rahmen um die Innenstadt spannen, von den Landungsbrücken bis zum Zollkanal.

Die olympische Schwimmhalle soll mit einer temporär auf 10 000 Zuschauer erweiterbaren Tribünenkapazität in Neumühlen zwischen Geesthang und Elbufer etwa unterhalb des Altonaer Balkons angesiedelt werden, dort, wo heute noch schäbige Kühlhallen die Beziehung von Stadt und Fluß behindern. Die Idee des Baus einer modernen Therme für breite Bevölkerungsschichten liegt nahe, wenn auch die Nachbarschaft zum ehemaligen Strandbad Övelgönne nur sehr vage Auskunft über die Tradition des Ortes als Bade- und Schwimmzentrum an der Elbe gibt.

Die Olympiasporthalle sollte ihren Standort an der Nordwestecke des Heiligengeistfelds finden, in engem Verbund mit den Sportanlagen des FC St. Pauli und mit einer städtebaulichen Ausprägung, die keine Beeinträchtigung des Hamburger Doms zuläßt. Die Olympiasporthalle auf dem Heiligengeistfeld wird diesen Spiel-, Sport- und Vergnügungsraum im Herzen der Inneren Stadt mit engem Bezug zum Hafen und zur City auch baulich akzentuieren. Dies ist städtebaulich wie architektonisch eine höchst anspruchsvolle Aufgabe.

Zu den Hauptwettkampfanlagen werden weitere Sporthallen gehören, die südlich des Sternschanzenbahnhofs an der Lagerstraße entstehen können. Auch die Großmarkthallen am Zollkanal eignen sich für eine sportliche Nutzung auf Zeit.

Die wichtigste Idee in der globalen Konzeption für Olympia ist das schwimmende olympische Dorf auf einer Armada von Luxuslinern und Kreuzfahrtschiffen aus aller Welt, festgemacht am Baakenhafen und am Kirchenpauerkai in Sichtentfernung zur City und einen Speerwurf vom Olympiastadion entfernt. Hier kann sich die Hafenmetropole Hamburg mit einer faszinierenden Olympiastadt im Fluß präsentieren, mit der wohl keine andere Großstadt Europas konkurrieren kann.

Zu einer auf die City und den Hafenrand ausgerichteten Olympiakonzeption gehören die Verkehrsplanung für die Spiele und die spätere Nutzung der Wettkampfstätten. Dabei wird die fußläufige Erreichbarkeit aller Großanlagen für Sportler und Besucher bevorzugt. Die Einbindung in das öffentliche Nahverkehrsnetz ist günstig, wobei gerade in diesem Zusammenhang deutlich wird, wie wichtig die Anbindung des Flughafens und der in Bahrenfeld unterzubringenden Einrichtungen durch einen weiteren Ausbau des S- und U-Bahnnetzes im kommenden Jahrzehnt werden wird.

Unabhängig von einer definitiven Entscheidung über die Annahme der Bewerbung Hamburgs um die Austragung olympischer Sommerspiele auf nationaler Ebene kann die Stadt in einer Vorbereitungsphase wichtige Impulse für die Stadtentwicklung setzen. Diese werden vor allem – im Rahmen der bisher verfolgten Olympiakonzeption – in der Reintegration aller Hafen- und Brachflächen nördlich der Elbe in den Raum- und Funktionskörper der Inneren Stadt liegen können. Unabhängig von einer späteren Durchführung olympischer Spiele könnten die infrastrukturellen Voraussetzungen für die langfristige Entwicklungsfähigkeit der City und ihrer Nachbarräume als Handels-, Dienstleistungs- und Medienstandort geschaffen werden. Neue, dringend benötigte Sport- und Veranstaltungsstätten könnten im Weichbild des Hafenrands entstehen.

Morgenstimmung über den Werftanlagen von Blohm + Voss am Lotsenhöft.

AUFGABEN DER STADTERNEUERUNG

Aufgaben der Stadterneuerung

Vorhergehende Doppelseite: Hamburg Eimsbüttel. Pinneberger Weg/ Eimsbütteler Straße. Einer der typischen gemischt genutzten Bereiche der Stadt, nach der Durchführung von Verkehrsberuhigungsmaßnahmen und Modernisierungen.

Aktuelle und künftige Aufgaben

Die Geschichte der Städte ist die Geschichte steter Veränderung. Phasen des Wachstums wechseln mit Phasen innerer Konsolidierung und kleinräumigen Umbaus. Mal planvoll, mal spontan vollzieht sich der Prozeß der Anpassung von Gebäuden und Stadtteilen an neue Bedürfnisse der Bürger. Abriß und Neubau waren der Alltag in der Stadt bis weit in unser Jahrhundert hinein. Um 1880 gab es kaum einen Chronisten, der die kompromißlose Zerstörung des Wandrahmviertels, die schlichte Vertreibung von 24 000 Menschen und die Vernichtung von gut zweihundert schönen Barockhäusern zum Anlaß für eine Kampfrede gegen Senat und Bürgerschaft genommen hatte. Das Neue, die Speicherstadt, war das bedeutende aktuelle Ereignis. Die Sanierungsmaßnahmen in der Altstadt und in Teilen der Neustadt nach der Choleraepidemie 1892 waren eine gesundheitspolitisch notwendige und wirtschaftlich äußerst vorteilhafte Maßnahme für die Stadt und die beteiligten Grundeigentümer, konnte man doch mit dem Kontorhausviertel und dem Durchbruch der Mönckebergstraße die Innenstadt zeitgemäß „modernisieren". Dies war auch der vorgeschobene Grund im Dritten Reich, im Gängeviertel östlich des Großneumarkts, das schon um die Jahrhundertwende einen Umbau erlebt hatte, erneut zu sanieren und damit in Hamburg eine bodenständige Ausdrucksweise für den innerstädtischen Wohnungsbau zu demonstrieren.

In den Jahren des Wiederaufbaus, der wohl die umfassendste Erneuerung darstellte, die sich je in der Geschichte einer Stadt vollziehen kann, war jede Wohnung wertvoll, die nur halbwegs bewohnbar war oder bewohnbar gemacht werden konnte.

Erst um 1970 hat sich eine Aufgabe für die Stadtpolitik herausgebildet, die gemeinhin als Stadterneuerung bezeichnet wird. War sie zunächst nur ein bescheidener Sektor im Rahmen der umfassenden städtebaulichen Ordnungs- und Entwicklungspolitik Hamburgs, so wurde sie bald zu einer politisch höchst bedeutsamen und konfliktreichen Aufgabe. Bis etwa 1980 beschränkte sich die Aufgabe der Stadterneuerung auf die Auseinandersetzung mit der Substanz der lange vernachlässigten, heruntergewirtschafteten Stadtteile der Gründerzeit. Für die aktuelle und zukünftige Stadterneuerungspolitik haben sich die Aufgabenbereiche beträchtlich erweitert. Es sind vorrangig fünf Gebietstypen zu nennen, die einen planvollen Erneuerungs- oder Stabilisierungsprozeß erfordern.

An erster Stelle stehen jene Gründerzeitquartiere, soweit sie den Zweiten Weltkrieg überstanden haben. Sie wurden ja ohne Erkennen der wirklichen sozialen und ökonomischen Probleme schon in den 20er Jahren vehement, in den 50er und 60er Jahren noch verstärkt kritisiert. Ihre städtebauliche Anlage, ihre Dichte, die vorherrschenden Bautypen, die enge Verflechtung von Arbeitsstätten und Wohnungen, das verflochtene Milieu waren Anlaß, sie als zukunftsfähige Lebensräume der Stadt nicht „ernst zu nehmen". Fehlende soziale Infrastruktur und mangelhafte Sanitärausstattung sind als materiell faßbare Mängel heute noch konsensfähig. Die städtebauli-

Typische Mietshausbebauung um die Jahrhundertwende. Rutschbahn im Grindelviertel, Postkarte, 1905.

Oben: Gesamtanlage der Falkenriedterrassen in Eppendorf.

Rechts: Terrasse am Mühlenkamp in Winterhude.

Rechts außen: Blick in die sogenannte Baumterrasse im Falkenried.

Aufgaben der Stadterneuerung

Terrasse an der Gärtnerstraße in Eimsbüttel.

Oben: Hofentkernung in St. Pauli-Süd zwischen Pinnasberg und Lange Straße 1985.

Rechts: Am Spadenteich in St. Georg.

Heute schon Aufgabenschwerpunkt für die Stadterneuerung: die Großsiedlungen der 60er und 70er Jahre, hier Steilshoop.

Mögliche Aufgabenschwerpunkte der Stadterneuerung in den 90er Jahren: die Stadtrandsiedlungen der frühen 50er Jahre, hier Wohngebiet Pillauer Straße in Farmsen.

Industriebrachen, Chance für die innere Entwicklung der Stadt. Gelände der Kampnagelfabrik in Barmbek.

chen Eigenarten dieser Gründerzeitquartiere, die Dichte des baulichen Milieus und die Architektur, auch das Gemenge von unterschiedlichen Nutzungen, sind heute in den Augen vieler Bürger aber schon zur besonderen Qualität geworden.

An zweiter Stelle, und in ihrer Bedeutung als Erneuerungsgebiete den Gründerzeitquartieren fast gleichrangig, sind die Großsiedlungen der 60er Jahre zu nennen, die „Wechselbälger" einer unheiligen Allianz zweier städtebaulicher Ideologien, der „gegliederten und aufgelockerten Stadt" und der „Urbanität durch Dichte", mit einer kompromißlos auf Massenproduktion ausgerichteten Wohnungswirtschaft. Die Großsiedlungen der 60er Jahre sind die spektakulärsten und medienwirksamsten Verdachtsgebiete für zukünftige Erneuerungsaufgaben. Ihre Architektur und ihre städtebauliche Anlage waren Hauptgegenstand der öffentlichen Kritik. Nur zögernd wurde anerkannt, daß ihre einseitige Finanzierung, die Monostruktur als „soziales" Wohngebiet, die Belegung mit überwiegend sozial- und einkommensschwachen Familien und die schnell einsetzende Diskriminierung in den Medien gleichrangige Sanierungsanlässe neben den baulichen und städtebaulichen Mängeln sind. Vielleicht brauchen diese Stadtteile auch nur einen längeren Zeitraum für ihre Integration in die Gesamtstadt, Zeit für den Weg in die Normalität, ähnlich wie die Siedlungen der 30er Jahre.

Eine dritte wichtige Aufgabe wird die städtebauliche Erneuerung der Sozialwohngebiete der ersten zehn Nachkriegsjahre mittlerer und hoher Dichte sein. Außerdem muß die Umgestaltung der Mischzonen aus Kleinsiedlungs-, Kleingarten- und Schlichtwohnanlagen in den Stadtrandbereichen und in den suburbanen Zonen diesseits und jenseits der Landesgrenzen vollzogen werden. Hier sollte Stadterneuerung auch ökologische Erneuerung der zersiedelten Landschaft ermöglichen.

Letztlich sind zu den in absehbarer Zeit zu sanierenden Gebieten die zahllosen brachliegenden Gewerbe- und Industriegebiete und auch funktionslos gewordene Bahn- und Hafengebiete zu zählen, die gleichzeitig eine innere Flächenreserve für neue Arbeitsstätten, aber auch Chancen für eine Durchgrünung der Industrie- und Hafenzonen bieten.

Die Auseinandersetzung mit der Stadterneuerung soll hier auf die Aufgaben und Konflikte in der Inneren Stadt sowie auf Altona und die historischen Vororte St. Georg und St. Pauli begrenzt werden. Dies darf die stadtpolitische Bedeutung der anderen Erneuerungsaufgaben nicht schmälern.

Altona und die Vorstädte

Im 17. Jahrhundert werden die Vorstädte St. Pauli und St. Georg in die Geschichte der baulichen Entwicklung Hamburgs eingebunden. Zur besseren Verteidigung der Ostseite der Hansestadt – mit den Dänen lag man noch häufig in Fehde – wurde 1679 ungefähr einen Kilometer vor dem Hauptwall ein zweiter Wall, das „neue Werk", zwischen Bille und Alster angelegt. Hinter dieser neuen Schutzwehr entwickelte sich die erste der beiden Vorstädte, nach dem 1198 von Adolf III. gegründeten Hospital St. Georg genannt.

Blick auf Hamburg von St. Georg um 1838. Kolorierte Handzeichnung von Johann Friedrich Freyse.

Aufgaben der Stadterneuerung

Hamburg und seine
Vorstädte Altona und
Ottensen um 1890.

Im Westen war auf dem Hamburger Berg eine Ansiedlung entstanden, in der 1682 eine neue Kirche, die „St. Pauli Kirche", errichtet wurde.
Nach dieser erhielt die später als Eldorado der Seeleute und Fremden erblühende Vorstadt zwischen Hamburg und Altona ihren Namen. Gleichzeitig wurde zum Schutz der Ansiedlung im Norden die „Sternschanze" errichtet. Das nach ihr benannte Schanzenviertel entstand allerdings erst im 19. Jahrhundert.
Neben St. Pauli blühte auch Altona im 17. Jahrhundert immer mehr auf. 1650 erhielt der Ort eine eigene Kirche und kurz darauf, 1664, das Stadtprivilegium. Die dänischen Könige, die 1640 auch im pinnebergischen Teil von Holstein auf die Schauenburger Grafen gefolgt waren, begünstigten Altona in vielfacher Weise, um hier in strategisch guter Lage an der Elbe eine mit Hamburg konkurrierende Handelsstadt zu begründen.
1713 wurde Altona völlig zerstört. Der schwedische General Steenbok, der die Stadt eroberte, ließ neben den beiden Kirchen kaum 30 Häuser stehen. Die Dänen gewährten der Stadt jedoch zahlreiche Privilegien zum schnellen Wiederaufbau, die fast ausnahmslos darauf beruhten, den hohen Rang der Nachbarstadt Hamburg als Hafen- und Handelsstadt zu schmälern. So gelangten im weiteren Verlauf des 18. Jahrhunderts die Bürger Altonas durch Schiffahrt und Reederei, Handel und Industrie zu großem Wohlstand. Um 1800 zählte Altona 23 000 Einwohner. Das entsprach etwa einem Fünftel der Bevölkerung Hamburgs, das zum selben Zeitpunkt gut 120 000 Bürger in seinen Mauern beherbergte.

Altona litt stärker noch als Hamburg unter den Wirren der napoleonischen Zeit, besonders verursacht durch das Bündnis Dänemarks mit Frankreich und den dadurch herbeigeführten dänischen Staatsbankrott. Erst nach 1840 ging es wieder aufwärts, und Altona trat in eine neue Phase der Stadtentwicklung ein. Nach 1866 kam die Stadt endgültig zu Preußen und wurde, wie Wandsbek und Harburg, eine mit Hamburg freundschaftlich verbundene Nachbarstadt.
Für die Vorstädte St. Georg und St. Pauli begann eine neue Ära, als 1860 die Torsperre gefallen war. Die bisher unabdingbare räumliche Einheit von Arbeitsstätte, Kontor, Lager, Laden und Wohnung konnte aufgegeben werden. Nicht nur Geschäftsleute, sondern auch große Teile des mittleren Bürgertums konnte draußen vor den Toren wohnen. Die Vororte expandierten schnell, und parallel dazu erfolgte der Ausbau der städtischen Beförderungsmittel. Vor allem die Alsterschiffahrt und das Straßenbahnnetz erschlossen nach 1866 weite Teile der Inneren Stadt, der Stadt der Gründerzeit. Südlich von St. Georg wurde Hammerbrook zum ersten planvoll entwickelten gemischten Wohn- und Industriequartier, ähnlich wie wenige Jahre später mit der Erweiterung des Eisenbahnnetzes auch der Altonaer Stadtteil Ottensen. Hier folgte nach dem Ausbau des Straßennetzes und der Verlegung von Schienen in den engen Straßenräumen sogar die Schwerindustrie der Stadtentwicklung aus der Elbniederung auf die Geest. 1867 war die Altonaer-Blankeneser-Bahn eröffnet worden, die bald auch Bahrenfeld für Gewerbe und Industrie erschloß.

Aufgaben der Stadterneuerung

Projekt der Unternehmensgruppe „Neue Heimat" zur „Sanierung" des Stadtteils St. Georg. Ende der 60er Jahre noch ernsthaft diskutiert für den Umbau der Stadt.

Schnell vollzog sich in St. Pauli und St. Georg, Altona, Ottensen, Hammerbrook und am Südrand von Bahrenfeld eine massive Verdichtung der Wohn- und Gewerbebebauung. Von St.Pauli aus stieß sie bis weit in den Südrand von Eimsbüttel vor. Borgfelde und Hamm ergänzten das völlig überbaute St.Georg im Osten der Stadt.

Charakteristisch für all diese „Stadtteile vor den Toren" war ihre enge Blockstruktur. Die Blockinnenbereiche waren von Gewerbe- und Industriebetrieben besetzt, deren Produktionspalette eng mit dem Hafen, dem Schiffbau, der Verarbeitung von Importgütern wie Tabak, Kautschuk, Kakao, Fisch, Tran und Öl verknüpft war. Wo Hofinnenräume nicht von Gewerbe besetzt waren, entstanden die dichtgestellten Gänge und Terrassen, einfachste Massenwohnquartiere für die Arbeiterschaft und Arbeitssuchenden, die vom Land, aber auch aus vielen benachbarten Regionen Norddeutschlands, aus Skandinavien und den Niederlanden, in die Stadt Hamburg hereinströmten.

In den 30 bis 40 Quadratmeter großen Terrassenwohnungen, die heute zu einem großen Teil von jungen, alternativen Singles bewohnt sind, lebten in der Regel acht bis zwölf Menschen. Der „Ausländeranteil" war um die Jahrhundertwende wohl noch höher als in unserer Zeit, die Bevölkerungsmischung nach Stand und Herkunft so bunt wie heute.

Diese Struktur der Wohnbevölkerung wie das Maß an räumlicher Verflechtung von Industrie, Gewerbe, Handel und Wohnen hat sich auch in der hohen Dichte bis zum Zweiten Weltkrieg erhalten. Nach 1945 waren Hamm, Hammerbrook, Borgfelde und Rothenburgsort nur noch Trümmerfelder. St. Georgs Bausubstanz hatte zu kaum einem Fünftel den Krieg überlebt. Altona war total zerstört, St. Pauli zu fast zwei Dritteln. Nur Ottensen war zu einem guten Teil erhalten geblieben. Der schnelle, oft zu schnelle Wiederaufbau nach 1950 hat neue städtebauliche Strukturen geschaffen, aber auch noch viel erhaltensfähige und erhaltenswürdige Bausubstanz zerstört. Neu-Altona, das neue Hamm, Rothenburgsort und Bahrenfeld sind respektable Zeugnisse des Wiederaufbauwillens der Stadt, aber auch Orte ohne Milieu, ohne Identität. Und um eben dieses Milieu, die historische Identität der Stadtteile, geht es in erster Linie, wenn Stadterneuerung heute und in Zukunft im Interesse der in den Stadtteilen lebenden Menschen sinnvoll und mit der Chance auf eine dauerhafte Wirkung erfolgen soll.

Stadtumbau – Stadterneuerung – Stadtteilkampf

Das nach dem Zweiten Weltkrieg und noch bis in die 80er Jahre so häufig zum Programm erhobene Wort vom „Stadtumbau" hat auch die Diskussion über die Stadterneuerung immer wieder in falsche Bahnen gelenkt.

Die Stadtplaner und Städtebauer haben seit dem Ersten Weltkrieg ihre Leitbilder und Ziele immer wieder und ganz konsequent auf den völligen Umbau der Städte ausgerichtet, um eben jenem Phänomen Stadt den Garaus zu machen, das sich, wie an den Hamburger Vorstädten dargestellt,

Aufgaben der Stadterneuerung

Abbrucharbeiten im Herzen der Innenstadt an der Caffamacherreihe für Erweiterungsvorhaben des Verlagshauses Axel Springer. Fortsetzung der schon Ende der 50er Jahre angelegten Umstrukturierung des Gebiets beiderseits des Valentinskamps, die nur schwer in die erforderlichen kleinteiligen und maßstabsgerechten Erneuerungsmaßnahmen umzulenken ist.

seit Mitte des 19. Jahrhunderts herausgebildet hatte: dem Moloch Großstadt mit allen Dimensionen sozialen und wirtschaftlichen Elends.

Doch in der Verfolgung dieses Ziels wurde – zumindest in vielen Teilen der Städte, vorzüglich den inneren Stadtgebieten – mehr *gegen* die Stadt gearbeitet, wurden mehr „Zerstörungen" – auch und gerade im übertragenen Sinne – angerichtet, als wir heute noch wahrhaben wollen.

Die Stadt bezieht ihre Qualität als Lebensraum, ihren Erlebnisreichtum aus einem sehr wesentlichen Charakteristikum: ihrer „historischen Kontinuität", der Geschichtlichkeit ihrer Orte und der Erfahrbarkeit dieser aus dem Stadtbild wie aus der sozioökonomischen Struktur.

Alle Städtebautheorien der jüngeren Vergangenheit haben dies geleugnet. Ob Le Corbusier oder Fritz Schumacher, ob Ludwig Hilberseimer oder Ernst May, sie alle hatten ganz grundsätzlich und kompromißlos mit der Stadt des Maschinenzeitalters gebrochen; mit der Stadt, in der das 19. Jahrhundert noch lebendig war und das 20. mit immer neuen Strukturen diese Vitalität überlagerte und ergänzte. Sie ignorierten die historische Kontinuität der Stadtentwicklung, die Stadt im Fluß.

Zwei wesentliche Elemente in unserer heutigen Auseinandersetzung mit den Aufgaben der Stadterneuerung, das soziale Milieu und die bauliche Geschichtlichkeit der Orte in der Stadt, blieben unbeachtet.

Heide Berndt, eine Schülerin Alexander Mitscherlichs, hat schon Ende der 60er Jahre in einem von der Fachwelt viel zu wenig beachteten Aufsatz „Ist der Funktionalismus eine funktionale Architektur?" auch auf einen besonderen Konstruktionsfehler in der Begründung des Altmeisters der Moderne, Le Corbusier, für die Charta von Athen, die „Bibel" des modernen Städtebaus, hingewiesen. Sie zeigte, daß Le Corbusier den Beginn der Industrialisierung und damit das rapide Stadtwachstum im 19. Jahrhundert als ein sehr plötzliches, nicht weiter ableitbares Phänomen beschreibt. Für ihn bricht das Maschinenzeitalter mit seinen Auswirkungen auf die Städte offenbar wie ein furchtbares Naturereignis über die bis dahin friedvolle und glückliche Gesellschaft herein. Ähnlich naiv verhalten sich auch heute noch viele Planer und Politiker gegenüber dem schon lange schwelenden Protestverhalten der überwiegend jugendlichen Alternativszene in den Stadterneuerungsgebieten.

Die Leitbilder der Stadterneuerung waren in den 70er Jahren und noch zu Beginn der 80er Jahre im wesentlichen auf eine städtebauliche Neuordnung und bauliche Verbesserung der „Sanierungsgebiete" ausgerichtet. Die Erneuerung folgte den Maximen der „Moderne", wie sie in den Jahren zwischen den Kriegen und noch in drei Jahrzehnten nach 1945 zwischen Architekten, Stadtplanern und Wohnungspolitikern als allein anerkanntes Ziel des Städtebaus galt. Man folgte einer Vision von der neuen Stadt mit allen Konsequenzen.

Architektur und Städtebau hatten sich als unabhängig von historischen Gebundenheiten – baulichen wie sozialen – zu gebärden. Sie waren allein Normen und Regeln verpflichtet, wie sie eine funktionalistische Ideologie für

Aufgaben der Stadterneuerung

Oben: Pinnasberg, St. Pauli-Süd. Leerstehende Wohngebäude, Ursache vieler Konflikte in der Stadterneuerung und Anlaß für militante Formen des Stadtteilkampfs.

Links: Stadterneuerungsgebiet St. Pauli-Nord/ Schanzenviertel. Gewerbehof um 1982.

Links außen: Stadterneuerungsgebiet Neustadt. Michaelis-Passage um 1982.

das Wohnen in der durchgrünten und gegliederten Stadtlandschaft entwickelt hatte. Siedlungsbau sollte aus Acker- und Wiesenland „Stadt" entstehen lassen.

Kein Politiker, kein Fachkollege, kein Kritiker, selbst Alexander Mitscherlich nicht, hat die „innere" Beziehungslosigkeit dieses Städtebaus – in der Stadterneuerung – zur real existierenden „Stadt" so treffend aufgedeckt wie Jane Jacobs.

Ihre Kritik galt dem totalen „Stadtumbau", dessen Ziel es war, die grundsätzliche Veränderung eines Ortes herbeizuführen, weil – nach den Maßstäben der geltenden Städtebautheorie – funktionale und strukturelle Mängel festgestellt worden waren. Eine theoretisch entwickelte Funktionsordnung, ein planvoll erfundenes räumliches Erscheinungsbild wurde zum Sanierungsziel erklärt. Dessen Eigenart bestimmte sich nicht aus der Individualität des Ortes und aus den tatsächlichen Nöten derjenigen, die ihn bewohnten und die durch ihn lebten. Es war absehbar – viele kleine, immer wieder heruntergespielte Auseinandersetzungen zeigten dies –, daß Konflikte um diese Form der Stadterneuerung ausbrechen mußten. Die Ziele der Stadterneuerung hatten nur bedingt eine Beziehung zur sozialen Wirklichkeit der Stadtteile, zur Eigendynamik städtischer Lebensweisen, zur Komplexität der Lebensvorgänge und der ökonomischen Kräfte in der Stadt. Entscheidend aber war die Fehleinschätzung der Emanzipationskraft der Stadtbürger und insbesondere der sozial und wirtschaftlich benachteiligten Jugendlichen. Gerade diese entwickelten, früh aus dem Elternhaus ausgezogen oder aus diesem herausgedrängt, ein unerwartet starkes, sinnlich und emotional geprägtes Verhältnis zu ihrem neuen Lebensort in der Inneren Stadt.

Das „Sanierungsgebiet", der vielgeschmähte Gründerzeitstadtteil, gleich ob St. Georg, St. Pauli, das Schanzenviertel oder Ottensen, wurde zum Ort der persönlichen Identifikation: nicht nur aus wirtschaftlicher Not, die das Leben in preisgünstigen Wohnungen erzwang, sondern auch aus Verbundenheit mit einem sozialen Milieu.

Diese neutrale Feststellung verdeckt die Ursachen für das Phänomen, das sich im Rückzug vor allem junger Menschen in die Stadtteile der Inneren Stadt ausdrückt, mehr, als daß es sie aufdeckt. Sie liegen in der tatsächlichen Unwirtlichkeit der Vorstädte und Großsiedlungen, der monostrukturellen Wohnquartiere mit ihrer Eigenschaft, fertig zu sein, festgelegt, unveränderbar, keinen Spielraum für eigenes Handeln zu lassen. Sie strahlen eine Feindseligkeit gegenüber den Bedürfnissen der Menschen aus, Anteil an der Gestaltung ihrer Lebensumwelt zu nehmen.

Solche Chancen scheinen die noch immer gemischt genutzten und dicht bebauten Quartiere zwischen St. Georg und Ottensen zu bieten, mit ihren Nischen und baulichen wie sozialen Freiräumen, ihrer Heterogenität, die die Phantasie anregt, Improvisation in der Lebensgestaltung – auch im Sinne alternativer Erwerbsformen – zuläßt und die eine selbstbestimmte Existenz ermöglicht.

Also keine planvolle Stadterneuerung mehr? Stadterneuerung nur noch als punktuelle Hilfe zur Selbsthilfe? Stützung statt Lenkung? Sicher liegt für viele Teilräume der Inneren Stadt hier ein Ausweg, auch wenn die Abwertung insbesondere der Großsiedlungen damit noch deutlicher wird.

Die Stadterneuerung ist bis in die ersten Jahre dieses Jahrzehnts, auch dort, wo sie behutsam betrieben wurde, einen anderen Weg gegangen. Sie hat versucht, die Wohnverhältnisse planvoll zu verbessern, selten die Bedingungen für Gewerbe und Handwerk. Sie hat sich bemüht, „gesunde", das heißt gut belichtete Wohnungen mit der technischen Ausstattung nach den Normen des sozialen Wohnungsbaus zu schaffen: nicht ohne Erfolg im einzelnen für große Bereiche des Stadtteils St. Georg, um den Hansaplatz etwa, in der Rostocker Straße, Beispiele sind auch das nördliche Schanzenviertel, ein Stück St. Pauli-Süd, zwischen Hans-Albers-Platz und Pinnasberg, oder St. Pauli-Nord, zwischen Friedenskirche und Stresemannstraße. Auf den Flächen der Fabrikanlage von Menk + Hambrock, zwischen Behringstraße und Bleickenallee in Ottensen, ist ein neues Quartier im schrittweise modernisierten Stadtteil entstanden, ein anderes in Altona-Nord zwischen Zieseweg und Haubachstraße. Die neuen Wohnkomplexe fügen sich fast konfliktfrei in die sie umgebende Gründerzeitbebauung ein. Ihr baulicher Maßstab ist bescheiden, ihre Ordnung führt das Raumkontinuum gewachsener Stadträume und Gebäudereihen der Straßen und Plätze sinnvoll weiter. Ihre Architektur erreicht leider nur selten die erforderliche Qualität, um den Quartieren der Inneren Stadt neue baukünstlerische Dimensionen geben zu können. Aber in wenigen Jahrzehnten werden diese Komplexe eins geworden sein mit der städtebaulichen Substanz der Stadtteile, deren Geschichte im 18. Jahrhundert begann und gegen Ende des 19. Jahrhunderts eine – wenn auch fragwürdige – Blütezeit erlebte. Sie werden Spuren der 80er Jahre im historischen Fluß der stetigen Veränderung der Inneren Stadt sein. Ob sie auch dann noch Wohnort der heute um diese Stadtteile kämpfenden Menschen sein werden, bleibt offen. Kaum ein Viertel der Bewohner von Ottensen, St. Pauli-Nord oder vom Schanzenviertel lebt heute bereits länger als fünf Jahre im Quartier. Die Stadtteile können zur Durchgangsstation für eine immer wieder um eigene Lebensräume streitende Jugend werden. Älter geworden, können diese wieder von anderen Bevölkerungsschichten verdrängt werden.

Die vielbeschworenen Yuppies oder auch ältere Menschen, die sich dem Trend „zurück zur Stadt, zurück ins Milieu" nicht entziehen wollen, können Anlaß für die Verdrängung sein. Zurückkehren können aber auch diejenigen, die in St. Pauli oder St. Georg aufgewachsen sind, dort noch Familien gegründet haben, dann aber im letzten Jahrzehnt durch zahlungskräftigere Wohngemeinschaften, alternative Kleinhaushalte oder auch durch Stadterneuerungsmaßnahmen zum Umzug an den Stadtrand bewegt worden sind.

Schon heute stellt sich die Frage, ob die wenigen noch existierenden „Nischen" einen auch längerfristig befriedigenden Lebensraum bieten, wie und ob sie überhaupt im Prozeß der Veränderung der Stadtteile zu nutzen und freizuhalten sind. Ob die Interessen und Lebensbedürfnisse derjenigen, die heute um diese Nischen kämpfen, sich nicht schon morgen auf ein anderes Milieu, auf andere Räume der Stadt konzentrieren werden.

Eines aber ist wohl für die nächsten ein, zwei Jahrzehnte sicher, und es gilt nicht nur für Hamburg, sondern für fast alle Großstädte Europas: Die alten Stadtteile leben, wenn auch in sich stetig verändernder Form. Sie sind fast zum Leitbild für zeitgemäßes städtisches Leben geworden.

1928 hat der berühmte Berliner Stadtbaurat Martin Wagner die These vertreten: „Die Schwelle der neuen Zeit ist überschritten! Die alten Städte sinken immer tiefer in die Dunkelkammer überlebter Lebensformen. In der dritten Generation werden sie endgültig überwunden sein." Von 1870 gerechnet, zählt Wagner die erste Phase bis etwa zur Jahrhundertwende, die zweite Phase bis 1930, die dritte Phase liegt für ihn in der Zukunft, in der Zeit zwischen 1930 und 1970.

An dieser These haben Stadtplanung und -politik bis in unsere Zeit ihre Ziele, insbesondere die Ziele der Stadterneuerung, ausgerichtet. Wagners These war falsch. Die Ziele müssen korrigiert werden.

Die alten Stadtteile sind unersetzbare Teilräume der großen Stadt. Ihre Identität und ablesbare Geschichtlichkeit, die Vernetzung der Nutzungen und Funktionen, der Gestaltreichtum der Architektur und die Vielfalt ihrer räumlichen Erlebniswelt, Harmonie und Disharmonie in enger Nachbarschaft, haben ihren Wert als Lebensraum in den Augen vieler Bürger weit über den der neuen, modernen Stadtteile gestellt. Eine Veränderung des Leitbilds für die Stadterneuerung ist seit Beginn der 80er Jahre überfällig. Allerdings ist es völliger Unsinn, von einem Scheitern der Stadterneuerung in Hamburg zu sprechen. Sie ist gerade in ihrer schrittweisen Modifizierung des Leitbildes im letzten Jahrzehnt sicher behutsamer und problemorientierter geplant und durchgeführt worden als in der großen Mehrzahl anderer deutscher und westeuropäischer Städte. Darüber können und dürfen einzelne medienwirksame Auseinandersetzungen im „Kampf" um die Lebensräume in der Inneren Stadt nicht hinwegtäuschen.

Die Stadtteile der Inneren Stadt dürfen nicht herausgelöst aus dem Funktions- und Leistungszusammenhang der Gesamtstadt betrachtet werden, weder in ihrer städtebaulichen Charakteristik noch in ihrer Eigenschaft als Wohnort, Arbeitsstätte oder als Standortbereich für Einrichtungen der Versorgung, der Kultur, des Tourismus oder des Freizeitgewerbes.

So sehr ihre besondere Qualität im Gemenge ihrer Nutzungen liegt, so scharf müssen auch Interessenkonflikte konkurrierender Raumansprüche in diesen Stadtteilen auftreten.

St. Georg und Hammerbrook

St. Georg wird auch in Zukunft seine Prägung erhalten aus der Lage zwischen Alster und City Süd einerseits und aus dem Schicksal, Bahnhofsviertel zu sein, andererseits. Deutlicher können die virulenten Nutzungskonkurrenzen nicht ausgedrückt werden als dadurch, daß dieses mit Kleingewerbe und Handelsbetrieben bunt durchmischte Wohnviertel zwischen aus-

Gründerzeitnostalgie in St. Georg – Hoteleingang am Hansaplatz.

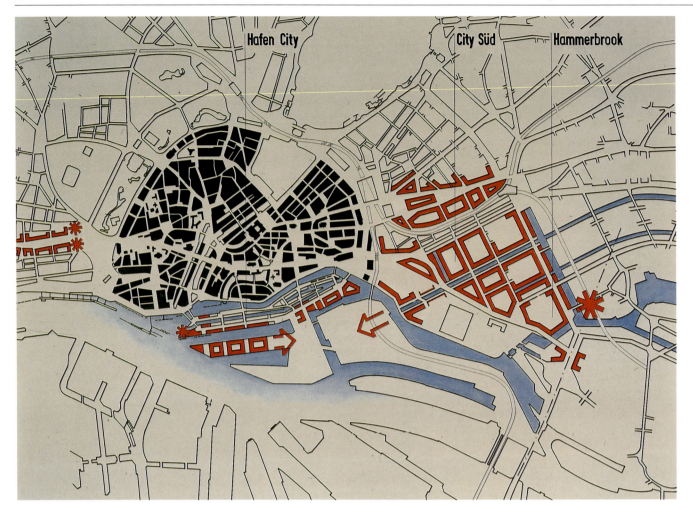

Die potentiellen Citygänzungsgebiete im Südosten der Innenstadt. Am Zusammenfluß von Hochwasserbecken und Bille in Hammerbrook ist der Standort für ein „Torgebäude" in der Blickachse der Stadteinfahrt von den Norderelbbrücken gekennzeichnet, das Wahrzeichencharakter erhalten könnte.

Aufgaben der Stadterneuerung

Die östliche Innere Stadt. Blick über die City und ihre potentiellen Erweiterungsgebiete im Osten und Südosten 1983. Im Vordergrund Hammerbrook mit den noch unbebauten Flächen der City Süd und der städtebaulich völlig ungeordneten Fläche beiderseits des Heidenkampswegs und der Billhorner Brückenstraße.

Der Hansaplatz in
St. Georg um 1860.

Neue Wohnbebauung am
Hansaplatz. Entwurf:
Architekten Nietz, Prasch,
Sigl, Hamburg. Fertiggestellt 1979.

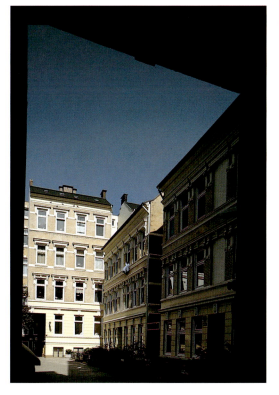

Links: Stadterneuerungsgebiet St. Georg. Renovierte Passage zwischen Lange Reihe und Koppel, 1985.

Oben: Wohnhof in der St. Georgsstraße.

Oben: Der Mittelkanal mit dem S-Bahnhof Hammerbrook und den ersten Neubauten der City Süd.

Rechts: Der Mittelkanal in Hammerbrook, Freiraumachse der City Süd. Ausschnitt aus dem Stadtmodell. Bauzustand und Planungsstand 1988.

strahlenden Orten und Funktionen gesamtstädtischer Bedeutung eingespannt ist. Es wird einer sehr konsequenten Schutzpolitik bedürfen, um das Gebiet zwischen Steindamm und Alster im heute erreichten Gleichgewicht zu halten und das gewachsene Milieu um die Lange Reihe vor dem Eindringen weiterer tertiärer Nutzungen zu bewahren.

Beiderseits der Adenauerallee und Kurt-Schumacher-Allee wird der Städtebau dafür ein Ventil schaffen und eine auch stadträumlich ausgewogene Erweiterung der Bürohausbebauung vorausschauend steuern müssen. Mit dem neuen Erweiterungskomplex an der Norderstraße für die Volksfürsorge-Versicherung ist dies schon gelungen. Ebenso muß es gelingen, in Hammerbrook den in den letzten Jahren eingeleiteten Prozeß der städtebaulichen Erneuerung und Entwicklung auf einem höheren Niveau fortzuführen. Dazu gehört, daß das Tor zur südlichen Innenstadt, zur City Süd und zur Hamburger City selbst städtebaulich akzentuiert wird und daß der Heidenkampsweg eine – seiner Bedeutung als erste Visitenkarte der Stadt entsprechende – Gestaltung und räumliche Fassung erhält. Dazu gehört vor allem eine auch architektonisch sorgfältig kontrollierte und harmonisierte städtebauliche Ausprägung der City Süd um die Achse des Mittelkanals. Die Fußwege zu beiden Seiten des Kanals werden künftig bis an den Zollkanal und über diesen hinaus in das Klostertorgebiet zu führen sein, um so auch eine Verbindung vom S-Bahnhof Hammerbrook zur Hafencity um die Speicherstadt und das – denkbare – Olympiastadion bilden zu können.

Zweifellos ist das städtebauliche Schicksal Hammerbrooks sehr eng mit der Entscheidung über die Austragung der Olympischen Spiele in Hamburg im Jahre 2004 verknüpft. Aber im Vorfeld einer solchen Entscheidung kann die Vision einer funktionalen und stadträumlichen Verbindung von Hammerbrook und Klostertor bereits einen Maßstab setzen für die Umstrukturierungsprozesse, die ein qualitätvolles stadträumliches Ambiente in diesen bislang höchst desolaten Vorstädten schrittweise bewirken könnte. Dies gilt mit gleicher Intensität für das längst funktionslos gewordene Gelände des ehemaligen Güterbahnhofs Rothenburgsort und das gesamte Ensemble falsch oder minder genutzter Flächen an den Ufern der Bille im Bereich des Eingangstors Billhorner Brückenstraße.

St. Pauli und das Schanzenviertel

Es mag auch in Zukunft ein gewisser Vorteil für die westliche Innere Stadt sein, daß die Expansion der Betriebe des tertiären Sektors, der Handels- und Dienstleistungsunternehmen, Versicherungen und Banken, und auch der öffentlichen Verwaltung auf die Vorstädte im Osten und Südosten der City gerichtet ist.

Dennoch haben die Stadtteile St. Pauli, das Schanzenviertel und Altona die Last einer Reihe teils städtischer, teils überörtlich bedeutsamer Einrichtungen und Aufgaben zu tragen, die nicht oder nicht mehr verlagerbar sind.

Die Hamburg Messe, der Schlachthof, das Vergnügungszentrum um die Reeperbahn, der Dom und die Sportanla-

Oben: Neue Wohnbebauung zwischen Friedenskirche und „Zigeunerwiese" – Schmidt-Rottluff-Weg. Architekten: Stabenow/Siemonsen, Planum, Hamburg. Fertiggestellt 1987/89.

Links: Blick auf die Wohnbebauung in der Thadenstraße.

Oben: Blick von der Friedenskirche auf die westliche Häuserzeile im Schmidt-Rottluff-Weg.

Aufgaben der Stadterneuerung

Polizeirevierwache Stresemannstraße im Stadterneuerungsgebiet St. Pauli-Nord. Entwurf: Egbert Kossak + Hochbauabteilung Bezirksamt Mitte. Fertiggestellt 1984/85.

Stadterneuerungsgebiet St. Pauli-Süd, Hein-Köllisch-Platz, 1988.

Stadterneuerungsgebiet St. Pauli-Süd. Entkernter Innenhof zwischen Pinnasberg und Lange Straße, 1985.

Stadterneuerungsgebiet St. Pauli, Karolinenviertel. Spielplatz an der Beckstraße, Rückseite der 1986 renovierten Augustenpassage.

Aufgaben der Stadterneuerung

Das südliche Schanzenviertel von Norden aus gesehen. Auf der rechten Bildhälfte das Gelände des ehemaligen Flora-Theaters. Links oben die Bauten des Schlachthofs.

Stadterneuerungsgebiet Eimsbüttel, Schanzenviertel. Neue „Hinterhofbebauung" in der Vereinsstraße, 1986.

Stadterneuerungsgebiet St. Pauli, Schulterblatt. Terrasse Schanzenstraße, 1985.

gen auf dem Heiligengeistfeld sowie andere Einrichtungen dort, die immer wieder Zehntausende von Besuchern in den Stadtteil ziehen, sind die unübersehbaren Elemente einer öffentlichen Infrastruktur, mit der die Menschen in beiden Stadtteilen schon lange leben. Sie sind in vielfältiger, direkter und indirekter Weise Existenzgrundlage, Arbeitsplatz, Lebensumwelt und belastende Umwelt.

In der Mitte der 70er Jahre fiel die – für die Hamburg Messe fragwürdige, für den Schlachthof kurzsichtige – Entscheidung, beide Einrichtungen im Verbund der Inneren Stadt zu belassen. Da diese Standortentscheidungen lange strittig waren, wurden dringend erforderliche Stadterneuerungsmaßnahmen in den angrenzenden Quartieren, insbesondere im Karolinenviertel und im Schanzenviertel, hinausgezögert. Heute bleiben Störungen der Quartiere und Beeinträchtigungen durch gewerbliche Emissionen eine schwere Hypothek auch für eine behutsame, planvolle Erneuerung. Diese wird ferner überlagert durch das verständliche, aber einseitige Interesse einer neuen Bewohnerschaft, die die bereits skizzierte Charakteristik insbesondere des Schanzenviertels bewahren will und aus ihrer spezifischen wirtschaftlichen und sozialen Situation auch bewahren muß. Stadterneuerung kann also nur mit eindeutigem Vorrang der Bestandspflege, mit behutsamer, kleinteiliger Verbesserung der Wohn- und Arbeitsstätten erfolgen. Sie muß die speziellen sozialen und ökonomischen Bedürfnisse der in den Quartieren wohnenden und arbeitenden Menschen berücksichtigen, ohne gleichzeitig das langfristige Interesse aller Hamburger Bürger an der Struktur der westlichen Innenstadt zu vernachlässigen. Entscheidend ist die Sicherung tragbarer Mieten durch sorgfältige Ausrichtung der Modernisierungsstandards und durch die Einbeziehung eigener Leistungen der Bewohner bei der Instandsetzung und infrastrukturellen Verbesserung ihrer Wohnungen und des Wohnumfelds. Es muß gewährleistet werden, daß ein ausreichender Wohnungsbestand erhalten bleibt, dessen Mieten deutlich unter der Anfangsmiete im sozialen Wohnungsbau liegen.

Ferner sollten alle Möglichkeiten ausgeschöpft werden, neue selbstbestimmte Wohnformen in Altbauten und Neubauten entstehen zu lassen, die der Heterogenität der Wohnungsansprüche der unterschiedlichen Bewohnergruppen Rechnung tragen. Kleine und mittlere Gewerbebetriebe sind unverzichtbarer Bestandteil lebendiger Stadtstrukturen. Es gilt, diese besonders im Schanzenviertel und in den benachbarten Quartieren St. Pauli, Altona und Eimsbüttel zu sichern und auch neu zu entwickeln.

Kleinräumige, horizontale und vertikale Nutzungsmischungen werden gebäude- und quartiersbezogen wieder gefördert werden müssen. Dies schließt auch die Öffnung der Viertel für Betriebe und Arbeitseinheiten in quasi-informellen Wirtschaftsbereichen ein.

Anders als noch vor wenigen Jahren muß der Sicherung vorhandener Arbeitsplätze auch in konfliktträchtiger Nachbarschaft zu Wohngebäuden und der Ansiedlung neuer Gewerbebetriebe und kleiner Dienstleistungseinheiten wieder ein besonderer Rang in

Der Spielbudenplatz in St. Pauli, Postkarte um 1900. Ein offener Platz mit einzelnen Buden und Verkaufsständen, von Baumalleen gesäumt.

Projekt für eine Überdachung des Spielbudenplatzes mit gastronomischen Einrichtungen und Markthalle.
Entwurf: Architekten Kleffel + Köhnholdt, Hamburg, 1987, bisher nicht weiter verfolgt.

Der Spielbudenplatz 1989. Bauten höchst unterschiedlicher, teilweise zweifelhafter Qualität bestimmen das Ambiente.

Die erforderliche totale Freimachung von der verwahrlosten Bebauung der 60er Jahre konnte auf dem Spielbudenplatz nicht erreicht werden.

Aufgaben der Stadterneuerung

Modell des Musical-Theaters Neue Flora mit Randbebauung am Holstenbahnhof. Entwurf: Architekten Kleffel + Köhnholdt, Hamburg. Fertigstellung 1990.

Perspektivische Zeichnung der Eingangssituation des Musical-Theaters Neue Flora.

der Stadterneuerung eingeräumt werden.

So kommt letztlich dem historisch vorgeprägten städtebaulichen und sozialen Milieu innerstädtischer Gemengelagen, auch jenseits der Kategorien der etablierten Baunutzungsverordnung, eine neue, für die Stadtteile aber lebenswichtige Bedeutung zu.

Dies gilt auch für St. Pauli-Nord, die Quartiere westlich des Schanzenviertels und des Heiligengeistfelds.

Sieht man von den schwelenden Konflikten um das Terrassenensemble in der Wohlwillstraße ab, hat sich hier rund um die Friedenskirche seit 1981 ein relativ konfliktarmer und im Ergebnis höchst undramatischer Erneuerungsprozeß für ein recht großes Gebiet vollzogen. Behutsame Modernisierung, größere Neubaumaßnahmen, instandgesetzte Terrassen, neue Gewerbehöfe, ein architektonisch äußerst sorgfältig wiederaufgebautes und ergänztes Altenwohnstift, neue Spielplätze und die obligaten Nischen und Brüche im Ensemble haben ein Quartier neu zusammengefügt, das auch als Lebensraum für sehr unterschiedliche Bevölkerungsgruppen langfristig Bestand haben kann. Fehlt noch der Wiederaufbau der alten Schilleroper als Kleinkunstbühne und die Gestaltung der Zigeunerwiese als innerstädtische Parkanlage.

In St. Pauli-Nord kann es das Ziel einer weiteren Stadterneuerung sein, die bisher erreichte Struktur zu sichern und mit der weiteren behutsamen Instandsetzung – vor allem der noch erhaltenen Terrassen- und Hinterhäuser – besonders preiswerten Wohnraum nördlich der Reeperbahn zu erhalten oder neu verfügbar zu machen.

Die für Hamburg wichtigste Aufgabe einer übergreifenden Stadterneuerungspolitik liegt in der Revitalisierung des Gebiets um die Reeperbahn selbst. Das St. Pauli von Hans Albers, einst eine international renommierte Touristenattraktion, ist zum verlängerten Rückgrat der Stadt heruntergewirtschaftet worden. Die Sucht nach der schnellen Mark hat den Eigentümern wie Pächtern der Bars, Etablissements, Hotels und Vergnügungsstätten den Blick auf eine längerfristig rentable und erfolgreiche Umstrukturierungsnotwendigkeit lange verstellt. Noch bei der längst überfälligen Abräumung der verrotteten Bebauung auf dem Spielbudenplatz wurde geschachert und getrickst, so daß es noch Jahre dauern wird, ehe eine vernünftige, allen Anrainern und Unternehmen gleichermaßen dienende Neugestaltung für diesen zentralen Raum der Reeperbahn realisierbar wird. Die halbherzige Freimachung des Spielbudenplatzes mag zwei, drei Unternehmern noch einmal kurzfristige Vorteile gebracht haben. Dem Gesamtunternehmen „Reeperbahn" – und damit vielen – kann es nur schaden.

In den nächsten Jahren kann nur eine durchgreifende Reorganisation der Reeperbahn und ihres Umfelds eine Grundlage für die Erneuerung des traditionsreichen Hamburger Vergnügungsviertels bewirken. Der Umbau des Eingangsbereichs am Millerntor, die Neugestaltung des Spielbudenplatzes, gleich, ob in der Wiederherstellung der historischen Freifläche für fliegende Bauten oder als neue gedeckte Marktfläche mit einigen wenigen festen Bauten, eine vielfältig ausgeprägte, aber funktionell wie architekto-

Aufgaben der Stadterneuerung

Grüne Höfe – ökologische Stadterneuerung in Altona-Ottensen. Aus einer Anwohnerinitiative entstanden, von Mietern gepflegt: Innenhof zwischen Eulen- und Rothestraße.

Oben: Hof einer zum Wohn- und Ateliergebäude umgenutzten Fabrik in der Donnerstraße, Ottensen.

Rechts: Hof in einer umgenutzten Blechfabrik in der Bahrenfelder Straße.

nisch neu gestaltete Nordfront, ein Ausbau attraktiver Fußgängerbeziehungen zum Hafenrand können die sichtbar wirkenden Elemente der Erneuerung sein.

Nutzungsänderungen, vor allem in den Bereichen bürgerlicher Musik- und Theaterkultur, Kleinkunst und Varieté, und ein neues, langfristig planendes und kalkulierendes Unternehmertum müssen aber die baulichen Maßnahmen kongenial ergänzen.

Dabei wird es von großer Bedeutung sein, ob Hamburg seine bisherige Anziehungskraft als Musical-Stadt ausbauen kann. Ein neues Flora-Theater am Schulterblatt – wenn auch in vernünftiger Dimension – hätte Impulse für die Attraktivität der St. Pauli-Reeperbahn setzen können – wie sich um die Jahrhundertwende ein Dutzend großer Konzert-, Ball- und Varieté-Säle dort angesiedelt hatten und den Standort prägten. Es wird sich erweisen, ob die nun gewählte – verkehrspolitisch und städtebaulich zweifelsfrei bessere – Lage am Bahnhof Holstenstraße dies auch vermag. Zumindest ist es höchst bedauerlich, daß die qualitätvolle Architektur der Hamburger Architekten Kleffel und Köhnholdt, die sich die Musical-Unternehmer nun leisten wollen, nicht an der Reeperbahn selbst entstehen kann.

Heute noch unkalkulierbare Chancen für die Reeperbahn und das weitere Umfeld könnten sich ergeben, wenn wider Erwarten doch die Bavaria St. Pauli-Brauerei aus betrieblichen Gründen ihren beengten, aber traditionsreichen innerstädtischen Standort an der Bernhard-Nocht-Straße aufgeben sollte und damit den Anlaß für eine bessere Ordnung und Beruhigung des Verkehrs in St. Pauli-Süd geben würde, gleichzeitig aber auch einen neuen Standort für private Initiativen – ein Musiktheater oder Kleinkunsteinrichtungen – freimachte.

Altona und Ottensen

Bis zum Zweiten Weltkrieg waren St. Pauli und Altona zu einer engen räumlichen und in vielen Bereichen auch sozialen Einheit zusammengewachsen. Auf dem Weg nach Westen gelangte der Fußgänger, ob auf der Hamburger Hochstraße oder der Paul-Roosen-Straße, ob von der Reeperbahn über das Nobistor oder von der Thadenstraße kommend, ganz unmerklich ins ehemals preußische Altona. Heute trennen die viel zu breite Holstenstraße, der nur auf dem Plan so recht identifizierbare Grünzug vom Altonaer Friedhof zum Altonaer Fischmarkt und die Bebauung „Neu-Altonas" in diesem Bereich die beiden Nachbarstadtteile. Das historisch gewachsene Raumkontinuum der Straßen und kleinen Plätze ist aufgelöst. Die Altonaer Hauptkirche St. Trinitatis liegt verloren und ohne ihr einst angestammtes städtebauliches Umfeld im Grünzug an der Königstraße, die sich, ihres städtebaulichen Raums fast völlig entkleidet, nur noch als Autorennstrecke vom Altonaer Bahnhof zum Nobistor schwingt.

Es liegt nahe, in dieser desolaten stadträumlichen Misere eine ganz andersartige, aber ebenso bedeutsame Stadterneuerungs-, hier wohl eher Stadtreparaturaufgabe zu sehen wie in der behutsamen Stabilisierung des Schanzenviertels oder der städtebaulichen Ergänzung von St. Pauli-Nord.

Aufgaben der Stadterneuerung

Stadterneuerungsgebiet Altona Altstadt-Nord. Modernisierte Gebäude am Lornsenplatz.

Stadterneuerungsgebiet Altona-Nord, Esmarchstraße/Ecke Lornsenplatz.

Ottensen. Keplerstraße nach der Modernisierung 1985/86.

Billrothstraße/Ecke Hospitalstraße in Altona.

Aufgaben der Stadterneuerung

Stadterneuerungsgebiet Ottensen-Süd, Karl-Theodor-Straße. Integration von Neubau und modernisierten Altbauten.

Oben: Stadterneuerungsgebiet Ottensen, Holländische Reihe. Renovierte Altbausubstanz mit eingepaßtem Neubau. Fertiggestellt 1983/84.

Rechts: Holstentwiete/Ecke Große Brunnenstraße in Altona.

Stadterneuerungsgebiet Altona-Altstadt Nord. Neue Wohnbebauung an der Eggerstedtstraße. Entwurf: Architekten Holthey + Schultz-Coulon, Hamburg. Fertiggestellt 1984/85.

Kindertagesstätte am Zeiseweg im Stadterneuerungsgebiet Altona-Altstadt Nord. Entwurf: Holthey + Schultz-Coulon. Fertiggestellt 1988.

Stadterneuerungsgebiet
St. Pauli-Nord/Altona,
Paulsenplatz. Neubauten
des Reventlowstifts.
Architekten: me di um.
Fertiggestellt: 1986/87.

Instandgesetzte und
umgebaute Stiftshäuser
im Ensemble der neuen
Anlage des Reventlow-
Stiftes. Architekten:
me di um, Hamburg.
Fertiggestellt 1986/87.

Es gibt – ohne die fachliche und organisatorische Leistung dieser Stadterneuerung der 50er Jahre schmälern zu wollen – viele gute Gründe, die politische und stadtplanerische Auseinandersetzung mit einigen wesentlichen Elementen Neu-Altonas zu wagen, und dies noch in den 90er Jahren.

Die Aufgaben sind schon genannt worden: Rückbau der Holstenstraße, Neudimensionierung, auch Erweiterung des „Grünzugs" in benutzbare Parkeinheiten, neue stadträumliche Fassung einiger historisch bedeutsamer Straßenzüge und Bauten wie der Altonaer Stadtkirche.

Erzwungen wird sicher eine städtebauliche Umstrukturierung des in vieler Hinsicht unglücklich dimensionierten und architektonisch mißratenen Zentrums Neue Große Bergstraße. Hier sollten Grundeigentümer und Pächter den Mut aufbringen zu einer den tatsächlichen wirtschaftlichen Rahmenbedingungen entsprechenden Umgestaltung, auch wenn dies hohe Investitionen verlangt.

Der Ausbau benachbarter Fachmärkte und kleinerer Einkaufszonen wird sonst das zu nahe an der City gelegene Zentrum aushöhlen und einen langsamen Verslumungsprozeß einleiten und bald beschleunigen.

Dies müßte sich auch auf die umgebenden Wohnquartiere nachteilig auswirken, die durch die Stadterneuerungsmaßnahmen zwischen Chemnitz- und Schomburgstraße gerade in den letzten Jahren stabilisiert worden sind, wie auch auf große Teile von Ottensen.

Ottensen wird jedoch aufgrund seiner weitgehend erhaltenen Baustruktur aus der Gründerzeit und kleinräumigeren Gemengelagen von Gewerbe und Wohnen, wie der eingetretenen Strukturveränderungen in der Wohnbevölkerung, zweifellos stabiler auf Einbrüche in die Attraktivität des Altonaer Zentrums reagieren können, gegebenenfalls sogar in seiner dezentralen Einzelhandelsversorgung noch gestärkt werden. Eine Umstrukturierung des einzigen Kaufhauskomplexes zwischen Großer Rain- und Ottenser Hauptstraße wird ohnehin eher zu erreichen sein. In Ottensen muß die zukünftige Stadterneuerungspolitik verstärkt darauf ausgerichtet werden, das bestehende Gewerbe zu stärken und neue Ansiedlungschancen etwa im Umfeld der alten Zeise-Fabrikhallen aufzubauen.

Ottensen wird aber auch der erste Prüfstein für die Bereitschaft der konkurrierenden Stadtkulturen oder Lebensformen von Bevölkerungsgruppen sein, die die Innere Stadt – wieder – zu ihrem Wohnort gewählt haben. Es wird sich zeigen, ob die neuen „Eliten" der Alternativszene, der Yuppies, Dinks und Neubohemiens die gleiche Toleranz untereinander und mit den bürgerlichen Bewohnern aufbringen wie die Arbeiterschaft und das Kleinbürgertum, das Ottensen um 1900 bewohnte. Die Auseinandersetzungen um das Medienhaus und einige gastronomische Etablissements rund um die Friedensallee lassen dies noch nicht vermuten.

Dabei wird es in Ottensen wie in der gesamten westlichen Inneren Stadt im nächsten Jahrzehnt entscheidend darauf ankommen, ob es der Stadtpolitik gelingt, das sicher spannungsreiche Nebeneinander verschiedenster Funktionen zu sichern und zu fördern:

Oben: Medienhaus in Ottensen, Friedensallee. Umbau einer Fabrik zum Gewerbe- und Wohngebäude.
Architekten: me di um, Dinse und Feest, Hamburg. Fertiggestellt 1987.

Rechts: Erschließungsflur im ersten Geschoß des Medienhauses.

Wohnort spezifischen Milieus zu sein, Gewerbe- und Dienstleistungsstandort, aber auch Standort von Kultur-, Freizeit-, Vergnügungs- und vielfältigen Veranstaltungseinrichtungen. Eine lediglich auf Konservierung eines beliebigen Zustands baulicher und sozialer Strukturen gerichtete Politik muß über kurz oder lang ersticken, weil sie sich gegen das Wesen der Stadtteile der Inneren Stadt selbst richtet und sich dagegen wehrt, Ausdruck der erlebbaren historischen Kontinuität der im steten Fluß befindlichen Veränderung der Stadt zu sein. Gerade die Innere Stadt soll der Ort architektonischer Innovationen im Umgang mit der bestehenden lebendigen Stadt sein.

Innenraum der „Fabrik" in der Barnerstraße in Ottensen. Zum Veranstaltungszentrum umgebaute Fabrikhalle. Architekten: von Gerkan, Marg + Partner. Fertiggestellt 1979.

Aufgaben der Stadterneuerung

Eingangssituation der „Fabrik" in der Barnerstraße, Ottensen.

BAU-
TRADITION
UND
NEUE
ARCHITEKTUR

Vorhergehende Doppelseite: Torbau mit Fachklassen der Schule Greifswalder Straße in St. Georg. Entwurf: me di um, Hamburg. Fertiggestellt 1988/89.

Das städtebauliche Erscheinungsbild und die Architektur einer Stadt waren zu allen Zeiten der unmittelbarste und kraftvollste Ausdruck der Stadtkultur. Zugleich sind sie unübersehbares Zeugnis für die politische und wirtschaftliche Bedeutung der Stadt. Ein hoher Stand der Baukultur kann Stimulanz und Mittler der künstlerischen, geistigen und technischen Kreativität und Innovationskraft der jeweiligen Stadtgesellschaft sein.

Baukultur benötigt zu ihrer Entfaltung eine Harmonie zwischen den Auftraggebern in Wirtschaft, Verwaltung, Politik und Gesellschaft sowie den Projektierenden, den Architekten, Ingenieuren und Gartenbaukünstlern.

Architekten und Ingenieure ihrerseits bedürfen der Herausforderung ihres Könnens durch die Bauaufgabe und den Willen der Auftraggeber, ihr Bauwerk – über den unmittelbaren Zweck und Nutzwert hinaus – zu einem lebendigen, baukulturell wirksamen Element im öffentlichen Raum der Stadt werden zu lassen.

Architektur braucht mehr noch als viele andere Bereiche von Kunst und Technik außergewöhnliche Pflege und Förderung, denn sie bestimmt – stets gegenwärtig – unsere Umwelt.

Der Londoner Architekt und Protagonist einer Verschmelzung von Baukunst und technischer Innovation, Peter Cook, hat dies vor Jahren zum II. Hamburger Bauforum 1985 besonders drastisch ausgedrückt: „Architektur braucht wie jedes andere öffentliche Medium Geschrei und Krakeele, Helden und Bösewichter, Slogans und Banner."

Architektur hat in Hamburg in den letzten Jahrzehnten nicht immer die notwendige Aufmerksamkeit und Herausforderung durch Politik und Gesellschaft erfahren. Dies hat zu Fehlentwicklungen geführt, für die vorschnell und zu Unrecht die Architekten allein verantwortlich gemacht werden.

1982 hat der damalige Erste Bürgermeister dieser Stadt, Klaus von Dohnanyi, anläßlich der Eröffnung einer Ausstellung zu Ehren des großen klassizistischen Baumeisters Karl Friedrich Schinkel ausgesprochen, was wohl viele der Baukunst und den Werten des Städtebaus gegenüber aufgeschlossene Stadtoberhäupter bewegt: Er wünsche sich einen neuen Schinkel für seine Stadt. Er sagte dies wohl wissend, daß ein Mann wie Schinkel ob der unzähligen politischen, bürokratischen und – häufig vorgeschobenen wirtschaftlichen Hindernisse für eine freie Entfaltung der Baukunst schon nach kurzer Zeit mit Grausen der Stadt den Rücken gekehrt hätte.

Sicher war der Wunsch des Bürgermeisters nach einem neuen Schinkel Ausdruck einer seit Jahren verbreiteten Verunsicherung über den Stand der Architektur und des Städtebaus in der Zeit nach der „Moderne" – nicht nur in Hamburg. Der Wunsch des Bürgermeisters war sicher auch Ausdruck der Enttäuschung über den Mangel an überragenden Persönlichkeiten der Baukunst, denen es, über alle Hindernisse der Bürokratie und der sich dahinschleppenden, oft an fragwürdigen Interessen orientierten Entscheidungsprozesse hinweg, gelingt, große Baukunst durchzusetzen. Vielleicht mag auch die Irritation über die weit verbreitete Stilunsicherheit, über den Hang zur oberflächlichen Nachahmung gängiger Motive und modischer

Gestaltungsprinzipien, mit denen sich unsere Alltagsarchitektur so gerne schmückt, die Sehnsucht nach den wirklichen Originalen einer großen Architektur geweckt haben.

Das Unbehagen an der Qualität unserer gebauten Umwelt war noch vor wenigen Jahren allgegenwärtig. Doch es gibt heute viele Hinweise auf eine wieder aufblühende Bedeutung der Baukunst, auf ein neues Interesse von Politik und Öffentlichkeit an einer besonderen Qualität in der Gestaltung von Bauwerken und städtebaulichen Einheiten.

Das Bemühen Berlins um eine internationale Bauausstellung nicht irgendwo auf freiem Felde, sondern im herben Kontext der Inneren Stadt ist solch ein Hinweis. Ebenso die Energie, mit der die Stadtväter Frankfurts sich durch eine baukulturelle Offensive außergewöhnlicher Breite bemühen, ihre Stadt vom negativen Ruf eines „Mainhattan" zu befreien. Der Boom der Museumsbauten in kleinen und großen Städten, das Bemühen, mit besonderer, häufig gar exotischer Architektur einem aktuellen Anspruch an ein neues Kulturbewußtsein gerecht zu werden, kann ebenfalls als Indiz für eine Renaissance der gesellschaftlichen Bedeutung von Architektur und Städtebau gelten. Doch zwischen Anspruch und Wirklichkeit klafft noch eine beträchtliche Lücke.

Es fehlt an einer Verständigung zwischen den Fachleuten, den Architekten und Stadtplanern, und ihren Auftraggebern in Politik und Wirtschaft über den rechten Weg zu einer Harmonisierung der widerstreitenden Interessen in der Baukunst. Einmal unterliegt die Architektur ihrer sozialen Verpflichtung und den wirtschaftlichen Bedingungen, zum anderen muß sie auch einem künstlerischen Anspruch gerecht werden.

Wie selbstverständlich stellt sich daher in diesem Zusammenhang die Frage, ob die allgemeine Verunsicherung über die Baukunst in unserer Zeit ihre Ursache im Fehlen eines von der Gesellschaft anerkannten Stils hat. Sind wir wieder auf der Suche nach einem Stil der Stadtarchitektur, einer im großen Rahmen vielleicht sogar verbindlichen Architektur, die die jeweilige Stadt prägt?

Braucht Stadtarchitektur Stil?

Bei der Frage nach einem Stil hamburgischer Architektur verweisen auch fachfremde Bürger und vor allem Politiker immer wieder auf Fritz Schumacher, Oberbaudirektor zwischen 1909 und 1933. Seine eigenen Bauten als Leiter des Hochbauamts und die während seiner Amtszeit in Hamburg entstandenen anderen öffentlichen Bauten, Wohn- und Bürogebäude, Brücken und wasserbaulichen Anlagen haben der Stadt ganz zweifellos eine starke, spezifische Identität gegeben. Schumacher hat noch 1939 in einem Aufsatz einige interessante, uns heute eher verwirrende Gedanken zum Stil in der Architektur niedergelegt. Er zitiert zunächst Nietzsche: „Wollten und wagten wir eine Architektur nach unserer Seelenart – so müßte das Labyrinth unser Vorbild sein", und fährt dann fort: „... und doch wird die Sehnsucht nach einem einheitlichen, für die eigene Zeitepoche bezeichnenden Stilausdruck nie aufhören. Unser Blick hat

Oben: Ausdruck der von Fritz Schumacher erstrebten neuen Backsteinbaukultur in Hamburg. Detail aus dem Bau der Finanzbehörde, 1918 bis 1926 errichtet.

Rechts außen: Die Ursprünge der Hamburger Backsteinarchitektur gehen weit in die Zeiten spätmittelalterlicher Kirchen- und Profanbauten zurück. Der Chor der Dorfkirche in Allermöhe.

Rechts: Rekonstruierte Wohnbauten in einem Seitenflügel der Peterstraße in der Neustadt.

sich dafür geschärft, daß es Eigentümlichkeiten des baulichen Gestaltens gibt, die stärker sind als die formalen Wandlungen der Zeitepochen, mit denen wir unsere historischen Stilbegriffe so einseitig verbinden. Es sind die Eigentümlichkeiten des Volkstums, die als etwas Unerschütterbares durch das Schaffen eines Volkes hindurchgehen. Sie dürfen nicht nur nicht verletzt werden, es gilt, an ihre Kraft, wo immer es die Aufgabe zuläßt, stets neu anzuknüpfen." Schumacher modifiziert diesen wohl nur aus der Entstehungszeit zu begreifenden Gedanken dann später, indem er zunächst die Einfügung des einzelnen Bauwerks in ein städtebauliches Ganzes fordert und diesen Gedanken ausweitet: „Man wird die Lebensformen der Zukunft, wie sie dem schöpferisch geistigen Auge vorschweben, nicht erreichen können, ohne daß wir den Egoismus, der sich mit dem Mantel des künstlerischen Individualismus zu tarnen pflegt, überwinden und an seiner Stelle ein Gemeingefühl entwickeln, das sich keine künstlerischen Ziele vorstellen kann, die nicht zugleich Ziele der Gesellschaft sind." Durch das Einfügen in ein Gemeinschaftsgefühl kann das Werk des Architekten nach Schumachers Auffassung zu symbolischer Bedeutung aufwachsen, es kann Symbol einer Weltanschauung werden.

Solche Einschätzung des Architekturstils muß uns heute befremden. Aber der Grundgedanke, daß sich Architektur nur aus der Gesamtheit eines städtebaulichen Zusammenhangs legitimieren sollte, hat auch heute und besonders in Hamburg Gültigkeit. Die Entwicklung des Architekturstils allein aus einer zeitbedingten Weltanschauung löst diesen aus dem historischen und räumlichen Kontext der Stadt. Bauwerke und Stadträume, die in vergangenen gesellschaftlichen Epochen und unter anderen Weltanschauungen entstanden sind, galten daher auch für Schumacher ganz offensichtlich nicht als Maßstab für neues Bauen.

Es ist diese Betrachtung der Stadt als Kunstwerk und nicht als lebendiger Ort, die bei Schumacher fasziniert und gleichzeitig irritiert, weil sie die Übertragung auf das Bauen in unserer Zeit so erschwert.

Es gibt eine aus der sorgfältigen Beobachtung der europäischen Stadt in Vergangenheit und Gegenwart abgeleitete Gegenposition, die in der Analyse und in der Richtungweisung für die aktuelle Architektur- und Städtebaudiskussion treffender ist. Es ist Christian Norberg-Schulz' Betrachtung zum „Genius loci" im Städtebau. Er definiert die Aufgabe des Architekten in der Gestaltung der Stadt eindeutig und einfach: „... man needs symbols, that is, works of art which represent life situations." (Der Mensch braucht Symbole, das heißt Kunstwerke, die Lebenssituationen widerspiegeln.)

Norberg-Schulz bezeichnet es als Grundbedürfnis des Menschen, seine Lebenssituationen mit Bedeutungsgehalt ausgestattet zu erfahren, und folgert daraus, daß es Aufgabe der Architektur sei, solche Bedeutung zu erfassen und zu übermitteln, in der Alltagsarchitektur ebenso wie in den Monumenten der Repräsentationsarchitektur. Beide befriedigen ja in ihrem jeweiligen Kontext gleichermaßen und durchaus gleichwertig die physischen und psychischen Bedürfnisse des Menschen in der Stadt in jeder einzelnen räumlichen Lebenssituation. Hierfür hat Norberg-Schulz den schönen englischen Begriff „existential space" gebildet, das räumlich definierte Lebensumfeld spezifischen Charakters.

Raum und Charakter korrespondieren mit den Grundbedürfnissen „Orientierung" und „Identifikation". So wird deutlich, worauf es bei der Betrachtung der Architektur der Stadt und ihrer Eigenschaften ankommt. Während Schumacher sich mit dem Objekt – der Stadt, dem Bauwerk – auseinandersetzt, führt uns Norberg-Schulz die Betrachtungsweise vom Subjekt aus vor. Wie erlebt der Mensch den Charakter seiner Umwelt? Es ist, so lernen wir, erst die Einheit von tatsächlicher Umwelt – Gebäude, Stadtraum, Quartier – und subjektiv erlebter Umwelt, die den Wert, die Bedeutung der Architektur ausmacht. Dieser Gedanke läßt sich leicht fortführen. Stadt ist dem Menschen dort eine gute „Heimat", ein bindender, bewußt erfaßter Lebensraum, wo er sich leicht und sicher orientieren kann und wo er sich mit der gebauten Umwelt – dem Environment – identifizieren kann, wenn der Raum, in dem das Leben sich vollzieht, ein Ort eigener Prägung ist. So ist es Aufgabe der Architektur, diese eigene Prägung sichtbar und durch physische Bestimmung seiner Eigenart erlebbar zu machen.

Solange dieser Ort überschaubar und in seiner Ganzheit im täglichen Leben erfahrbar ist, kann er auch eine Stadt sein. Die häufig beschworenen mittelalterlichen Städte der Toskana oder Süddeutschlands stehen uns dabei als Beispiele vor Augen. Ist die Stadt aber Mailand oder Wien, London oder Hamburg, kann sie als Ganzheit mit dem täglichen Lebensraum des einzelnen nicht mehr identisch sein.

Die große Stadt setzt sich zusammen aus einer Vielzahl von einzelnen Orten oder Bereichen, die ihre eigene Geschichte und eine individuelle Identität haben. Diese Identität wird gebildet aus dem erspürbaren sozialen Milieu, der gesellschaftlichen und wirtschaftlichen Funktion des Bereichs und den erlebbaren Charakteristika der Gebäude und der städtebaulich räumlichen Konfigurationen.

Das Volumen der Bauten, ihre Stellung zueinander und zum öffentlichen Raum, ihr Fassadenbau und die Details der Dekoration sind geprägt von den ästhetischen Werten und vom Geschmacksempfinden der Zeitepochen, in denen sie entstanden sind. In ihnen drückt sich der Genius des Ortes, seine Geschichtlichkeit wie der Wechsel der Architekturstile in einzelnen Epochen der Stadtentwicklung aus. Solche Epochen aber sind zeitlich befristet. Das Bemühen um den Stil in der Architektur und im Städtebau ist nie auf ein festes Ziel gerichtet, nie endlich. Wie die Stadt, ist auch ihre Architektur im steten Fluß.

Gibt es eine Hamburger Architektur?

Für Hamburg lassen sich im 19. und 20. Jahrhundert sechs Phasen der Architekturentwicklung ablesen, die als Phasen dominanter Stile zu bezeichnen sind:
○ Der Klassizismus besonders in Altona bis etwa 1840
○ Die Phase der Nachbrandzeit von 1842 bis etwa zur Reichsgründung 1870/71

Oben: Klassizismus in Altona. In der Mitte das Haus des dänischen Architekten Christian Frederik Hansen.

Links außen: Die Alte Post, einer der schönsten Bauten der Nachbrandarchitektur, 1845 bis 1847 nach den Plänen von Alexis de Chateauneuf erbaut.

Links: Falkenriedterrassen, typischer spekulativer Wohnungsbau der Gründerzeit. Erbaut 1900 bis 1902.

Wohnbebauung am Bornkampsweg in Bahrenfeld. Typischer Kleinwohnungsbau aus der Mitte der 20er Jahre, Architekt: K. Meyer.

Bautradition und Neue Architektur

Mietwohnungsbauten in Hamm. Zum Teil noch vor 1940 errichtet, zum Teil nach 1950.

Bauten aus dem „Sanierungsgebiet Rademachergang" in der Neustadt, mit denen im Dritten Reich das sogenannte „Gängeviertel" beseitigt wurde. Bauzeit 1934 bis 1936.

Sozialwohnungen der späten 60er Jahre, unter der Maxime „Urbanität durch Dichte" zu Silhouetten von Hügelketten gestapelt. Osdorfer Born zwischen Osdorf und Lurup.

Bautradition und Neue Architektur

○ Die Gründerzeit bis zur Jahrhundertwende
○ Der Aufbruch in die Moderne nach der Jahrhundertwende bis 1930
○ Das Bauen im Dritten Reich und in der ersten Nachkriegszeit
○ Die letzte Phase, an deren Ende wir wohl seit Beginn der 80er Jahre stehen, die Phase einer zweiten Gründerzeit mit der Wachstums- und Urbanitätseuphorie der 60er und 70er Jahre.

Hamburgs Baukultur in der ersten Phase von 1810 bis 1840 widmet Fritz Schumacher in seinem Buch „Strömungen deutscher Baukunst seit 1800" gerade einen Satz, in dem er Christian Frederik Hansen und Karl Wimmel gemeinsam erwähnt, die er beide jedoch bereits auf dem Wege in die Renaissance sieht. Dies ist angesichts der ausführlichen Darstellung der Leistungen anderer deutscher Architekten in anderen Städten durchaus abfällig gemeint. Auch sein Urteil über die folgenden beiden Phasen bis zur Reichsgründung und bis zur Jahrhundertwende fallen kaum positiver aus. Schumacher hebt allein Alexis de Chateauneuf heraus, der seine Bauten überwiegend in Backstein errichtete. Spürbar enttäuscht meint er aber, daß Hamburg nach dem großen Brand in einem „klassizistischen Putzcharakter" wieder aufgebaut wurde zu Lasten einer wünschenswerten herben Sachlichkeit, von der Schumacher eine Wiederbelebung der „deutschen Backsteinbauweise" schon in der Mitte des 19. Jahrhunderts erhofft hatte.

„Die bald erdrosselten Versuche in Hamburg gehen aber wirklich darauf aus, eine solche Backsteinsprache zu gewinnen und das Wenige, was hier nach dem Großen Brand entstand, zeigte eine so charaktervolle, ausgesprochen norddeutsche Ausdrucksweise, daß sich wohl eine ‚Hamburger Schule' daraus hätte entwickeln können. Statt dessen ergab man sich bald darauf der ‚Hannoverschen Schule'."

„Diese Art", fährt Schumacher fort, „die man kultivierter fand, verwischte die klare Schlichtheit der alten Bauweise durch eine Fülle gelehrt erdachter Motive, die bald zur Konvention wurden und um so unlebendiger wirkten, als man zugleich von der natürlichen Behandlung des Ziegelmaterials zu raffinierten technischen Oberflächenbehandlungen abbog..."

Hier wird nichts Geringeres beschrieben als die Bauten der Speicherstadt, die heute als das großartigste Bauensemble Hamburgs in hohen Ehren stehen.

Schumachers vernichtendes Urteil über die nun folgende Phase der Gründerzeit ist bekannt. Stilkarneval, Zersetzung der künstlerischen Vorstellungswelt, Verlust des dekorativen Taktgefühls — dies sind nur einige Vokabeln, mit denen er die Architektur der Gründerzeit belegte. Allerdings war diese Kritik weit mehr auf die sozialen und hygienischen Aspekte des Mietshauswesens gerichtet. Für diese machte er die Architekten und die Städtebauer mitverantwortlich.

Dieses Urteil eines großen Zeugen für Hamburgs Baukultur im 19. Jahrhundert wirft ein seltsames Licht auf unsere aktuellen Diskussionen über eine Denkmalschutzpolitik, die, ohne baukünstlerische Prioritäten zu setzen, alles für erhaltenswert erklärt, solange es nur älter als 50 oder 100 Jahre ist. Es zeigt auch, um wieviel differenzierter

Die Holländische Reihe auf der Wandrahminsel um 1880 kurz vor dem Totalabriß zur Freimachung des Geländes für den Bau der Speicherstadt.

Bautradition und Neue Architektur

Oben: Wandrahmfleet in der Speicherstadt.

Links: Türme, Treppengiebel und Rundbögen stehen in kraftvollem Kontrast zu den großen Volumina der Speicherbauten.

Links außen: Der Detailreichtum der Bauten der Speicherstadt in ihrem pseudomittelalterlichen Stil fasziniert uns noch immer.

unser Urteil über und unser Umgang mit der baulichen Vergangenheit der Stadt, insbesondere aus der Gründerzeit, ist.

Besonders deutlich wird, wie sehr sich die Wertvorstellungen und die ästhetischen Vorlieben von Generation zu Generation verändern können. Fritz Schumacher und sicher viele Fachkollegen seiner Generation hatten hohe und strenge baukünstlerische Maßstäbe für ihre eigene Arbeit. Diese Vorstellungen legten sie rigoros auch an andere zeitgenössische Bauwerke, vor allem aber an die Bauten vergangener Epochen an, ohne den jeweiligen Zeitgeschmack auch auf die bestehende gesellschaftliche Entwicklungssituation zu beziehen, wie dies ja für das 19. Jahrhundert unerläßlich gewesen wäre.

Die für die zukünftige Städtebaupolitik und die Entwicklung der Architektur in Hamburg bedeutsamste Phase, die Zeit zwischen etwa 1910 und 1930, ist durch die politischen und sozialen Umwälzungen nach dem Ersten Weltkrieg geprägt. Sie beginnt mit der Übernahme des Hochbauamtes durch Fritz Schumacher im Jahr 1909. Mit aller Konsequenz setzt er an einer Fülle von öffentlichen Bauaufgaben seine baukünstlerischen Ideale in die Realität um. Es ist ein ganz ungewöhnliches Zusammentreffen von großen Bauaufgaben – Museen, Schulen, Verwaltungsbauten, Brücken, Freizeitanlagen im Stadtpark und an der kanalisierten Alster, alle noch zu Beginn des Jahrhunderts von der Hamburger Bürgerschaft beschlossen – und politischem Freiraum für den Oberbaudirektor. Noch vor Ausbruch des Ersten Weltkriegs entsteht eine neue Baukultur in Hamburg, die allerdings noch weit entfernt von der Moderne der folgenden 20er Jahre ist. Unter der baukünstlerischen Führung von Fritz Schumacher in Hamburg und Gustav Oelsner in Altona besinnen sich die Schwesterstädte auf die alte Backsteinkultur des Nordens. Sie hatte das Gesicht der Städte zur Zeit der Hanse, in der Blütezeit der norddeutschen Renaissance und des Barocks geprägt.

Mit der konsequenten Verwendung des Ziegels als Fassadenmaterial und durch Überführung der Stilelemente von Renaissance und Barock in eine neue Formensprache setzt Schumacher für alle Staatsbauten, die zwischen 1910 und 1920 entstehen, den Grundstein für einen neuen Stil in Hamburgs Architektur. Eine Reihe von Privatarchitekten, allen voran Fritz Höger, folgen Schumacher in der Wahl des Backsteins für die Außenhaut ihrer Bauten, in der Formensprache jedoch sind sie Schumacher weit voraus. Ein kraftvoller Expressionismus und die Souveränität, mit der die Ziegel auch für dekorative Gliederungen eingesetzt wurden, zeichnen Bauten wie das Chilehaus, das Kontorhaus der Sprinkenhof Gesellschaft, das Stadtbad in Harburg und viele kleinere Privatbauten aus.

Schumachers emotionale Distanz zum Neuen Bauen, das sich schon vor dem Ersten Weltkrieg in vielen europäischen Großstädten angekündigt hatte, zeigt sich sehr deutlich in seinen Anmerkungen zu einigen der wichtigsten Bauten dieser Zeit.

Die Ateliergebäude des Bauhauses in Dessau von Walter Gropius vergleicht er mit artistischen Kunststücken, die geistreich sein mögen und deshalb viel bewundert würden, die aber, als weg-

Das Gebäude der Finanzdeputation, heute Finanzbehörde, einer der schönsten Bauten Fritz Schumachers, entstanden 1918 bis 1926.

weisende Leistungen genommen, in die Irre führten. Die „Weißenhofsiedlung" in Stuttgart trägt für Schumacher gar den Charakter des Modischen: „An einer Stelle Deutschlands, an der der Wohnungsbau in lebensvollem Zusammenhang reizvoll blühte, trug eine modische Welle das künstlerische Erzeugnis einer Siedlung herein, die plötzlich Material, Konstruktion und Typus dieser kleinen Gebilde auf den Kopf stellte."

In diesem Urteil finden wir die Spannung zwischen zwei Positionen, die immer wieder die Diskussion um den „Stil" in der Architektur bestimmt hat. Auf der einen Seite steht der rein baukünstlerische Wert, die Reinheit des Gebrauchs von Gestaltungsprinzipien im Sinne ästhetischer Kategorien, und auf der anderen Seiten steht Stil für die besonderen Charakteristika des Bauens an einem spezifischen Ort, die die „stabilitas loci" bestimmen. Sie gilt vielen als die notwendige Vor-Bedingung für das „Sich-Heimischfühlen" in einem architektonischen und städtebaulichen Milieu, das auch von den Traditionen einer Landschaft, ihren natürlichen Baumaterialien und den für sie charakteristischen Volumina und Ordnungen der Gebäude geprägt wird.

In diesem letzteren Sinne hatte Hamburg seit Beginn des 19. Jahrhunderts mit dem Aufblühen des Klassizismus bis weit in die ersten zwei Jahrzehnte unseres Jahrhunderts durchaus Stil. In Hamburg war durch die Nachbrandarchitektur, das Wirken von Chateauneuf und Wimmel, aber auch durch die Liebe der Hamburger zu feiner englischer Lebensart und ihrem „late Georgian style" der Übergang zur Gründerzeitarchitektur recht undramatisch verlaufen. Diesen ersten „Hamburger Stil" unterbrachen zunächst nur die Erbauer der Speicherstadt zwischen 1882 und 1890, als sie eben jene Vertreter der „Hannoverschen Schule" unter ihrem Mentor Conrad Wilhelm Hase für deren architektonische Gestaltung beriefen. Überhaupt war die Wiedereinführung des Backsteins, um die sich Chateauneuf vergebens bemüht hatte, für Gewerbe- und Industriebauten ein erst heute so recht zu schätzender Weg, auf den Fritz Schumacher die Baukultur Hamburgs nach 1910 führte.

Hamburg fand über die Backsteinarchitektur Fritz Schumachers, die sich schnell daran anschließenden Reform- oder Heimatstile, die vor allem das private Bauen prägten, und den Expressionismus der Kontorhäuser schließlich zu seiner eigenen Moderne, einer neuen Sachlichkeit, deren soziale Komponente im Wohnungsbau der 20er Jahre ihren besonderen Ausdruck fand. Es ist auch nicht verwunderlich, daß dieser zweite Hamburger Stil das Bauen im Dritten Reich fast ebenso prägte, wie die ersten Wiederaufbauleistungen nach 1945. Die Architekten, die nach Kriegsende am Wiederaufbau der Stadt arbeiteten, konnten und wollten wohl auch an das Bauen der 20er und 30er Jahre anknüpfen. Heute prägt diese Kontinuität von der Vorkriegs- zur Nachkriegsarchitektur den Charakter vieler Hamburger Stadtteile, vor allem im Osten der Stadt. Hamm, Horn, Eilbek, Barmbek und Dulsberg, aber auch Neu-Eimsbüttel, Großborstel und Winterhude verdanken ihren Charakter dem roten Backstein und natürlich ihrer geschlossenen städtebaulichen Anlage und Maßstäblichkeit.

Bautradition und Neue Architektur

Oben: Gebäude in der Abteistraße.

Rechts: Häuserreihe in der Heilwigstraße.

Stadthäuser aus verschiedenen Phasen der Gründerzeit im englisch anmutenden „Klassischen Stil", der dem Repräsentationsbedürfnis des Hamburger Bürgertums insbesondere aus der Kaufmannschaft entsprach.

Folgende Doppelseite: Nordfassade des Altonaer Rathauses. Es wurde 1896 bis 1898 im neoklassizistischen Stil an den Kopfbau des 50 Jahre früher entstandenen ehemaligen Altonaer Hauptbahnhofs angebaut, der die Südfassade des Rathauses bildet.

Sie dokumentieren einen „Stil", der die Eigenart der Stadtteile bestimmt und gleichzeitig eine überörtliche „hamburgische" Identität erzeugt, ohne sich allerdings auf baukünstlerische Qualität berufen zu können.

Es fällt schwer, schon heute ein Urteil über die Zeit zwischen 1950 und 1980 zu fällen. Ist doch das Verhältnis der Söhne zu den Werken der Väter häufig genug getrübt. Dennoch zeigt der Blick auf die heute von Bürgern und Politikern gleichermaßen kritisierten Wohntürme und Großsiedlungen, auf die isoliert im Stadtraum stehenden Bürohochhäuser und die Reihen der Fertigteilbauten, die ohne Beziehung zum überkommenen Raumsystem in fast jeder europäischen Großstadt geplant und gebaut wurden, daß diese Phase sich wie ein kräftiger Bruch in der historischen Kontinuität der Architektur und des Städtebaus im Kontext der vergangenen zwei Jahrhunderte ausmacht.

Unmittelbar nach dem Einbruch des „internationalen Stils" Mitte der 50er Jahre hat in Hamburg eine zweite deformierte „Moderne" Einzug gehalten. Mit ihr einher ging auch die Entfremdung der Bürger von ihrer städtischen Umwelt. Die betroffenen Orte in der großen Stadt verloren ihre Beziehungen zu ihrer Nachbarschaft, räumlich wie emotional. Sie sind anonym geworden, Orte ohne Stil, im baukünstlerischen wie im topologischen Sinne. Stil enthält neben den regionalen Eigenarten zwei weitere bedeutsame Dimensionen:

○ die räumlich-städtebauliche,

○ die architektonisch-baukünstlerische.

Nur selten fügen sich alle drei Dimensionen zu einem *stil*vollen Ort, wie es die Palmaille in Altona, die Jarrestadt in Barmbek oder das engere Kontorhausviertel um Chilehaus und Sprinkenhof sind. Häufig bilden die städtebauliche Ordnung und die topologische Charakteristik allein die Identität eines Ortes, ohne sich durch eine durchgehend hervorragende, baukünstlerische Qualität auszuzeichnen. Harvestehude ist so ein Ort; Blankenese, Eppendorf um den Eppendorfer Baum sind es; Hochkamp vielleicht, aber auch die vorgenannten Stadtteile Horn oder Hamm, das nördliche Winterhude, die Franksche Siedlung in Wellingsbüttel oder der Steenkamp in Bahrenfeld. Teilbereiche von Ottensen gehören dazu. Sie sind Orte mit Milieu, schützenswert als baulich bestimmte Lebensräume, geprägt von einer architektonischen Grundhaltung. Stil wird so als dominierendes, physisch wahrnehmbares Element der Charakteristik eines Ortes verstanden, als Kontinuum, als stabiler Faktor in einer städtischen Erlebnisumwelt, die dennoch reich sein muß an Überraschungen und Entdeckungen, an Nischen und Brüchen.

Das Bemühen um „Stilwahrung" und „Stilbildung" ist an Ort und Zeit gebunden, muß Situationen erfassen, komplettieren, mit ihnen bewußt und spannungsreich konkurrieren. Es baut auf die Kreativität, die sich am Vorgegebenen reibt, es zum Ausgangspunkt von Neuem macht.

In diesem Sinne sollte auch die heutige Diskussion um eine hamburgische Architektur geführt werden. Diese muß folgerichtig auf der städtebaulichen Ebene beginnen bei Maßstab und Raumdimension, bei der phantasievollen Auseinandersetzung

Ausdruck der zweifelhaften Bau- und Städtebaukultur der 60er und 70er Jahre, Großsiedlung Kirchdorf-Süd am Ostrand von Wilhelmsburg.

Der Neubau des Christianeums in Klein-Flottbek, der 1968 bis 1970 nach den Plänen des dänischen Architekten Arne Jacobsen errichtet wurde. Er entstand als Ersatzbau für den durch den Elbtunnelbau aufgegebenen Gebäudekomplex aus den 20er Jahren. Der Bau ist wohl das bedeutendste Beispiel des „internationalen Stils" in Hamburg.

Steilshoop, die städtebaulich markanteste Großsiedlung in Hamburg. In ihrer städtebaulichen Grunddisposition ist sie räumlich wie funktional qualitätvoll geplant. Durch die von der Wohnungspolitik und den Wohnungsbaugesellschaften erzwungene Verdichtung und damit notwendig gewordene Erhöhung der Bauten von vier bis fünf Geschossen auf teilweise zwölf bis 16 Geschosse war die Konzeption großer begrünter Höfe, von mittelhoher Bebauung umgeben, zerstört worden. Durch vielfältige Wohnumfeldverbesserungen und eine neue offene Belegungspolitik stabilisiert sich das Wohngebiet zusehends.

Bautradition und Neue Architektur

Blick auf einen Teilbereich der City Nord in Winterhude.

Einer der architektonisch prägnantesten Solitärbauten in der City Nord: Das Verwaltungsgebäude der HEW, Architekten: Arne Jacobsen und Otto Weitling, Kopenhagen, 1969 fertiggestellt.

Das Verwaltungsgebäude der Deutschen Shell, Entwurf: von Gerkan, Marg + Wiehe, 1974 fertiggestellt.

mit der vorgefundenen Umgebung. Hier schließt sich auch der Kreis zur aktuellen Bedeutung von Fritz Schumacher wieder. Für ihn war Architektur in erster Linie eine Gemeinschaftskunst, ihm galt die Sorge um den Gesamtrahmen stets mehr als das individuelle Bauwerk.

Städtebauliche Konzeptionen waren es denn auch, die schon in den 70er Jahren einen neuen Stil für Hamburg vorbereitet, oder besser an den alten Stil wieder angeschlossen haben: die städtebaulichen Entwürfe für Steilshoop und Mümmelmannsberg. Die Entwürfe sind gemeint und nicht deren Verballhornung durch die Siedlungs- und Wohnungsbaugesellschaften, die die neuen Stadtteile ausführten, die Entwürfe aber zum Schaden der Menschen, die in ihnen leben sollten, veränderten. Überraschend an diesen Entwürfen ist nicht, daß sie tatsächlich versuchten, an die Städtebautradition der 20er und 30er Jahre anzuknüpfen, sondern, daß ihre Schöpfer auswärtige Architekten waren: die Werkgemeinschaft Karlsruhe und Shadrah Woods aus Paris. Ihnen war offensichtlich der unmittelbare Zugang zu Vorbildern wie der Jarrestadt, zum Dulsberg, zum Friedrich-Ebert-Hof oder der Wohnanlage auf der Veddel nicht durch den Klötzchenstädtebau der 60er Jahre verstellt. Die Siedlungen Tegelsbarg und Essener Straße schließen hier an, wenn auch schon mit deutlich geringerer Klarheit und weniger ausgeprägter Räumlichkeit.

Mit dem Bau dieser Wohnsiedlungen, der Fertigstellung der City Nord und einer Reihe von dezentralen Einkaufszentren endet diese Phase. In ihr stimulierte das Schlagwort von der „Urbanität durch Dichte" die Politiker und führte den Architekten den Stift, obwohl damit doch unübersehbar der Verlust der Identität der Stadt, ihrer stadträumlichen Eigenarten und ihrer Ausstrahlung als charaktervoller Lebensraum verknüpft war.

Leider haben wenige Architekten, die das Bauen in Hamburg in den 60er und 70er Jahren dominiert haben, diesen Konflikt frühzeitig genug erkannt oder ihn gar ernst genommen.

Es ist einer der nach dem Zweiten Weltkrieg renommiertesten Hamburger Architekten, Werner Kallmorgen, zu zitieren. Seine Position wirft ein grelles Schlaglicht auf die Art der Städtebaudiskussion Mitte der 60er Jahre. Er schrieb 1967 in „Wandlungen im Städtebau": „Wandlungen kündigen sich an im Städtebau, zuerst in der Volksmeinung von den Schlafstädten und dann in der Literatur, emotional mit Jane Jacobs und Wolf Jobst Siedlers ‚gemordeten Städten', soziologisch mit Hans Paul Barth, volkswirtschaftlich mit Fourastié, und zwar ausgerechnet in dem Augenblick, als die Charta von Athen mit ihrem Leitbild von der gegliederten und aufgelockerten Stadt sich endgültig in der städtebaulichen Praxis und Gesetzgebung durchgesetzt hatte."

Während Siedlers Mahnschrift von Kallmorgen als pseudopolitischer Romantizismus abgetan wird, bezeichnet er Jane Jacobs' Bericht zum „Leben und Sterben großer amerikanischer Städte" leicht süffisant als ein mit dem „emotionalen Schwung einer gescheiterten Architektenfrau aus Greenwich Village, dem Övelgönne New Yorks, geschriebenes Pamphlet, das mit der großartigen Ungerechtigkeit einer

Hotel Plaza im Congress Centrum Hamburg, 1973 nach den Plänen der Hamburger Architekten Schramm + Pempelfort fertiggestellt. Ein Bau mit starkem Merkzeichencharakter, jedoch für Hamburg fremder Architekturcharakteristik.

Frau" verfaßt sei. Er beklagt, daß die romantisch reaktionäre Komponente ihrer Übertreibungen bei der „humorlosen" Jugend auf Resonanz gestoßen sei, und tröstet uns dann damit, daß man auch den Psychoanalytiker Mitscherlich außer der emotionalen Jane, der Volkswirtschaft und der Soziologie schon verkraften würde zur weiteren Bereicherung „unserer Chartazielvorstellung".

Heute mag diese weitgehend unpolitische, von der sozialen Verpflichtung des Architekten und Städtebauers – wie sie die Protagonisten des Neuen Bauens empfunden und ernst genommen haben – weitgehend unberührte Auffassung vom Städtebau als einer allein technisch-gestalterischen Aufgabe befremdlich erscheinen. Doch sie ist auch wieder bezeichnend für die Architektur- und Städtebaudiskussion Anfang der 80er Jahre. Da stand auf der einen Seite eine international eng verflochtene, über die eigenen Medien sich stetig stimulierende Phalanx von Architekten, die, wie Heinrich Klotz es ausdrückt, „in einer Art Vatermörderverhältnis zu den Heroen der 20er Jahre stehen", gefolgt von ihren Schülern oder Nachahmern, die alle Schuldkomplexe vergessen hatten, sich auf das Historische, auf die Vergangenheit der „Vormoderne" – in Berlin am liebsten auf Schinkel –, mit einer betörenden Naivität beriefen und die Baugeschichte dort fortzusetzen versuchten, wo sie durch Gropius, Mies van der Rohe, Le Corbusier und Scharoun „unterbrochen" worden war.

Für sie stand das historische Material – ganz auf Repräsentation angelegt – nun plötzlich wieder in aller Breite zur Verfügung; gefährlich vielfältig, gefährlich unreflektiert – und doch mit einer sinnlichen Intensität und mit einem semantischen Potential, das sich einer bedeutungs- und formentleerten Welt als Korrektiv anbot. Man ist fasziniert, „nach einer Periode der Abstinenz das Stimulans der Geschichte unverdünnt genießen zu dürfen". Postmoderne war das Etikett und das Programm zugleich.

Auf der Gegenseite fand sich die große Schar derer wieder, die sich der sozialen Dimension und den ästhetischen Kategorien des Neuen Bauens gleichermaßen noch verpflichtet fühlten wie auch den Mahnern der 60er Jahre – Mitscherlich, Siedler, Jacobs –, ihrem emanzipatorischen Gedankengut oder der Ökologiebewegung. Es ist schwer, eine verbindliche Theorie oder gar einen einheitlichen Stil dieser der Postmoderne nicht oder nicht mehr verfallenen Architekten auszumachen. Was sie vereint, ist wohl die Ernsthaftigkeit, mit der der Zweck ihrer Bauwerke oder ihrer Bauaktivitäten zum Ausgangspunkt architektonischer Gestaltung wird. Der Gebrauchswert, die emotionale Erfahrbarkeit, die sich in der Benutzung oder im Erleben der Gebäude und Quartiere beweisen, haben für sie dominante Bedeutung. Gottfried Böhm, Otto Steidle, Oswald Matthias Ungers, die alle drei zur Zeit in Hamburg bauen, Günter Benisch, Frei Otto, Hans Kammerer, die Hamburger Architekten Meinhard von Gerkan, Volkwin Marg und Peter Schweger sind bekannte deutsche Vertreter dieser Gruppe von Architekten, die sich um eine neue zweite „Moderne" in der Baukultur unseres Jahrhunderts bemühen.

Es scheint, daß beide Positionen so unvereinbar nicht sind, ja – daß sie auch nebeneinander existieren, miteinander konkurrieren können und sollen, solange daraus eine bewußt und öffentlich, also auch mit der politischen Öffentlichkeit geführte Diskussion um den besten Weg für die Baukunst und den Städtebau genährt wird. Der Reiz des eklektischen Theaters, das die Postmoderne uns bietet, mag schnell verfliegen.

Ziele und Beispiele einer neuen Architektur in Hamburg

Es wird darauf ankommen, für das Bauen in unserer Zeit und im nächsten Jahrzehnt eine Reihe von Zielen, von Grundbedingungen herauszuarbeiten und nachvollziehbar zu machen, die die Baukultur fördern und die Versöhnung unserer Stadtgesellschaft mit der Architektur und dem Städtebau einleiten können.

Es ist nur konsequent, wenn der bewußte Umgang mit der Geschichtlichkeit eines Ortes in seiner Einmaligkeit, aber auch in seiner räumlichen und funktionalen Beziehung zur Ganzheit der Stadt und ihres Entstehungsprozesses als bedeutsames Ziel für Städtebau und Architektur genannt wird.

Respekt vor den kulturellen Vorbildern, vor der Kontinuität der Stadtgeschichte, der Hütten wie der Paläste, ist hier gefordert – nicht das Spiel mit aufgesetzten, meist degenerierten dekorativen Architekturelementen des 18. und 19. Jahrhunderts oder der biedermännischen Anpassung an „historische Umgebung". Es gibt viele beachtenswerte Beispiele für die Erfüllung dieses ersten Ziels aus den letzten Jahren in Hamburg. Die Ergänzung des Meßberghofs für den Heinrich Bauer Verlag und das Geschäftshaus Mientus am Neuen Wall von Graaf, Schweger + Partner sind hier zu nennen. Das schmale Kontorhaus der Architektengruppe A.P.B für die IBAU am Rödingsmarkt, das Hanseviertel der Architekten von Gerkan, Marg und Partner. Die Turnhalle für das Hansa Gymnasium in Bergedorf, geplant von Marković, Ronai, Lütjen, gehören dazu wie auch das Gebäude der Landeszentralbank in Harburg, von Asmus Werner entworfen. Das Wohn- und Geschäftshaus von Meinhard von Gerkan am Grindelhof zeigt ebenso hohe Sensibilität in der Achtung vor der Umgebung und architektonische Innovationskraft wie die Bauten des Reventlow-Stifts in Altona der Architektengruppe me di um.

Zum zweiten muß die Wiederbelebung der Gestaltqualität des öffentlichen Raums – dies ist semantisch wie ästhetisch zu verstehen – herausgestellt werden. Die Rede ist von der Rückbesinnung oder auch Neubesinnung auf die Bedeutung von Straße und Platz als Lebensraum, auf den Wert, den harmonische, lebendige Beziehungen von Bauwerk und Raum für die Gestalt und den Erlebnisreichtum der Stadt haben. Die Spannung, die durch den Wechsel von Enge und Weite in der Raumstruktur eines Stadtgebiets entsteht, erfordert neue Beachtung. Es geht nicht um den Platz als Renommiergeste, nicht allein um den Wechsel von Weite und Enge im Straßenraum. Es geht um Straße und Platz, um Freiraum und Park, Allee und Gasse als soziale Räume, als baulich geprägte Fassungen von Erlebnissen und Erfahrungen mit der Identität eines Ortes.

Das Bürohaus der IBAU am Rödingsmarkt vom Steintwietenhof fotografiert. Hier wird die ursprüngliche Baustruktur, auf die die Architekten ihren Entwurf bezogen haben, deutlich. Architekten; A.P.B., Beisert, Findeisen, Grossmann-Hensel, Wilkens. Fertiggestellt 1987.

Wohn- und Geschäftshaus am Grindelhof. Es wurde in ungewöhnlich offensiver Weise in die umgebende Gründerzeitbebauung eingefügt. Entwurf: von Gerkan, Marg + Partner. Fertiggestellt 1987.

Geschäftshaus Mientus am Neuen Wall, Fleetseite. Architekten: Graaf, Schweger + Partner, Hamburg. Fertiggestellt 1981.

Bautradition und Neue Architektur

Zwei sorgfältig in die Front der Kontorhäuser am Ballindamm eingefügte Gebäude, der Neubau der Bayerischen Hypothekenbank (rechts), Architekten: Schramm, Hupertz, von Bassewitz, und das aufgestockte Bankhaus Marcard, Stein & Co., Architekten: Mensinga + Rogalla.
Beide Bauten entstanden bzw. wurden ergänzt zwischen 1985 und 1987.

Die Wolfgang-Borchert-Siedlung in Alsterdorf ist ein gutes Beispiel für die Auseinandersetzung mit diesem Ziel, wie auch die neue Wohnbebauung zwischen Friedenskirche und Lerchenstieg, nahe der Schilleroper in St. Pauli. Der Entwurf für die Bebauung der Fleetinsel, die Raumbildung des gerade fertiggestellten neuen Altonaer Fischmarkts, Teilgebiete im neuen Stadtteil Allermöhe, die städtebauliche Einfügung des Verlagshauses Gruner + Jahr zwischen Schaarmarkt und Vorsetzen, der Wohngebäude- und Theaterkomplex auf dem Gelände des ehemaligen Winterhuder Fährhauses von Schweger + Partner, sie alle gehören in die Reihe vorbildlicher Gebäudegruppen, deren städtebauliche Situierung und Ausbildung den Weg zu einer qualitätvollen Prägung des öffentlichen Raums der Stadt weisen, ihrem Ort eine neue räumliche Identität geben. Das für die Wiederbelebung der Baukultur wohl wichtigste Ziel liegt in der Forderung nach konsequenter Aufgabe unserer Gleichgültigkeit gegenüber der Gestaltarmut, dem Mangel an Originalität, Kraft, Ausstrahlung der Architektur selbst. Diese Forderung ist mit besonderem Nachdruck an die Politik zu richten, die sich in den vergangenen Jahren nicht nur in Hamburg immer wieder den vordergründigen quantitativen Ansprüchen von Bauherren und Investoren zu Lasten sorgfältiger Planung und Architektenauswahl gebeugt hat. Um kurzfristiger politischer Erfolge willen ist so langfristig Schaden für die Stadt entstanden. Dies zu verhindern, muß Ziel aller um die Baukultur und die Umwelt- und Lebensqualität bemühten Menschen, besonders aber der Architekten sein.

Zu erhoffen und zu fordern ist ein Aufbruch in eine Architektur, die neugierig macht, Vergnügen und Erstaunen auslöst, die Überraschungen bereithält, ohne sich protzig von ihrer Umgebung abzulösen. Dem Londoner Architekten James Stirling ist mit dem Erweiterungsbau der Staatsgalerie in Stuttgart so ein Stück aufregender und fesselnder Stadtarchitektur gelungen. In Hamburg muß der Neubau für die Techniker Krankenkasse in Barmbek von Schweger + Partner in diesem Zusammenhang besonders herausgestellt werden, ebenso wie das Verlagshaus von Gruner + Jahr nach den Entwürfen der Münchner Architekten Kiessler und Steidle und auch der Turmbau des Hotels Hafen Hamburg der Architekten Kleffel + Köhnholdt mit Jacobsgaard. Vera Pernicka hat für das Industrieunternehmen Seca in Wandsbek neue Produktionsstätten entworfen, die dem Anspruch an eine zeitgemäße neue Architektur, reich an Erfindung und doch dem Ort angemessen, erfüllt. Dies gilt sicher auch für die Fassade des Erweiterungsbaus für das Bankhaus M. M. Warburg-Brinckmann, Wirtz & Co. in den Raboisen, entworfen von den Architekten Böge, Friedrichs, Lindner, oder für das Wohnhaus der Architektengruppe me di um in der Grottenstraße in Othmarschen. Ein viertes Ziel für eine neue Baukultur muß Gewicht erhalten, das sich nicht nahtlos an die drei vorgenannten reiht, ja scheinbar in einer Gegenposition zu diesen zu stehen scheint. Es gilt, Freiräume für die Kreativität des Bürgers, für die Selbstverwirklichung von Gruppen und Lebensgemeinschaften aller Art auszubauen. Das bedeutet im Städtebau Verzicht auf die

Bautradition und Neue Architektur

Integration von Neubau und Altbau; Stadterneuerungsgebiet Neustadt mit der Steinwegpassage.

Wohnbebauung am Alten Steinweg/Ecke Michaelispassage in der Neustadt.

Die Wolfgang-Borchert-Siedlung in Alsterdorf ist ein Beispiel für die Realisierung neuer städtebaulicher Ziele in den 80er Jahren, insbesondere in der schönen Integration von Bebauung und Freiraum.

Wohnbebauung am „Neuen Winterhuder Fährhaus", der „Kleinen Komödie". Architekten: Schweger + Partner, Hamburg. Fertiggestellt 1988/89.

Wohngebäude in der Ulmenstraße in Winterhude. Architekt: H. Popp. Fertiggestellt 1985/86.

Wohngebäude in der Alsterdorfer Straße. Architekten: A.P.B., Beisert, Findeisen, Grossmann-Hensel, Wilkens. Fertiggestellt 1986/87.

Bautradition und Neue Architektur

Landeszentralbank in Harburg. Architekten: Patschan, Werner, Winking, Hamburg. Fertiggestellt 1987.

Innenhof im ersten Bauabschnitt der Technischen Universität Hamburg-Harburg. Architekten: Krebs + Jäger, Hildesheim. Fertiggestellt 1987.

Turnhalle des Hansa-Gymnasiums in Hamburg-Bergedorf. Architekten: Marković, Ronai, Lütjen. Fertiggestellt 1988.

Wohngebäude in der
Fuhlsbüttler Straße in
Barmbek. Architekten:
Brenner + Tonon, Berlin.
Fertiggestellt 1987.

Hauptverwaltungsgebäude der Techniker Krankenkasse. Die leichte, bewegte Architektur der zum Hof gerichteten Büroeinheiten und des Konferenz- und Casinotrakts kontrastieren deutlich zur rhythmisch gegliederten, klaren Außenfassade an der Habichtstraße.

Straßenfront der Techniker Krankenkasse an der Habichtstraße.

Modellfoto der neuen Elbterrassen: Wohnhaus, Galerie, Architekturbüro und Gaststätten über der historischen Elbschlucht, die um die Jahrhundertwende Altonas beliebtestes Ausflugsziel war.
Entwurf: Meinhard von Gerkan. Fertigstellung Ende 1989.

Oben: Wohnhaus, Umbau und Ausbau, in der Christian-Förster-Straße in Eimsbüttel. Architekten: Nietz, Prasch, Sigl, Hamburg. Fertiggestellt 1988.

Rechts: Aufstockung und Umbau eines Geschäftshauses im Eingangsbereich der Colonnaden mit bewußt akzentuierter Dachzone. Architekten: Schweger + Partner. Fertiggestellt 1989.

Rechts außen: Neues Wohn- und Geschäftshaus am Winterhuder Marktplatz. Architekten: Patschan + Winking.

Bautradition und Neue Architektur

Modellfoto des Neubaus des Geräteherstellers Seca in der Hammerbrookstraße in Hamburg-Wandsbek. Architektin: Vera Pernicka. Baubeginn 1990.

Versuchsbau zum „Ökologischen Bauen" in Allermöhe. Architekten: Bäumer + Vollbracht. Fertiggestellt 1988.

Wohnhaus in der Grottenstraße in Hamburg-Othmarschen. Architekten: me di um. Fertiggestellt 1981.

Perfektion und Endgültigkeit der räumlichen Gestaltung. Es erfordert die Zulässigkeit von Nischen und Brüchen in der Stadtstruktur. Es bedeutet Verzicht auf die alles umfassende Reglementierung des Bauens. Dieses Ziel macht es notwendig, die Bürokratie und die Politik dort in ihre Schranken zu weisen, wo ihre Regeln allein der Durchsetzung von Mittelmäßigkeit, von Standardprogrammen dienen.

Städtebau soll Chancen schaffen, nicht enge Fesseln anlegen für die Stadtentwicklung im Kleinen wie im Großen. Dies gilt für die Notwendigkeit von Freiräumen im Stadterneuerungsprozeß der Gründerzeitquartiere wie für den Aufbau eines neuen Hafenrands zwischen Klostertor und Neumühlen. Auch wenn der Weg, den die Bewohner der Hafenstraße in der Ausnutzung des ihnen eingeräumten Freiraumes eingeschlagen haben, offensichtlich in die Sackgasse führt, so sind doch – von der Öffentlichkeit fast unbemerkt – seit etwa 1983 in Hamburg eine Reihe überzeugender architektonischer Projekte entstanden, die als Beispiele für die selbstbestimmte Gestaltung einzelner Teilräume der Stadt gelten können. Besonders herauszustellen sind der Drachenbau in der Schmilinskystraße in St. Georg, das Medienhaus in der Friedensallee in Ottensen und der Wohn- und Werkstattkomplex in der alten Blechfabrik in der Bahrenfelder Straße am Nordrand von Ottensen. Auch die Räume der Kampnagelfabrik in Barmbek-Süd gehören dazu.

Utopie als Impulsgeber

Baukultur kann sich aber nicht fortentwickeln ohne die Stimulanz der Utopie, der realen wie der auf den Flügeln reiner Phantasie.

Die Institution des alle zwei Jahre stattfindenden Hamburger Bauforums und Ideenwettbewerbe sollen ein Forum für architektonische Utopien, für neue, ungewöhnliche Ideen sein. So sind in den letzten Jahren eine Reihe von Projekten entstanden – entworfen für reale Situationen in der Stadt und doch im Reichtum ihrer gestalterischen Erfindungen, in der Wahl der technischen Mittel und in der Neuartigkeit ihres formalen Ausdrucks ganz losgelöst vom etablierten Genius des jeweiligen Ortes, von der topologischen Struktur der vorgefundenen Stadträume. Es sind Erfindungen, an denen sich eine Diskussion über die Grenzen einer städtischen Baukultur entzünden kann und muß, die jedoch unabdingbar notwendig sind, um das Maß an Phantasie und Innovation zu erfassen, das für die Baukunst förderlich ist. Diese Projekte sind aber auch Signale gegen eine zu schnelle Erstarrung der Stadtarchitektur in konsensfähigen Formen und Dimensionen, die schnell zur Verflachung und Verarmung der Gestaltqualität in unserer städtischen Umwelt führen muß.

Nahezu alle Projekte, die im Gutachterverfahren für die östliche Innenstadt präsentiert wurden, hatten derartige utopische Elemente. Allen voran ist wohl das Projekt der Londoner Architekten Alsop + Lyall für die Erweiterung der Kunsthalle als ein solches Signal herauszustellen, hat doch der wenig später ausgeschriebene Wettbewerb kaum vergleichbar stimulierende Projekte bringen können. Faszinierend ist auch der Entwurf von Christine Hawley und Ron Herron für einen „Landpier" zwischen dem Heiligengeistfeld und den St. Pauli-Landungsbrücken, der im Rahmen des Wettbewerbs für diesen Bereich zwischen Millerntor und Englandfähranleger entstand. Er zeigte gleichzeitig die Projektierung eines Jugendmuseums- und Veranstaltungszentrums auf dem Stintfang, das selbsttätig schrumpfen und wachsen kann, sowie ein dramatisch überzogenes Vergnügungs- und Touristenzentrum westlich der historischen Landungsbrücken.

Ähnlich provokativ in der formalen Ausbildung, aber der Charakteristik des Ortes schon sehr nahe sind die Wohn- und Gewerbebaukomplexe, die Zaha Hadid und Will Alsop für die Baulücken beiderseits des Hafenstraßenensembles entworfen haben. Hier könnte, wie wohl nirgends sonst in Hamburg, im Kontext der bunten Inselwelt der Alternativszene die architektonische Utopie Realität werden.

Dafür aber bedarf es des politischen Muts. Es ist immer noch zu hoffen, daß er sich einstellt.

Denn, um noch einmal auf die Sehnsucht des ehemaligen Hamburger Bürgermeisters nach einem Schinkel zurückzukommen: Er hätte für seine Arbeit ein geistig-politisches Klima benötigt, das der Baukunst reale Entfaltungsmöglichkeiten schafft, das Idealismus und Ideen förderlicher behandelt als Zuständigkeiten, politische Verbindlichkeiten und wahltaktische Nützlichkeiten. Es sind nicht die ewig neuen, alten Querelen um Standorte und Bauprogramme, um Bebauungsformen und technische Standards, nicht inter- und innerbehördliche Abstimmungsverfahren, Einflußnahme örtlicher Gremien, politischer Druck von Kammern, Verbänden, Betroffenen, Medien und politischen Newcomern, die das Bauen an sich und auf dem für die Stadt erforderlichen künstlerischen Niveau behindern. Es ist das vielen Entscheidern in Politik und Wirtschaft mangelnde Bewußtsein um die Bedeutung der zeitgenössischen Baukultur für das Wesen der Stadt, ihre wirkliche Qualität als Lebensraum.

Architekturaufgaben in den 90er Jahren

In Hamburg setzt sich ganz offensichtlich das Bewußtsein für diese Problematik schrittweise durch. Es ist zu hoffen, daß dadurch auch das Bauen in den 90er Jahren bestimmt wird.

Die Aufgaben sind vorgezeichnet. Ihre Schwerpunkte werden in der städtebaulich-architektonischen Komplettierung der Innenstadt, im Ausbau der Cityergänzungsgebiete, in der Neugestaltung des Hafenrands und der Gebiete südlich der Speicherstadt, vor allem aber im Wohnungsneubau und im integrierten Gewerbebau liegen.

Besondere Chancen für Impulse in der hamburgischen Architektur liegen in der Ausformung einzelner für die Stadt charakteristischer Situationen wie dem Bauen am Wasser, an Beeken, Kanälen und den offenen Wasserflächen von Elbe und Alster oder dem Bauen in der Nachbarschaft von historischen Ortskernen und milieureichen Siedlungseinheiten. In den Vordergrund städtebaulicher Initiativen, die durch eine konsequente architektonische Unterstützung gefördert werden müssen, gehört die Gestaltung der Einfallstra-

ßen und ihrer markanten Kreuzungsbereiche. Hier ist in der Vergangenheit viel gesündigt worden, auch oder gerade weil Politik und Verwaltung diese wichtigen Zonen für das Stadterlebnis sträflich vernachlässigt haben.
Die Teilräume der Innenstadt bieten derzeit das prominenteste Feld für eine weit über Hamburg hinauswirkende städtebauliche Aufwertung, eine für die Stadt werbende Architektur – mit Stil. Die Reihe neuer qualitätvoller Kontorhäuser, die in den letzten Jahren projektiert wurden, zum Teil aber noch nicht ausgeführt sind, wie der Neue Dovenhof, das Haus der Zürich Versicherung, die Deutsch-Iranische Handelsbank, die Bauten auf der Fleetinsel wird fortgesetzt werden. Beiderseits der Ost-West-Straße, am Zeughausmarkt, an der Dammtorstraße, im Bereich der Parkhäuser zwischen Raboisen und Kleine Rosenstraße bieten sich Chancen für architektonische Akzente.
Für das baukünstlerische Ambiente und die Identität der City sind dies wichtige Bauaufgaben. Der Prüfstein für die politische und fachliche Kraft der Stadt wird aber der Umgang mit den Neubauten im Umfeld der Speicherstadt, auf dem Sandtorhöft und der Kehrwiederspitze und am weiten nördlichen Elbufer sein.
Hier kann und muß Hamburg sich der internationalen Konkurrenz stellen. Die Hamburger Architekten werden mit den besten Fachkollegen Europas und aus Übersee in den edlen Wettstreit treten müssen, der Fassade der Stadt zum Strom und zum Hafen eine neue Qualität zu geben, unter Beachtung der Geschichtlichkeit dieser Grenzzone zwischen Stadt und Hafen.

Die Herausforderung neuer Wohnungsbauprogramme

Eine neue große Herausforderung bietet sich den Architekten im Wohnungsbau, wo es dringend erforderlich geworden ist, das Programm im öffentlich geförderten Bauen über eine längere Frist bedarfsgerecht auszuweiten. Leider kann das in den letzten Jahren entstandene Wohngebiet Neu-Allermöhe nur in seiner städtebaulichen Anlage und seiner infrastrukturellen wie freiräumlichen Ausstattung als Leitlinie dienen. Die Architektur in diesem durch sein landschaftliches Ambiente reizvollen Stadtteilgebiet ist teilweise wenig vorbildhaft. Die Gründe liegen sicher in einer – allerdings politisch gewollten – zu großen Vielfalt der Bautypen, der Bauexperimente und in der großen Zahl sehr unterschiedlich ambitionierter Bauherren. Eine maßvolle Erweiterung von Neu-Allermöhe böte ebenso wie eine neue Wohnbauentwicklung im Süderelberaum Chancen für den Aufbau angemessen verdichteter Gartenstädte neuen Typs. Deren Architektur sollte einfach, diszipliniert im Großen, reich und lebendig im Detail und ohne künstlich hergestelltes oder politisch befohlenes Klimbim der Formen und Dimensionen sein. Das Bauen in der Marsch findet in den natürlichen Bedingungen des Ortes ja günstige Voraussetzungen für einen klaren charaktervollen Städtebau, der die Orthogonalität der Gräben und Baumreihen zum Ausgangspunkt künstlerischer Entfaltung machen kann.
Die Standorte für den neuen Wohnungsbau werden aber nicht nur in der Marsch zu suchen sein. Sie müssen

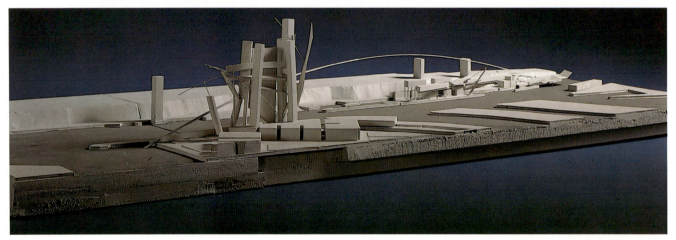

Oben: Faszination des phantastischen Entwurfs – Stimulanz für reale Architektur. Entwurf für ein Museum zeitgenössischer Kunst auf der Museumsinsel von Alsop + Lyall, London.

Unten: Entwurf für eine Medienstadt auf beiden Ufern der Elbe der Wiener Architektengruppe Coop Himmelblau.

Bautradition und Neue Architektur

Computergrafikstudie für eine Touristik- und Ausstellungsanlage westlich der St. Pauli Landungsbrücken. Entwurf: Peter Cook, Christine Hawley, Ron Herron, London, 1986/87.

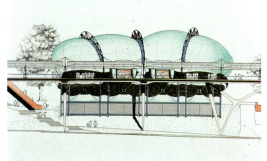

Links: Detail aus dem Wettbewerbsentwurf von Cook, Hawley, Herron, London, für ein Veranstaltungszentrum mit Gastronomieturm westlich der Landungsbrücken.

Oben: Mobiles Ausstellungsgebäude am „Landpier" im Alten Elbpark. Architekten: Cook, Hawley, Herron.

auch, um die natürlichen Ressourcen zu schonen, im Kontext der erschlossenen Stadt, in den Stadtteilen der Inneren Stadt wie der Randzonen im Norden und Nordwesten und im Süden Hamburgs zu lokalisieren sein. Chancen bieten sich vor allem dort, wo die Infrastruktur vorhanden ist, wie in Altona oder Ottensen, in Barmbek oder Schnelsen.

Wichtig für den neuen Wohnungsbau wird sein, daß nicht nur die Architekten, sondern auch die Bauherren die Herausforderung größerer Programmvolumina, sei es im privat finanzierten oder im öffentlich geförderten Wohnungsbau, erkennen und annehmen. Sie sollten nachweisen, daß sie aus den Fehlern der 60er und 70er Jahre gelernt haben. Dies gilt für die anonymen Steuersparer und Geldanleger, in deren Namen milieureiche Wohnquartiere zerstört werden konnten mit architektonischen Monstren, die sich „Stadtresidenzen" nennen. Dies gilt für die Apparate von Wohnungswirtschaft und Kreditinstituten, die gemeinsam eine Bauherrenrolle in der Produktion „förderungsfähiger" Sozialwohnungen wahrnehmen. Sie erliegen allzu leicht der Versuchung, ihre soziale Verpflichtung auf die quantitative Einhaltung von Wohnungsschlüsseln, Kostenobergrenzen und Förderungsrichtlinien zu beschränken. Ihre Aufgabe ist es aber, über zeitgemäße und zukunftsfähige Formen für das Wohnen an unterschiedlichen Standorten in der großen Stadt nachzudenken oder, besser noch, von den Architekten nachdenken zu lassen. Der staatlich so hoch subventionierte Wohnungsbau muß als Chance für eine weitere qualitätvolle Verbesserung der städtischen Lebensumwelt und als Chance für die Entfaltung von Kreativität und Phantasie bei Architekten und Bürgern genutzt werden.

Bauen am Wasser

In welcher anderen deutschen Stadt als Hamburg könnte das Bauen am Wasser eine so faszinierende Aufgabe sein, eine Aufgabe übrigens, die nie so recht erkannt worden ist, auch von Fritz Schumacher nicht. Am Lauf der Bille, am Osterbekkanal in Barmbek, an den Kanälen in Billbrook und Hammerbrook, in Wilhelmsburg, an der Alster in Eppendorf, überall bieten sich heute noch reizvolle Standorte für den Wohnungsbau, für Kontorhäuser oder Bauten mit gemischter Nutzung, die es aufzuspüren und zu gestalten gilt. Einige von der Baubehörde initiierte Projekte aus der jüngsten Zeit, wie die Überbauung des Osterbekkanals von Vera Pernicka, die skurrilen, aber höchst reizvollen Wohnbauten von Marković, Ronai, Lütjen zwischen Gertigstraße und Osterbekkanal und weiter östlich am Kaemmereruferer zeigen ebenso stimulierende Lösungen dieser Bauaufgabe, wie das Projekt von Ingrid Spengler für einen neuen städtebaulich gefaßten Platz am Eppendorfer Alsterufer als Endpunkt der Eppendorfer Landstraße.

Weitgehend ungenutzt sind auch die Uferzonen beiderseits des Hochwasserbassins am Heidenkampsweg in Hammerbrook, der wichtigsten Einfallstraße in die Stadt von Süden. Hier könnte, besonders im Bereich des Zusammenflusses von Bille und Hochwasserbassin, eine dominierende Baumasse hoher Qualität und eigenständiger Ausstrahlung das Tor zur City Süd

Bautradition und Neue Architektur

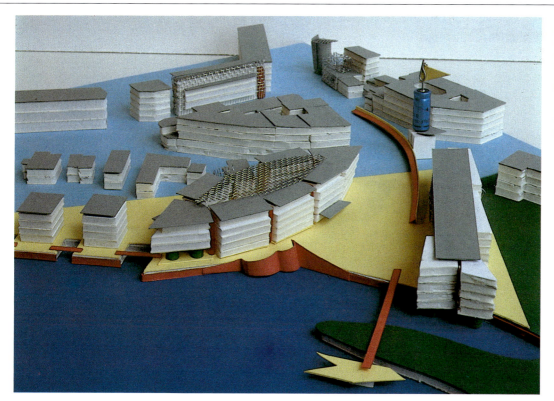

Projektstudien für das Bauen am Wasser: Konzeption für eine Öffnung der Bebauung vom Eppendorfer Marktplatz zur Alster mit Wohngebäuden und einer Hotelanlage zu beiden Seiten eines großzügigen Wasserplatzes. Entwurf: Ingrid Spengler, 1989.

Blick auf das Projektgebiet. Im Vordergrund das „Neue Winterhuder Fährhaus".

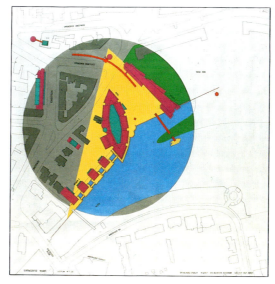

Lageplan des Projekts von Ingrid Spengler.

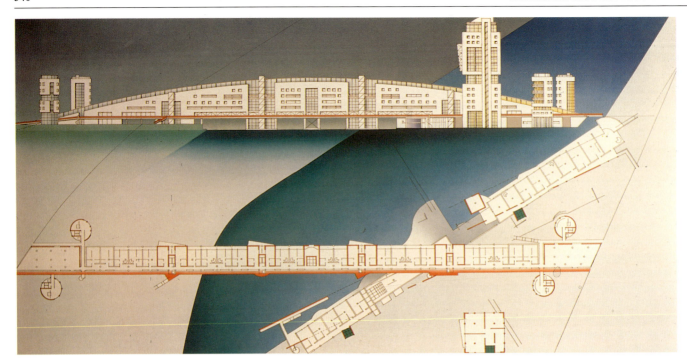
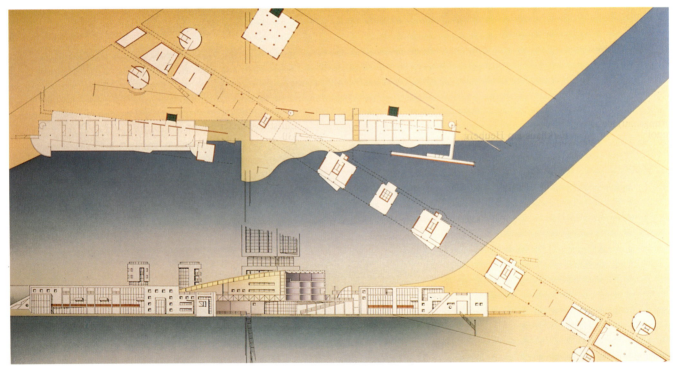

Oben und unten: Wohngebäude über dem Osterbekkanal zwischen Altem Teichweg und Lämmersieth. Ein ungewöhnliches Projekt zur Nutzung der gegebenen Bebauungschancen im Ostteil des Kanals. Entwurf: Vera Pernicka, 1989.

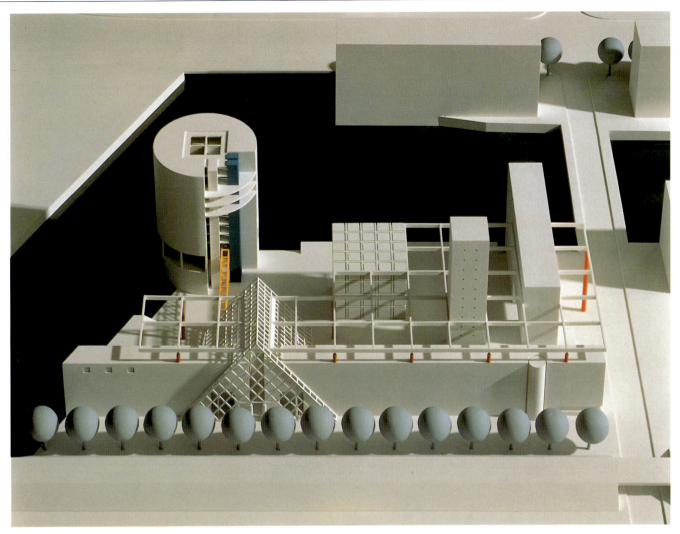

Konzeption für ein Entwicklungs- und Demonstrationszentrum für Umwelttechnologien auf dem prominenten Eckgrundstück am Zusammenfluß von Bille und Hochwasserbecken in Hammerbrook. Entwurf: Böge+ Lindner, Hamburg, 1989.

Blick von der Veddel in Richtung Norderelbbrücken.

Konzeption für die Gestaltung der Uferzonen des Osterbekkanals zwischen Mühlenkamp und Saarlandstraße. Entwurf: Architekten Marković, Ronai, Lütjen, 1989. Hier droht leider die Gefahr, daß die hier aufgezeigten Chancen kurzfristig vertan werden, wenn eine solche Konzeption nicht umgehend auch politisch gesichert werden kann!

Bautradition und Neue Architektur

Ein auf den Holzpfählen aufgebauter Steg bildet die Wasserpromenade zwischen Mühlenkamp (Westen) und Saarlandstraße (Osten). Sie dient zum Spazieren am Wasser und als Verbindung zwischen den einzelnen Wasserbelegenheiten, temporär auch als Kunstboulevard. Sie führt von und zu dem Kampnagelgelände.
Die die Osterbek überquerenden Nord-Süd-Verbindungen sind die Geibelbrücke (Winterhude-Barmbek Süd) und die "Grüne Brücke" (Stadtpark-Jarrestadt-Barmbek-Süd).
Für zwei minderbebaute Flächen werden zwei ortbildende Gebäudetypen entwickelt (Gertigstraße und Kaemmereruter).
Für zwei herausragende Punkte werden stadtbildende Gebäude vorgeschlagen: Neubau "Cosmos", als Einstieg zur Wasserpromenade und die Platzrandbebauung für den Kampnagelplatz.

1 NEUBAU "COSMOS"
2 UFERBEBAUUNG "TREIBHOLZHÄUSER"
3 GEIBELBRÜCKE
4 AUSSTELLUNGSPASSAGE
5 ANLEGER KAMPNAGEL
6 KAMPNAGELPLATZ UND PLATZRANDBEBAUUNG
7 GRÜN BERANKTE KRANLAUFBAHNEN
8 "GRÜNE BRÜCKE"
9 BOOTSHAFEN
10 UFERBEBAUUNG "SEGELHÄUSER"

Architekten MARKOVIC, RONAI, LÜTJEN 1989 · Bearbeitung: Markovic, Ronai, Voss

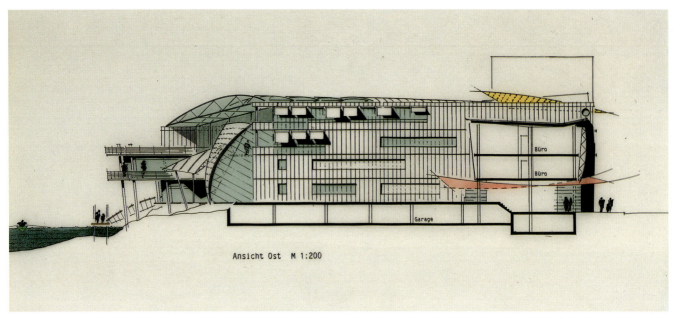

Phantasievolle, auf den Standort am Wasser ausgerichtete Entwürfe für Wohngebäude am Osterbekkanal. Entwurf: Architekten Marković, Ronai, Lütjen, 1989.

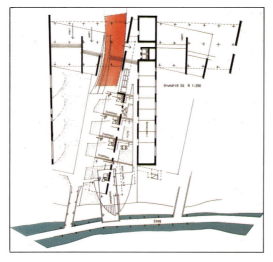

Grundriß der Hausgruppe zwischen Osterbekkanal und Gertigstraße.

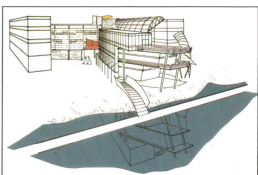

Isometrie der Hausgruppe.

Bautradition und Neue Architektur

Reihenhausgruppe am Kaemmererufer. Entwurf: Marković, Ronai, Lütjen.

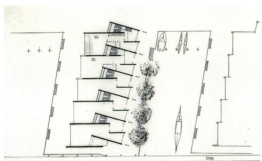

Erdgeschoßgrundriß der Reihenhausgruppe mit Bootshafen.

Querschnitt durch die Reihenhausgruppe in Ost-West-Richtung.

markieren, wie ein Projekt der Architekten Böge und Lindner andeutet. Dies wäre vielleicht der einzige Standort, an dem ein wirklich markantes Hochhaus weithin sichtbar in der Achse der Norderelbe und der Bundesautobahn von Hannover den Eingang in die Innere Stadt akzentuieren könnte. Hier schlummert eine faszinierende Bauaufgabe, die allerdings vor ihrer Realisierung sorgfältiger Studien und Alternativen bedarf. Nur ein wirklich origineller und gleichzeitig die bauliche Atmosphäre der Stadt zum Ausdruck bringender Bau kann der Bedeutung des Standortes und dem Anspruch, der an ein hohes, über die City Süd weit hinaus erlebbares Bauwerk zu stellen ist, gerecht werden.

Ein solcher Bau ist im eigentlichen Sinn des Wortes ein öffentliches Gebäude. Es wird in den öffentlichen Raum der Stadt weit mehr hineinwirken als die wenigen im funktionalen Sinne öffentlichen Bauten, die in Hamburg zur Zeit entstehen oder die im nächsten Jahrzehnt entstehen werden.

Öffentliche Gebäude

Die Institutsbauten der Technischen Universität Harburg, selbst deren zentrale Einrichtungen, Bibliothek und Mensa, Hörsäle und Verwaltung, werden ob ihrer räumlich und architektonisch schlichten Integration in den Westen der inneren Stadtgebiete von Harburg kaum eine Ausstrahlung erreichen können, wie sie noch heute vom ersten Bau der Universität Hamburg, dem 1914 errichteten Hauptgebäude, ausgeht. Dies soll nicht als Kritik an der gradlinigen und durchaus charaktervollen Architektur der Architekten Krebs und Jäger verstanden werden, eher als Kritik am gewählten Standort. Dieser ist für eine in ihrer Entwicklung schwer vorher bestimmbare moderne Forschungsuniversität sehr kurzsichtig gewählt worden. Eine solche Universität sollte eher eine Integration mit den großen Entwicklungs- und Forschungseinheiten der Industrie und anderer privater und öffentlicher Unternehmen suchen denn eine enge städtebauliche Vernetzung mit kleinteiligen Wohngebieten.

Standort und Architektur öffentlicher Bauten müssen mit Mut gewählt werden. Sie sollten bewußt in den ihnen funktional und emotional angemessenen öffentlichen Stadtraum gestellt werden, wie dies mit dem Erweiterungsbau für die Kunsthalle, dem Museum für zeitgenössische Kunst im Kontext der Museumsinsel gelingen kann und wohl auch mit dem Internationalen Seerechtsgerichtshof in Nienstedten, der sich zum öffentlichen Raum der Elbe öffnen wird. Öffentliche Bauten müssen die Herausforderung eines Standorts mit ihrer Architektur annehmen können. Oswald Matthias Ungers hat diese Herausforderung mit seinem klaren, zeitlos modernen Baukörper für die Museumsinsel in höchst bescheidener, aber doch für die Stadt trefflicher Weise gelöst. Der Entwurf von Meinhard von Gerkan für den Seerechtsgerichtshof hätte eine ähnlich eindeutige und doch ambitionierte Antwort auf den Standort auf dem Hochufer der Elbe ergeben. Doch nachdem die Vereinten Nationen das Bauprogramm verändert haben, wird der beste Entwurf nun in einem internationalen Wettbewerb gesucht.

Bautradition und Neue Architektur

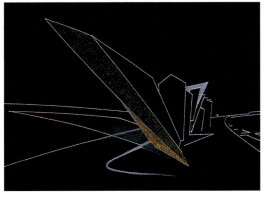

Vorskizzen zu Entwürfen für die Überbauung zweier Baulücken im Westteil der Hafenstraße. Entwurf: Zaha Hadid, London, 1989.

Originale der Baukunst

Für die wenigen öffentlichen Bauten, die die Städte heute noch planen, kann der Anspruch an die Qualität der Architektur und die Sorgfalt bei der Standortwahl nicht hoch genug bemessen werden.

Bei diesen Bauten, wie für die Bauaufgaben in der City, am Hafenrand, in der Nachbarschaft der Speicherstadt, sind Originale der Baukunst gesucht. Originale sind selten und schwer zu finden. Die Stadt muß sich energisch um sie bemühen. Was ist der beste Weg? Sicher ist der öffentliche Wettbewerb, den leider so viele Bauherren scheuen, ein guter Weg, zumal, wenn bei wichtigen Bauten auch auswärtige, auch internationale Architekten an diesen Wettbewerben teilnehmen. Auch der eingeladene Wettbewerb mit einer sorgfältig ausgewählten Reihe von erfahrenen Architekten bietet günstige Voraussetzungen, zu einer ausreichend großen Anzahl qualifizierter Alternativen zu gelangen. Oft zeigt es sich, daß gerade die Heranziehung auswärtiger Architekten, die ein spontanes, unvoreingenommenes Verhältnis zur realen Hamburger Baukultur entwickeln können, außergewöhnliche Projekte bringt. Dennoch bleibt es für alle, die sich um die Weiterentwicklung der Baukultur in der Stadt bemühen und bemühen sollten, unerläßlich, diese auch durch das Aufspüren von jungen Architekten zu fördern, die über eine unangepaßte Kreativität verfügen, die Risikobereitschaft für jede Aufgabe mitbringen im Bemühen um einen „Stil". Wichtig bleibt, daß Planungsverfahren nicht zu stereotypen Ritualen degenerieren, daß stetig neue Wege gesucht werden, zu guten, herausragenden Entwürfen zu kommen. Da ist auch Mut erforderlich, den direkten Weg zu gehen, den nach subjektiver Einschätzung geeigneten Architekten direkt zu beauftragen, wie dies etwa für den Neubau des Flora-Theaters am Bahnhof Holstenstraße mit Erfolg geschehen ist.

Das Bemühen um einen „Stil" der Stadt darf nicht nachlassen, um einen Stil, der Innovationen gleichermaßen birgt wie ideenreiches Beharren im Bewährten. In diesem Bemühen kann auch der städtische Bau- und Planungsbeamte solange noch auf die gesellschaftliche Zustimmung hoffen, wie die entwickelten „Stilelemente" als Bausteine einer historischen Kontinuität der Stadt begriffen werden können. Diese ist und bleibt als Denkmodell, aus dem sich zukunftsgerichtete Entwurfsanweisungen für Architektur und Städtebau ableiten lassen, legitimiert. So läßt sich auch Innovation im Städtebau als geschichtliche Dimension des Stadtbildes begründen. „Man needs symbols, that is, works of art which represent life situations."

Diese These von Norberg-Schulz ist ein Rahmen für die Interpretation dessen, was Architektur sein kann und soll, welche Bedeutung im Gesamtbild jeder Stadt Architektur erhalten muß. Doch es ist immer die Architektur der Stadt und des Mikrokosmos einer überschaubaren Lebenswelt zugleich zu pflegen. Die Stadt braucht die Architektur in ihrer Gesamtinszenierung wie in ihren Grundmotiven, die sich aus Raum und geistigem Klima ergeben. Architektur einer Stadt erfordert Kongenialität und Kulturverständnis im Sinn aller Bürger.

Wohn- und Ateliergebäude zwischen Hafenstraße und Bernhard-Nocht-Straße. Entwurf: Alsop + Lyall, London, 1988.

Personenregister

Adolf III. von Schauenburg 12, 13, 247
Agather, J. 202; siehe auch Schäfer, Ferdinand, Agather
Albers, Hans 274
Alsop, Will 334
Alsop, Barnett und Lyall 140, 147, 158
Alsop und Lyall 142, 156, 217, 220, 221, 225, 333, 336, 349
Alsop und me di um 203
Andersen, Hans Christian 22
Ansgar, Erzbischof 13
A.P.B., Beisert, Findeisen, Grossmann-Hensel, Wilkens 107, 317, 318, 324
Arup, Ove + Partner 142, 220

Bäumer + Vollbracht 331
Barth, Hans Paul 314
Behrens, Peter 88
Benisch, Günter 316
Berndt, Heide 254
Böge und Lindner 341, 346
Böge, Friedrichs, Lindner 322
Böhm, Gottfried 163, 165, 170, 316
Brenner + Tonon 327
Bunsmann, Walter 170

Campe, Julius 52
Chateauneuf, Alexis de 297, 301, 306
Christian V., König von Dänemark 120
Conrads, Ulrich 17
Cook, Peter 292
Cook, Peter, Christine Hawley, Ron Herron 203, 337
Coop Himmelblau 336

Dietrich + Herrmann 129
Dinse + Feest 284
Dohnanyi, Klaus von 22, 292

Folkers 48
Forsmann, Franz Gustav 75
Fourastié, Jean 314
Freyse, Johann Friedrich 248
Friedrich I. Barbarossa, deutscher Kaiser 12
Friis und Moltke 140, 145, 147

Gerkan, Meinhard v. 202, 316, 317, 329, 346
v. Gerkan, Marg + Partner 163, 167, 174, 177, 221, 286, 317, 319
v. Gerkan, Marg + Wiehe 313
Gerson, Hans + Oskar 164
Görtz, Ludwig 137
Graaf, Schweger + Partner 131, 136, 163, 164, 167, 317, 320
Gropius, Walter 304, 316
Gutschow, Konstanty 194, 197

Hadid, Zaha 204, 217, 334, 347
Hansen, C.G. 189
Hansen, Christian Frederik 297, 301
Hase, Conrad Wilhelm 306
Häussermann, Hartmut 36
Haussmann, Robert und Trixi 135, 140, 144, 146, 147, 149
Hawley, Christine und Ron Herron 333 f.; siehe auch Cook, Hawley, Herron
Hebebrand, Werner 44
Heine, Heinrich 52
Hentrich und Petschnigg 122
Hermkes, Bernhard 205
Hilberseimer, Ludwig 254
Höger, Fritz 164, 304
Holthey + Schultz-Coulon 280, 281
Homann, Johann Baptist 14

Jacobs, Jane 17, 256, 314, 316
Jacobsen, Arne 311
Jacobsen, Arne und Otto Weitling 313
Jacobsgaard, K. 224, 322
Jenisch, Martin Johann 75

Kalff, Karl 7
Kallmorgen, Werner 314
Kammerer, Hans 316
Kiessler, Uwe und Otto Steidle 132, 172, 177, 322
Kleffel + Köhnholdt 163, 166, 224, 232, 272, 273, 276, 322
Kleihues, J.P. 137, 207
Klotz, Heinrich 316
Körber, Kurt 137
Kossak, Egbert 225, 267
Krebs und Jäger 325, 346

Le Corbusier 254, 316
Ledoux, Claude Nicolas 62
Lom, Walter von 163, 179

Marg, Volkwin 316; siehe auch v. Gerkan, Marg + Partner
Marković, Ronai und Lütjen 175, 317, 326, 338, 342, 344, 345
May, Ernst 254
me di um 144, 146, 147, 148, 218, 219 225, 282, 284, 292, 317, 322, 332; siehe auch Alsop und me di um
Mensinga + Rogalla 321
Meyer, K. 298
Mies van der Rohe, Ludwig 316
Mitscherlich, Alexander 17, 254, 256, 316
Moser, Rüping, Rafeiner 122

Nagel 232
Neue Heimat 251
Nietz, Prasch, Sigl 154, 174, 177, 178, 262, 330
Nietzsche, Friedrich 293
Norberg-Schulz, Christian 295, 296, 348
Nuñez, Manolo und Partner 203

Oelsner, Gustav 90, 304
Ohrt, T. und H. v. Seggern 127
Otto, Frei 170, 316
Owen, Robert 62

Patschan, Werner, Winking 141, 147, 149, 150, 174, 177, 325
Patschan + Winking 330
Peichl, Gustav 140, 146, 147
Pernicka, Vera 322, 331, 338, 340
Piranesi, Giambattista 82
Popp, H. 324

Rob, B.-J. 226

Schäfer, Ferdinand, Agather 228
Scharoun, Hans 316
Schinkel, Karl Friedrich 75, 292, 316
Schramm + Pempelfort 315
Schramm, v. Bassewitz, Hupertz 155, 163, 321
Schumacher, Fritz 41, 42, 45, 80, 90, 194, 254, 293, 294, 295, 301, 304, 305, 306, 314, 316, 338
Schweger, Peter 316; siehe auch Graaf, Schweger + Partner, Schweger + Partner
Schweger + Partner 322, 324, 330
Siebel, Walter 36
Siedler, Wolf Jobst 314, 316
Sitte, Camillo 70
Spengelin, I. + F. 107
Spengler, Ingrid 338, 339
Spiegel, Erika 34
Stabenow/Siemonsen, Planum 266
Stahr, J. 226
Steenbok, General 250
Steidle, Otto 316; siehe auch Kiessler und Steidle
Stirling, James 322
Stracke 232

Talkenberg, Günter 221, 224

Ungers, Oswald Matthias 147, 156, 157, 316, 346

Voght, Caspar 75

Wagner, Eugen 7
Wagner, Martin 258
Wels, Peter 157, 232
Werner, Asmus 317
Wimmel, Karl 301, 306
Woods, Shadrah 314

Gebäuderegister

Alsterarkaden 127, 134
Alsterhaus 133
Alstertal-Einkaufszentrum 124
Altenstift Ohlsdorfer Straße 103
Alte Post 297
Alter Elbtunnel 211, 218
Am Sooren (Wohnviertel) 107
„Anzuchtgarten" 90
Augustenpassage 268
Aztek West-Gewerbepark, Bristol 65

Bahnhof Altona 56, 276
Bahnhof Holstenstraße 273, 276, 348
Bahnhof Sternschanze 233
Bank für Gemeinwirtschaft (Neubau Valentinskamp) 131
Barkhof 143
Baubehörde 170
Bauhaus Dessau – Ateliergebäude 304
Bavaria St. Pauli-Brauerei 276
Bayerische Hypothekenbank (Neubau) 321
Beamtensiedlung der Deutschen Werft 88
Blechfabrik Bahrenfelder Straße 275, 333
Bleichenhof 177, 178

Chilehaus 164, 165, 304, 310
Christianeum 311
City Nord 44, 313
Condor-Versicherung (Ost-West-Straße) 175
Congress Centrum 315

Dammtorbahnhof 183
Deichtormarkthallen 137, 162, 205, 207
Deutsche-Shell-Verwaltungsgebäude 313
Deutscher-Ring-Komplex (Ost-West-Straße) 125
Deutsch-Iranische Handelsbank 163, 165, 335
Dorfkirche Allermöhe 294
Drachenbau 333

Elbbrücken 188, 197, 198
Elbe-Einkaufszentrum 124
Elbtunnel 44, 57
Entwicklungs- und Demonstrationszentrum für Umwelttechnologien 341

„Fabrik" 286, 287
Fährterminal 202, 217, 225
Fernsehturm 183
Finanzbehörde 294, 305
Fischauktionshalle 211, 217, 221
Fleethof 174
Flora-Theater 269, 276, 348

Flughafen 22, 38, 55, 58, 60, 75, 233
Franksche Siedlung 310
Friedenskirche 257, 266, 274, 322
Friedrich-Ebert-Hof 314

Galleria 135
Gänsemarktpassage 134
Großmarkthalle 205, 233
Großsport- und Mehrzweckhalle 75
Groth + Degenhardt-Fabrik 225
Gruner + Jahr Verlagszentrum 124, 132, 167, 171, 172, 173, 177, 205, 211, 322
Güterbahnhof Rothenburgsort 265

Haifischbar 217
Hafen Hamburg (Hotel) 205, 224, 322
„Hafenpalais" 202
„Hamburg Bau"-Reihenhausgruppe 106
Hamburger Hypothekenbank (Neubau) 129
Hamburg Messe 183, 265, 270
Hamburger Sparkasse (Neubau gegenüber Zeughausmarkt) 163
Hansa Gymnasium – Turnhalle 317, 326
Hanseviertel 18, 127, 134, 317
Hauptbahnhof 141, 146, 149, 157, 158, 181, 183
Heinrich-Bauer-Verlag (Erweiterungsbau) siehe Meßberghof
HEW-Verwaltungsgebäude 313

IBAU-Kontorhaus 317, 318
Internationaler Seerechtsgerichtshof 346

Jarrestadt 87, 310, 314
Jenischhaus 75
Jugendherberge Stintfang 211, 334

Kaischuppen D 217, 228
Kampnagelfabrik 246, 333
Karstadt Mönckebergstraße 153, 158
Karstadt-Sport 146
Kaufmannshaus Bleichenbrücke 136
Kirchdorf-Süd, Großsiedlung 311
Köhlbrandbrücke 44
Kontorhausviertel 51, 149, 162, 164, 188, 205, 240, 310
Kühlhaus Neumühlen 191, 197, 217, 228
Kunsthalle 143, 147, 156, 157, 333, 346
Kunsthaus 147, 156
Kunstmeile 143, 147, 149
Kunstverein 147, 156

Landeszentralbank (Ost-West-Straße) 163
Landeszentralbank (Harburg) 317, 325

„Landpier" 202, 334, 337
Landungsbrücken 75, 188, 191, 211, 217, 218, 224, 233, 334, 337

Mälzerei 217
Marcard, Stein & Co. (Bankhaus) 321
Marriott (Hotel) 132
Medienhaus Ottensen 283, 284, 333
Menk + Hambrock Fabrikanlage 16, 63, 257
Meßberghof 163, 164, 210, 317
Michaeliskirche siehe St. Michaelis
Michaelis-Passage 255, 323
Mientus-Geschäftshaus 317, 320
Museum der Arbeit 225
Museum für zeitgenössische Kunst 75, 147, 156, 336, 346
Museumsinsel 75, 141, 147, 157, 336, 346

Neue Flora 273, 276, 348
Neuer Dovenhof 163, 166, 335
Neue St. Pauli Markthallen 211
Nikolaikirche siehe St. Nikolai

Olympiasporthalle 233
Olympiastadion 205, 231, 232, 233, 265
Osdorfer Born 300

Parkhaus am Heuberg 170, 177
Parkhauskomplex Rosenstraße 141, 146, 147, 149, 155, 158, 335
Passagenviertel 127, 132-137, 170, 177
Peute 61
Philipshaus 152
Plaza-Hotel 315
Polizeirevierwache Stresemannstraße 267

Rathaus 40, 50, 119, 123, 140, 143, 147, 198
Rathaus Altona 307
Reventlow-Stift 282, 317

St. Katharinen 159, 163
St. Michaelis 124, 162, 163, 170, 177, 188
St. Nikolai 12, 40, 159, 162, 170
„St. Pauli Kirche" 250
St. Trinitatis 276
Schilleroper 274, 322
Schlachthof 265, 269, 270
Schule Greifswalder Straße 292
Seca-Produktionsstätten 322, 331
Speicherstadt 12, 50, 51, 163, 188, 192, 196, 198, 205, 211, 214, 215, 216, 217, 233, 240, 265, 301, 302, 303, 306, 334, 335, 348
Springer-Verlagshaus 253
Sprinkenhof 164, 304, 310

Staatsgalerie Stuttgart 322
Stadtbad Harburg 304
Steilshoop 102, 244, 312, 314
Steinwegpassage 323
Streit's Haus 133

Techniker Krankenkasse (Hauptverwaltungsgebäude) 322, 328
Technische Universität Harburg 325, 346
Transglobe-Kontorhaus 175, 179
Transnautic-Kontorhaus 163, 175, 179

Überseehaus 167
Unileverhaus 122, 125
Universität Hamburg 346

Veddel-Wohnanlagen 314
Volksfürsorge (Erweiterungskomplex) 265

Warburg-Brinckmann, Wirtz & Co. (Erweiterungsbau) 158, 322
Weißenhofsiedlung Stuttgart 306
Winterhuder Fährhaus 322, 324, 339
Wölbernbank 175
Wolfang-Borchert-Siedlung 107, 322, 323

Zeise-Fabrikhallen 63, 283
Zürich-Versicherung (Kontorhaus) 167, 335

Straßenregister

ABC-Straße 127, 132, 183
Abteistraße 307
Adenauerallee 265
Admiralitätstraße 163, 174, 179
Alsterdorfer Straße 324
Alter Fischmarkt 12
Alter Steinweg 323
Alter Teichweg 340
Amsinckstraße 183

Bahrenfelder Straße 275, 333
Ballindamm 147, 149, 180, 183, 321
Barnerstraße 286, 287
Baumwall 124, 132, 170, 172, 177, 195, 205, 211, 216
Beckstraße 268
Behringstraße 257
Bernhard-Nocht-Straße 211, 220, 221, 276, 349
Billhorner Brückenstraße 53, 261, 265
Billrothstraße 278
Bleichenbrücke 127, 136, 178
Bleickenallee 257
Bornkampsweg 298
Brandstwiete 12, 163, 166
Breite Straße 217, 224
Burchardstraße 162, 163, 164
Burgwedel 43, 110

Caffamacherreihe 253
Carsten-Meyn-Weg 106
Chemnitzstraße 283
Christian-Förster-Straße 330
Colonnaden 127, 134, 183, 330

Dammtorstraße 335
Dammtorwall 125
Deepenbrook 107
Deichstraße 24, 101, 162, 163
Deichtormarkt 158, 162, 188, 205, 206, 231
Deichtorplatz 158, 162
Depenkamp 110
Domstraße 12, 158, 167
Donnerstraße 275
Dulsberg 84, 306, 314

Eggerstedtstraße 280
Eimsbütteler Straße 240
Elbchaussee 93, 230
Elbhöhenweg 231
Elbterrasse 329
Ellerntorsbrücke 176
Eppendorfer Landstraße 338
Eppendorfer Marktplatz 339
Ericusspitze 205, 210
Esmarchstraße 278
Essener Straße 90, 314
Eulenstraße 275

Falkenried 242, 297
Feldstraße 183
Ferdinandstor 147
Fischmarkt 90, 191, 200, 205, 217, 221, 224, 226, 276, 322

Friedensallee 283, 284, 333
Fuhlsbüttler Straße 327

Gänsemarkt 126, 127, 128, 129, 132, 134, 183
Gärtnerstraße 243
Georgsplatz 149
Gerhofstraße 183
Gertigstraße 338
Gertrudenkirchhof 144, 149
Gertrudenstraße 146, 155
Glacischaussee 183
Glockengießerwall 149
Graskeller 177
Greifswalder Straße 292
Grindelberg 110
Grindelhof 317, 319
Große Bleichen 170, 180, 183
Große Brunnenstraße 279
Große Elbstraße 200, 217, 226
Große Rainstraße 283
Großer Burstah 12, 162
Großneumarkt 127, 162, 170, 177, 240
Grottenstraße 322, 332

Habichtstraße 328
Hafenrandstraße 162, 167, 198
Hafenstraße 53, 211, 217, 220, 221, 333, 334, 347, 349
Hafentor 118, 205
Hamburger Hochstraße 276
Hammerbrookstraße 331
Hans-Albers-Platz 257
Hansaplatz 257, 259, 262
Haubachstraße 257
Heidenkampsweg 53, 261, 265, 338
Heiligengeistfeld 233, 270, 274, 333
Heilwigstraße 91, 307
Hein-Köllisch-Platz 268
Hermannstraße 183
Heuberg 170, 177
Högerdamm 183
Hohnerkamp 104, 110
Holländische Reihe 279, 302
Holsteiner Chaussee 107
Holstenstraße 276, 283, 348
Holstentwiete 279
Holstenwall 177
Hopfenmarkt 12, 158, 162, 170
Hospitalstraße 278

Isestraße 71, 74

Jungfernstieg 35, 116, 120, 127, 133, 180, 182, 183
Jungfrauenthal 71

Kaiser-Wilhelm-Straße 124
Kaemmererufer 338, 345
Karl-Muck-Platz 124, 188
Karl-Theodor-Straße 279
Keplerstraße 278
Kleine Rosenstraße 158, 335
Klosterstern 71

Klostertor 53, 233, 265, 333
Königstraße 276
Koppel 263
Krugkoppelbrücke 27, 67
Kurt-Schumacher-Allee 265
Kurze Mühren 149, 154, 158

Lämmersieth 340
Lagerstraße 183, 233
Lange Mühren 149, 158
Lange Reihe 263, 265
Lange Straße 243, 268
Leinpfad 86, 91
Lerchenstieg 322
Lornsenplatz 277
Lübecker Tor 183

Maienweg 105
Meßberg 158, 162, 163
Millerntor 53, 158, 162, 163, 183, 274, 333
Mönckebergstraße 125, 141, 143, 146, 147, 149, 150, 152, 153, 158, 180, 183, 240
Mühlenkamp 242, 342
Mümmelmannsberg 314

Neanderstraße 159
Neue ABC-Straße 129
Neue Große Bergstraße 283
Neuer Wall 125, 170, 174, 177, 180, 183, 317, 320
Neumühlen 191, 206, 217 225, 228, 229, 231, 233, 333
Nobistor 53, 276
Norderstraße 265

Oderfelder Straße 72
Övelgönne 92, 217, 233
Ohlsdorfer Straße 103
Ost-West-Straße 51, 120, 121, 125, 158, 159, 162, 163, 166, 167, 170, 175, 177, 210, 335
Ottenser Hauptstraße 283
Ottenser Marktplatz 32

Palmaille 310
Paul-Roosen-Straße 276
Paulsenplatz 282
Paulstraße 158
Peterstraße 101, 294
Pillauer Straße 245
Pinnasberg 211, 243, 255, 257, 268
Pinneberger Weg 240
Poststraße 133, 180, 183

Raboisen 149, 155, 158, 322, 335
Rademachergang 299
Rathausmarkt 18, 52, 116, 120, 126, 127, 162, 177, 183
Reeperbahn 53, 75, 198, 199, 265, 274, 276
Reesendamm 116
Rödingsmarkt 158, 317, 318
Roonstraße 72
Rosenstraße 141, 146, 155, 158
Rostocker Straße 257
Rothestraße 275
Rutschbahn 241

Saarlandstraße 342
Sandtorquai 119
St. Georgsstraße 263
Schaarmarkt 162, 170, 177, 322
Schmidt-Rottluff-Weg 266
Schmilinskystraße 333
Schomburgstraße 283
Schulterblatt 269, 276
Simon-von-Utrecht-Straße 53
Spadenteich 243
Spielbudenplatz 271, 272, 274
Spitalerstraße 126, 141, 142, 143, 144, 147, 149, 154, 158
Stadthausbrücke 124, 170
Steenkamp 310
Steindamm 265
Steinstraße 140
Steintwietenhof 318
Sternschanze 120, 250
Stresemannstraße 257, 267
Stubbenhuk 170, 211

Tegelsbarg 110, 314
Thadenstraße 266, 276
Trostbrücke 13

Ulmenstraße 324

Valentinskamp 131, 132, 253
Vereinsstraße 269
Vorsetzen 211, 216, 322

Winterhuder Marktplatz 330
Wohlwillstraße 274

Zeiseweg 257, 281
Zeughausmarkt 158, 162, 163, 335

Bildnachweis:

T. Höfermann, Hamburg (Modellfoto): S. 173
Kirchner + Wolf, Hildesheim: S. 57, 261 (Luftfotos, freigegeben durch das Luftamt Hamburg, Nr. 848/83)
Heiner Leiska, Hamburg (Modellfotos): S. 155, 156 (oben), 166, 167, 171, 174, 175, 210, 216, 218, 219, 220, 225 (oben), 228 (oben), 264 (unten), 273, 329, 336, 341 (oben), 349
Heiner Leiska, Hamburg: S. 286, 319, 320, 321, 325 (oben), 328 (oben), 330 (oben)
Julius Siebert, Hamburg (Modellfoto): S. 331
Ingrid Spengler, Hamburg (Modellfoto): S. 339 (oben)
Carl Weller, Berlin, 1926: S. 153 (unten), 190
Alle anderen Fotos: Egbert Kossak, Hamburg

Alle Luftfotos sind vom Luftamt Hamburg freigegeben mit der Nummer: 514/89.

Impressum:

CIP-Titelaufnahme der Deutschen Bibliothek
Kossak, Egbert:
Hamburg – Stadt im Fluss / Egbert Kossak mit Mirjana Marković. (Hrsg.: Baubehörde d. Freien u. Hansestadt Hamburg). – Hamburg: Ellert u. Richter, 1989
ISBN 3-89234-150-8
NE:HST

© Ellert & Richter Verlag, Hamburg 1989

Text und Bildunterschriften: Egbert Kossak, Hamburg
Gestaltung: Hartmut Brückner, Bremen
Satz: Appelt Grafik-Design & Fotosatz, Hamburg
Lithographie: Rüdiger & Doepner, Bremen
Druck: Hermann F. R. Stumme, Hamburg
Bindearbeiten: Paderborner Druck Centrum, Paderborn